全国高等院校工业设计专业系列规划教材

工业产品造型设计

主　编　袁　涛
副主编　左洪亮

内 容 简 介

本书为工业设计专业教材，介绍工业产品造型的理论和设计方法，主要包括工业设计的概念和任务，工业设计的基本要素和原则，产品的形态造型，色彩计划，工业产品设计方法，工业产品设计与程序，产品设计中关注的理论与方法，以及工业设计的发展趋势。书中除讨论工业设计的一般性原理和方法外，还重点探讨了无障碍性设计、障碍性设计和共用性设计、产品语义学、符号学和产品造型分析。本书内容翔实，配有大量插图。

本书可作为工业设计专业的使用教材，也可供相关专业本科生和产品设计和工程技术人员参考。

图书在版编目(CIP)数据

工业产品造型设计/袁涛主编.—北京：北京大学出版社，2011.1

(全国高等院校工业设计专业系列规划教材)

ISBN 978-7-301-18313-7

Ⅰ. ①工⋯　Ⅱ. ①袁⋯　Ⅲ. ①工业产品—造型设计—高等学校—教材　Ⅳ. ①TB472

中国版本图书馆 CIP 数据核字(2010)第 253544 号

书　　　名：	工业产品造型设计
著作责任者：	袁　涛　主编
责 任 编 辑：	郭穗娟　童君鑫
标 准 书 号：	ISBN 978-7-301-18313-7/TH・0227
出 版 发 行：	北京大学出版社
地　　　址：	北京市海淀区成府路 205 号　100871
网　　　址：	http://www.pup.cn　新浪官方微博：@北京大学出版社
电 子 信 箱：	pup_6@163.com
电　　　话：	邮购部 62752015　发行部 62750672　编辑部 62750667　出版部 62754962
印 刷 者：	北京大学印刷厂
经 销 者：	新华书店
	787 毫米×1092 毫米　16 开本　14.25 印张　325 千字
	2011 年 1 月第 1 版　2017 年 7 月第 3 次印刷
定　　　价：	39.00 元

未经许可，不得以任何方式复制或抄袭本书之部分或全部内容。

版权所有，侵权必究

举报电话：010-62752024　电子信箱：fd@pup.pku.edu.cn

前　言

工业产品造型设计是工业设计专业的专业课程。在学习该课程之前，读者应该先学习和掌握以下课程：构成设计（平面构成、立体构成和色彩构成）、图形学（包括透视图和产品预想效果图及其计算机图形学等）、人机工程学、材料学、工艺学及工业设计方法学、工业设计史等。读者还应了解产品设计的特点、造型和风格、制造工艺、设备等，具备相应学科知识，为学习工业产品造型设计打下扎实的基础。本书的内容是基于以上要求进行编写的。

本书能得以出版，应真诚感谢北京大学出版社的支持与帮助。虽然同类教材在很多大学出版社和专业出版社已经出版了多种版本，但据笔者的教学实践，目前的教材还应在教学的针对性和系统性方面作一些完善。所以，编写本书时在几个方面有所改进：一是对工业设计的定义的求证；二是增加产品设计中的设计理论和方法；三是增加设计图例。

在编写《工业产品造型设计》的过程中，编者精力花得最多的是关于国际工业设计协会联合会（International Council of Societies of Industrial Design，ICSID）对工业设计的定义的演进。由于近年来，在一些教材中和网络上流行的关于 ICSID 对于工业设计定义的论述不是很准确，所以编者花了不少时间进行查证。还好，现在是网络时代，查阅资料比过去方便了很多。在 ICSID 官方网站上，有该协会的历史和工业设计定义的栏目，介绍了 ICSID 发展的历史沿革和工业设计的定义。自 1957 年 ICSID 成立以来，对工业设计的定义大致作了四次变动：1959 年 9 月，在瑞典的斯德哥尔摩召开了第一届 ICSID 会议，会议上形成了工业设计的定义；20 世纪 60 年代进行了第二次修改（没有提及具体时间）；1969 年根据阿根廷设计师托马斯·马尔多纳多的提议作了第三次修订；还有就是目前 ICSID 官网上的定义。在定义的修改过程中，没有提及所谓 1970 年和 1980 年的定义。至于怎么会有这两次的定义，而且流行如此广泛，有人专门撰写文章进行了探讨。另外，还由于对外来人名的翻译也存在不统一的现象，这也给查阅资料带来了困难。

本书共 8 章，编写的具体分工：昆明理工大学袁涛（第 1 章、第 2 章和第 7 章），河南科技大学左洪亮、昆明理工大学韩娟娟（第 3 章），昆明理工大学张瑞（第 4 章），昆明理工大学程远（第 5 章），昆明理工大学马浩源、赵翔宇、钮玉和张恒（第 6 章），河南科技大学左洪亮、廖亮（第 8 章）。全书由袁涛负责统稿和修改。在第 6 章的编写过程中，昆明理工大学杨阳前期做了大量的工作，在此，深表感谢！

本书的主要对象是工业设计专业学生和工业产品设计人员，也可供相关的设计专业和设计爱好者参考。

北京大学是我国著名的高等学府，也是笔者心仪的大学。笔者特别喜欢北大的学风，喜欢北大的校园。这么多年过去了，北大在笔者的心里始终是一个割舍不断的情结。这次能与北京大学出版社合作，深感荣幸。虽然想根据教学的实践，尽量提高编撰的质量和完善教材内容，但由于编者水平和学识不足，书中难免存有缺点和不足之处，敬请专家、读者评判指正。

袁 涛

2010年秋于春城（昆明）

目 录

第1章 工业设计概述 1
  1.1 工业设计的概念和任务 1
    1.1.1 工业设计的概念 1
    1.1.2 工业设计的任务 4
  1.2 工业设计与工程设计的工作范围 6
  1.3 设计的层次 7
    1.3.1 满足需求 7
    1.3.2 引导需求 9
    1.3.3 创造需求 10
  思考与练习 12

第2章 工业设计的基本要素和原则 13
  2.1 工业设计的基本要素 13
    2.1.1 工业设计的三要素 13
    2.1.2 三要素的相互关系 15
  2.2 工业产品设计基本要求 16
    2.2.1 实用性 16
    2.2.2 审美性 17
    2.2.3 经济性 19
  2.3 工业设计的基本原则 20
    2.3.1 基本原则的内容与解释 20
    2.3.2 工业产品造型设计与
          传统习惯 21
  思考与练习 24

第3章 产品的形态造型 25
  3.1 形态与功能 25
  3.2 形态造型的美学法则 26
    3.2.1 比例与尺度 26

  3.2.2 均衡与稳定 32
  3.2.3 统一与变化 35
  3.2.4 比拟与联想 39
  3.3 形态设计的综合因素 41
    3.3.1 功能 41
    3.3.2 结构与机构 42
    3.3.3 线型 43
    3.3.4 形体与体量 45
    3.3.5 方向与空间 46
    3.3.6 色彩 46
    3.3.7 物质技术 48
    3.3.8 文化 49
  3.4 形态与设计风格 51
    3.4.1 影响产品设计风格的因素 52
    3.4.2 产品造型的民族风格 54
    3.4.3 当代常见的设计风格 55
  3.5 产品造型的技术美的要求 58
    3.5.1 产品技术美研究的意义 58
    3.5.2 产品技术美的种类 59
  3.6 独创性 63
  思考与练习 65

第4章 色彩计划 67
  4.1 色彩的对比与调和 68
    4.1.1 色彩对比的类型 68
    4.1.2 色彩的调和 75
  4.2 色彩的心理效应 75
    4.2.1 色彩共同情感特征 76
    4.2.2 色彩年龄心理效应 79
    4.2.3 色彩职业心理效应 80

4.2.4 色彩社会心理效应 81
4.3 色彩的功能性 81
　　4.3.1 色彩的情感联想性 81
　　4.3.2 色彩的象征性 82
　　4.3.3 色彩的环境特征 83
4.4 色彩的流行性 84
　　4.4.1 色彩流行的心理因素 85
　　4.4.2 色彩流行的社会性 86
　　4.4.3 色彩流行的时空性 86
4.5 色彩的设计策略 87
　　4.5.1 色彩的调查研究策略 88
　　4.5.2 色彩的功能性设计策略 89
　　4.5.3 色彩的情感性设计策略 89
　　4.5.4 色彩的营销性设计策略 90
4.6 工业产品的色彩设计要求 91
　　4.6.1 满足产品的功能要求 91
　　4.6.2 产品色彩与使用环境的协调 ... 92
　　4.6.3 色彩的时代感要求 94
　　4.6.4 色彩与材质的完美结合 96
思考与练习 98

第 5 章　工业产品设计方法 99
5.1 设计思维 99
　　5.1.1 形象思维 100
　　5.1.2 逻辑思维 101
　　5.1.3 思维的形式 102
　　5.1.4 思维的训练 107
5.2 工业设计的构思 107
　　5.2.1 想象阶段（第一阶段）........ 108
　　5.2.2 初步设计阶段（第二阶段）..111
　　5.2.3 再设计阶段（第三阶段）....111
　　5.2.4 改进设计阶段（第四阶段）..114
思考与练习 114

第 6 章　工业产品造型设计方法及程序 ... 115
6.1 工业产品造型设计的基本形式 115
　　6.1.1 小型化设计 115
　　6.1.2 系列化设计 119

6.1.3 组合式设计 121
6.2 工业产品设计表现 125
　　6.2.1 产品预想效果图的特征 125
　　6.2.2 产品快速设计与表现 126
6.3 工业产品造型设计程序 139
　　6.3.1 前期筹备阶段 141
　　6.3.2 设计创意构思阶段 145
　　6.3.3 创意具体化阶段 149
　　6.3.4 设计反馈与评价阶段 152
思考与练习 153

第 7 章　设计应关注的方法与理论 ... 155
7.1 无障碍性设计和障碍性设计 155
　　7.1.1 人类的障碍 155
　　7.1.2 无障碍性设计 156
　　7.1.3 障碍性设计 159
　　7.1.4 共用性设计 161
7.2 产品语义学的运用 163
　　7.2.1 形态——产品语义的表达 ... 164
　　7.2.2 产品语义学的法则 165
7.3 设计符号学理念 167
　　7.3.1 现代符号学的理论来源 167
　　7.3.2 符号学在设计中的应用 167
7.4 产品造型分析 171
　　7.4.1 造型分析的内容 171
　　7.4.2 产品的易用性 172
　　7.4.3 产品的趣味性 172
　　7.4.4 工业产品的宜人性 177
　　7.4.5 产品分析案例 177
思考与练习 182

第 8 章　工业产品设计的发展趋势 ... 183
8.1 设计的思潮和流派 183
8.2 多元的发展前景 187
　　8.2.1 工业设计技术趋势 188
　　8.2.2 工业设计理念 189
8.3 人性化设计 190
　　8.3.1 人性化设计理念 190

8.3.2 人性化设计观在设计中的
       体现 193
8.4 绿色设计 198
　　8.4.1 绿色设计的特征 198
　　8.4.2 3R 原则 206

8.5 生态设计 208
　　8.5.1 生态设计的概念 209
　　8.5.2 生态设计的运用 213
思考与练习 214

参考文献 216

第1章 工业设计概述

教学提示：国际工业设计协会联合会（ICSID）对工业设计的定义随着时代的发展进行着不断地补充与修订。目前，在其定义中，明确了工业设计的目标和任务。在任务中，强调了伦理在设计中的重要作用。设计应尊重文化的多样性和提高生命的价值。

教学要求：要求学生了解工业设计的研究范围及对象，工业产品的造型设计是工业设计主要的任务。应关注设计伦理，并根据需求层次理论理解设计的理念和方法，从文化、心理等更高层次考虑人的需求。

1.1 工业设计的概念和任务

工业设计从诞生至今仅有 100 多年的历史。工业设计源于英文 Industrial Design（ID）。1919 年，"工业设计"一词被美国设计师约瑟夫·西奈尔（Joseph Sinel，1889—1975）首先使用。[①]（工业设计在欧美有"工业美术设计"之称。从 1914 年英国使用"工业美术"这一称呼之后，直到 1945 年为止。美国也是在 1927 年之后才正式使用"工业设计"一词）。与此同时，德国格罗比乌斯（Walter Ggropius，1883—1969）领导的国立鲍豪斯学院成立，工业设计的发展进入了一个崭新的阶段。在第二次世界大战后，工业设计广为流行，在世界经济发展中扮演着十分重要的角色。由于近代社会科学技术的飞速发展，人类的各种活动日益复杂和节奏加快，工业设计日益显示出它在人们各种活动中的重要作用。特别是 20 世纪 50 年代后，科学技术在遗传工程、微电子技术、宇宙开发领域里的重大突破，带来了各种学科的飞跃发展。因而，也不断地改变着人们的工作方式、生活方式。人们对生产、工作和生活的设计活动，提出了更高的要求，因而使得工业设计在现代社会中的作用和意义越来越大，最终成为现代社会人们在生活、生产、科研等活动中，关系到现代社会人类生活的重要设计活动之一。

1.1.1 工业设计的概念

从字面上看，工业设计（Industrial Design）由"工业"和"设计"两个词组成。

[①] 约瑟夫·西奈尔在自己开设的设计事务所的信封上印上了这个词。何人可. 工业设计史[M]. 北京：高等教育出版社，2004 第 3 版：139.

工业，由批量的生产模式而界定，区别手工的产生模式。一般而言，是指机械化、大批量的生产方式。

对于"设计"的理解有各种不同的解释。"单从文字上分析，'设计'既是名词（一种结果）又是动词（一种行为）。"② 设计，是为了实现预想目的所作的构想及方案，它通过一系列的程序化手段，主要是技术手段，体现并满足人们的生活和社会需求。简言之，设计是产生和制造之初的创意和造型活动。设计的英文"Design"一词源于拉丁文的 Designum（名词）或 Designare（动词），它含有多层意思。既有显示的意思，还有明确表示某种规划与估计的意思。

尽管工业设计一词已被人们广泛使用，但其准确定义仍是众说纷纭，对其内涵和外延各国也不尽相同，对工业设计的概念和定义也有很多观点和论述。自 1957 年国际工业设计协会联合会（International Council of Societies of Industrial Design，ICSID）成立以来，对工业设计的定义也随着时代的发展进行着不断地补充与修订。

第一次形成的工业设计定义是在 1959 年 9 月瑞典斯德哥尔摩召开的第一届 ICSID 的会议上产生的，20 世纪 60 年代作了第二次修改。1969 年根据阿根廷设计师托马斯·马尔多纳多（Tomas Maldonado，1922— ）的提议作了第三次修订，他的提议如下。

工业设计是一种创造性的活动，其目的是确定生产产品的质量。而产品的质量不仅是外部特征，更主要是产品的结构和功能关系的转换，从生产者和用户的角度来看，两者是一个统一的整体。工业设计由工业生产条件方面延伸到包括所有的人类环境。③

现在一些教材和资料中，有这样的叙述。1980 年，ICSID 在巴黎第 11 次年会上对工业设计作了如下修订："就批量生产的工业产品而言，凭借训练、技术知识、经验及视觉感受，而赋予材料、结构、构造、形态、色彩、表面加工、装饰以新的品质和规格，叫作工业设计。根据当时的具体情况，工业设计师应当在上述工业产品全部侧面或其中几个方面进行工作，而且，当需要工业设计师对包装、宣传、展示、市场开发等问题的解决付出自己的技术知识和经验以及视觉评价能力时，这也属于工业设计的范畴。"④ 但对这个广泛流行于教材和网络中的 1980 年定义，存有疑义。⑤

ICSID 在对工业设计的定义中，给工业设计师作了如下的界定："工业设计师应具有充分的训练、技术知识、经验和视觉鉴赏力，能胜任于确定工业批量生产产品的材料、结构、机制、外形、色彩、表面涂敷和装潢。在不同阶段，可以侧重于工业产品上述方面的全部

---

② [美] 凯瑟琳·贝斯特. 美国设计管理高级教程[M]. 上海：上海美术出版社，2008：6.
③ http://www.icsid.org/about/about/articles33.htm.
④ 程能林. 工业设计概论[M]. 北京：机械工业出版社，2002：9.
⑤ 有人撰文，由于托马斯·马尔多纳多的提议，这才有了广泛流传的所谓 1970 年 ICSID 为工业设计下了一个定义："工业设计是一种根据产业状况以决定制作物品之适应特质的创造活动。适应物品特质，不单指物品的结构，而是兼顾使用者和生产者双方的观点。使抽象的概念系统化，完成统一而具体化的物品形象，意即着眼于根本的结构与机能间的相互关系，其根据工业生产的条件扩大了人类环境的局面。"而所谓 1980 年的工业设计定义，同 1959 年 9 月在瑞典的斯德哥尔摩召开的第一届 ICSID 会议上形成的工业设计的第一次定义极为接近。其真伪有待考证。见《工业设计定义随想》http://www.dolcn.com/data/cns_1/article_31/essay_312/eind_3121/2008-11/1227658395.html.

或一部分。在处理包装、广告、陈列和销售方面的问题时,除需要技术知识和经验之外,还需要视觉鉴赏,那么工业设计师也可以参与这方面工作。"⑥

目前,在 ICSID 官方网站上,在对工业设计的定义中,涉及两个方面的内容:目的和任务,并分别作了阐述。工业设计的目的:"设计是一种创造性的活动,其目的是为物品、过程、服务以及它们在整个生命周期中构成的系统建立起多方面的品质。因此,设计既是创新技术人性化的重要因素,也是文化与经济交流的关键因素。"⑦

定义中,首先明确"设计是一种创造性的活动"。所以在工业设计中,要敢于创新,善于创新。建立"整个生命周期"的品质。这种品质是优良的、规范的、健康的、环保的和可信赖的。这就是说,产品从开始设计,就要考虑它从"出生——利用——回收——再生"整个生命周期的良性循环。而且,设计的创新,既是作为人性化因素的重要体现,也是与文化、经济交流的关键因素。

随着工业设计的发展,其研究所涉及的内容也随之扩大。人们可以从其研究的内容、方法等方面看出,它是由科学与美学、技术与艺术相互交叉、渗透、结合形成的。所以,工业设计的含义应该是:工业设计的研究对象是工业产品,以及由产品组成的人-机-环境系统。是对产品的功能、材料、构造、形态、色彩、表面处理、装饰等因素从社会的、经济的、技术的和艺术的角度进行综合处理,既要符合人们对产品的物质功能要求,又要满足人们审美情趣的需要。它是人类科学、艺术、经济、社会的有机统一的创造性活动。

由于各国工业设计的研究范围及研究对象不甚相同,因而形成了广义的工业设计与狭义的工业设计两种概念。

1. 广义工业设计

主要涉及以下相关领域。

(1) 产品设计。是以立体的工业产品为主要对象的造型活动。可分为生活日用品类,包括家用电器、家用机具、饮食器具、家具、照明用具、卫生设备等;工业机械及设备类,包括机床、农用机械、通信装置、仪器仪表、计算机设备、起重设备、传送系统等;交通运输类,包括汽车、自行车、摩托车、轮船、机车以及其他车辆、飞机和道路照明设施、宇航设备等;公共性的商业、服务业用品类,包括计量机具、自动售货机、电话机、通话亭、公共办公用具、清扫设备、医疗器械、电梯、传递设备、公共标志、街灯等。

(2) 环境设计。主要是生活环境的规划与设计。包括室内装饰、住宅、公共建筑、园林、道路、桥梁、城市规划等。

(3) 视觉传达设计。指包装装潢、广告、海报、出版、展示、路牌、标志、书籍装帧等,是一种以平面为主的造型活动。

2. 狭义工业设计

主要指与现代工业生产相关的产品设计及相关设计,即广义工业设计中的"产品设计"。这里所讲的工业设计,也就是工业产品造型设计。它主要是对工业产品的形态、色彩、材

---

⑥ 1959 年 9 月,在斯德哥尔摩召开的第一届 ICSID 会议上形成的工业设计定义中,对工业设计师作了这样的界定。http://www.icsid.org/about/about/articles33.htm.

⑦ http://www.icsid.org/about/about/articles31.htm.

料等进行科学、系统的设计。是一门以产品设计为主要对象的综合性学科，涉及形态学、形式美学、人机工学、色彩学、平面设计、立体设计等领域。

工业设计的发展，也使得其关注的内容及其内涵在不同的时期发生着变更。可以从 ICSID 对工业设计的定义中看出，随着工业设计的发展，其研究的内容也在发生相应的变化，工业设计师担负起更多的社会责任。所以严格地说，工业设计既有别于单纯的工程设计，也有别于单纯的造型活动。

近年来，在我国的工业设计教学和研究工作中，对工业设计所涉及和研究的内容及方法有了进一步的理解，并逐渐认识到，工业设计主要的工作是工业产品造型设计。工业设计是以工业产品为主要对象，综合运用科技成果和社会、经济、文化、美学等知识，对产品的功能、结构、形态及包装等进行整合优化的集成创新活动。在工业设计的研究中，其内容和内涵越来越丰富，在设计产品造型时，并不是单纯地考虑如何美化产品的形态，而是从更深的层次上，从科学、技术、功能、人机和文化、民族、人性化、精细化、产品形态语义等方面来综合考虑产品的造型。

1.1.2　工业设计的任务

工业设计的任务是依据人类的合理需求，运用科学技术、美学原理在生活、经济、时代等的约束范围内，不断策划、设计、改进和开发出满足人们要求的产品和工程项目，即解决好人与物之间的关系。简言之，其主要任务就是创造人－机－环境的协调统一，满足人民的生产和生活的需要。

世界著名工业设计师哈罗德·凡·多伦（Harold Van Doren，1895－1957）[8]在 1944 年举行的纽约州联合工业会议上，宣称工业设计的目的是：①增加产品的宜人性和便利性以改进功能形式；②通过对消费者心理研究的应用吸引精明的消费者；③充分利用产品外形、色彩和结构上的美学感染力。[9]

工业设计的工作特点可作如下的表述。

（1）用效果图表示制品的特征，辅以必要的平面图形和黏土等材料所制作的模型。

（2）为产生某种能充分满足要求的产品制定措施和步骤，设计各组成部分；按照安装和装配的形式，描绘出构成参数、形状、位置、材料、质地和附件。换句话说，就是用生产实践中可以理解的方法来描绘上述内容。

（3）对线、面、体形和细部等视觉效果的创造。

由此可知，工业设计是指对某一产品的计划、布局到造型成功的全过程的预计性工作。它不仅超越了"造型设计"的范围，也超越了"工业美术"的范围。但是工业设计的重点在造型设计工作上。

ICSID 对工业设计的任务作了这样的描述：

"设计致力于发现和评估与下列项目在结构、组织、功能、表现和经济上的关系。

（1）增强全球可持续发展和环境保护（全球伦理）。

---

[8] 1944 年，哈罗德·凡·多伦成为美国工业设计师协会（Society of Industrial Designers，SID）创始人之一，1948 年任该协会主席．

[9] http://www.idsa.org/absolutenm/templates/?a=242.

（2）给全人类社会、个人和集体带来利益和自由。

（3）最终用户、制造者和市场经营者（社会伦理）。

（4）在世界全球化的背景下支持文化的多样性（文化伦理）。

（5）赋予产品、服务和系统以表现性的形式（语义学）并与它们的内涵相协调（美学）。

设计关注于由工业化——而不只是由生产时用的几种工艺——所衍生的工具、组织和逻辑创造出来的产品、服务和系统。限定设计的形容词'工业的（Industrial）'，必然与工业（Industry）一词有关，也与它在生产部门所具有的含义，或者其古老的含义'勤奋工作（Industrious Activity）'相关。也就是说，设计是一种包含了广泛专业的活动，产品、服务、平面、室内和建筑都在其中。这些活动都应该和其他相关专业协调配合，进一步提高生命的价值。"[10]

值得注意的是，ICSID 在其任务中提出全球伦理、社会伦理和文化伦理等重要理念。在社会生活中，具体就转换为环境伦理、消费伦理和设计伦理等问题。伦理，一般是指在处理人与人、人与社会相互关系时应遵循的道理和准则以及一系列指导人们行为的观念。它不仅包含着对人与人、人与社会和人与自然之间关系处理中的行为规范，而且也深刻地蕴涵着依照一定原则来规范行为的深刻道理。包括人的情感、意志、人生观和价值观等方面，是指人际符合社会健康发展的道德标准的行为准则。工业设计师在设计工作中，赋予产品语义和美学的内容，应关注对生命价值的尊重、关注环境的保护、关注社会进步和文化的多样性，必须具有强烈的社会责任感。

设计师作为产品制造链上的始端，更应该清醒地意识到产品使用的两面性。一方面，创新产品给人们的生活带来了便利；另一方面，又会对资源和环境产生危害。所以在设计中，应该努力增强产品的正面效应，减少使用过程中的负面影响。设计师的创造，应该起到对环境的保护、推动社会的进步和提高人们的消费品位。而且应该具有超前的意识，而不是出现了问题才想方法解决。应该从创造之初，尽量做到产品本身对环境负面影响的最小化；在使用的方法上，具有引导人们正确保护环境、节约资源等的措施。

20 世纪 60 年代，在大多数人甚至政府都没有看到滥用化学工业品对生态环境带来严重危害时，美国的生物学家蕾切尔·卡逊（Rachel Carson，1907—1964）（图 1.1）在 1962 年撰写出版的《寂静的春天》（图 1.2）一书中，发出了振聋发聩的呐喊："这是一个没有声息的春天。……只有一片寂静覆盖着田野、树林和沼地。"[11] 引发了美国以至全世界的环境保护事业。阿尔·戈尔在克林顿政府任副总统之时，为再版此书作序，他在序言中这样写道："作为一位被选出来的政府官员，给《寂静的春天》（图 1.2）作序有一种自卑的感觉，因为它是一座丰碑，它为思想的力量比政治家的力量更强大提供了无可辩驳的证据。1962年，当《寂静的春天》第一次出版时，公众政策中还没有'环境'这一款项。……《寂静的春天》犹如旷野中的一声呐喊，用它深切的感受、全面的研究和雄辩的论点改变了历史的进程。如果没有这本书，环境运动也许会被延误很长时间，或者现在还没有开始。"

---

[10] 目前 ICSID 的网站上，也是这样的描述。http://www.icsid.org/about/about/articles31.htm.

[11] 蕾切尔·卡逊. 寂静的春天[M]. 吕瑞兰，李长生，译，长春：吉林人民出版社，1997.

图 1.1　蕾切尔·卡逊工作照　　　　图 1.2　《寂静的春天》原版封面

ICSID 在对工业设计的任务的阐述中强调,"设计是一种包含了广泛专业的活动,产品、服务、平面、室内和建筑都在其中。"在产品设计中,包含着多方面的专业设计内容,涉及平面设计、产品形体上的图案与文字的设计、室内和建筑与产品的关系、产品在室内陈设中的效果与建筑环境的协调,以及产品服务等相关的工作。"这些活动都应该和其他相关专业协调配合,进一步提高生命的价值。"提高生命的价值,就是要在设计活动中,关注民生,满足他们的正当、合理需求,提高他们的生活质量,使所有的人获得平等与尊重。

1.2　工业设计与工程设计的工作范围

工业设计与传统的工程设计,其工作范围是有差别的。两者的工作内容和设计过程也有差异。

工业设计工作范围:一般而言,有关外观造型、形体布局、操纵安排、使用环境、面饰效果、色彩调配、视觉和触觉的效应创造、实现造型的用料和工艺方式等计划的设计工作,属于工业设计的范围。工业设计是设计师的工作。

工业设计是根据产品的功能、结构等技术指标,运用人机工学、设计美学原理等,制订相应的设计计划,使内部构造与外部形态成为美观的有机整体,使之适应人的使用生理和心理,符合感观要求,使机器人性化,创造人机相宜的条件和环境。总之,工业设计主要是解决人与物的关系问题。

工程设计的工作范围:有关内部功能、结构,传动原理,加工方法,组装条件等许多工程上的设计、技术问题,属于工程设计的范畴。工程设计是工程师的工作。

工程设计是使原材料变成机械制造的成品,使各部分之间配合成物理能量的系统而形成整体。总之,工程设计是主要解决物与物的关系问题。

工业设计解决的具体问题中,涉及两个方面的内容:一个是技术(生产制造过程、材料、结构等),为企业产品提供应用环境的解决方案;另一个是美学(形态、风格、流行趋势等)。根据人们的文化背景审美趋势(市场定位、价格与价值、体验行销),利用人体工学(认知、人机界面、安全),围绕技术设计产品。这时消费者直接享受的不是科技原理,而是从科技走向艺术的产品。随着工业水平的发展,设计已经渗透在从产品研发、制造到销售的整个产业链中。但是,工业设计的主要领域,是在定义中所表述的,专注于批量生产的产品之美与实用性的设计,即所谓的产品设计(Product Design),这是工业设计的核心内容。有专家把工业设计的主要目标定为良好的使用功能、简洁美观的造型、精湛的加工技术、特殊的表面处理、价廉的大工业生产和高额的工业利润。

现在随着科学技术的发展,产品的形态和功能越来越多元化,以前的分工明确的工程设计与工业设计的界线已经被打破,而且在工程设计中,引入了工业设计的方法和理念,工业设计师协同工程师共同工作,才能创造出满足人们日益增长的物质和精神需要的工业产品。

1.3 设计的层次

由于设计要根据各种需求层次,以满足人们的各种物质生活需要和引导精神生活的需要,相应地,设计就存在不同的层次。一般来说,主要是3个层次。

1.3.1 满足需求

设计师需要了解和研究人们的心理状态,尤其是人们对于需求的心理。作为一个设计师,在设计产品时应该考虑到消费者的需求,根据不同消费人群设计不同的产品。

马斯洛需求层次理论(Maslow's Hierarchy of Needs),亦称"基本需求层次理论",是行为科学的理论之一,由美国心理学家亚伯拉罕·马斯洛(Abraham Harold Maslow,1908—1970)于1943年在《人类动机理论》(A Theory of Human Motivation Psychological Review)一文中所提出。马斯洛需求层次理论把人的需求分成5个层次:生理需求、安全需求、社交需求、尊重需求和自我实现需求。其中,生理需求是维持人类自身生存的基本需要,是人类最原始、最基本的需要,如衣、食、住、行、性的需要。在生理需要得到满足之后,人就会产生安全需要,如避免职业病及事故、摆脱失业威胁及某些社会保障的需要。再上一层需要,是社交的需要,如满足归属感、希望得到友爱等。尊重需要可分为内部尊重及外部尊重。前者指希望自己有实力,后者指对地位、威望的需求。自我实现的需要是个人的最高需要,要求实现个人抱负,施展才能。马斯洛认为,上述5种需要是按次序逐级上升。当下一级需要获得满足之后,追求上一级的需要就成为行动的动力了。人的5种需要在一般人身上往往是无意识的。对于个体来说,无意识的动机比有意识的动机更重要。对于有丰富经验的人,通过适当的技巧,可以把无意识的需要转变为有意识的需要。

在需求的 5 个层次中，需求大致又可分为两种类型：基本需要和特殊需要。基本需要是全人类共同的需要，是由体质或遗传决定的，具有与本能相类似的性质，例如，吃、穿、住等；而特殊需要则是在不同的社会文化条件下形成的各自不同的需要，如服饰、嗜好等，可以这样说，特殊需要是为了满足基本需要这一目的而采取的方式。比如，人们要穿衣服，只是基本需要，但是穿什么款式的衣服却是特殊需要，是人们为了满足"穿"这一目的所采取的不同方式。人类的基本需要只有极少数的几种，但是人类的特殊需要却是丰富多彩的，设计师在设计过程中往往关注的就是对人类特殊需要的满足。

设计师重点考虑的是消费者（使用者）的需求，在满足这样的需求的前提下，再进行艺术创作。所以，设计师是理性的、开放的，要不断地聆听消费者的声音，了解他们的诉求。

意大利著名设计师吉诺·瓦勒（Gion Valle，1923—2003）也说过："工业设计是一种创造性的活动，它的任务是强调工业生产对象的形状特性，这种特性不仅仅指外貌式样，它首先指结构和功能，它应当从生产者的立场以及使用者的立场出发，使两者统一起来。"这段话强调了设计的产品要具有实际功能才能令消费者满意。所以要满足消费者，设计师一定要根据不同的人群进行产品设计，如图 1.3 所示。

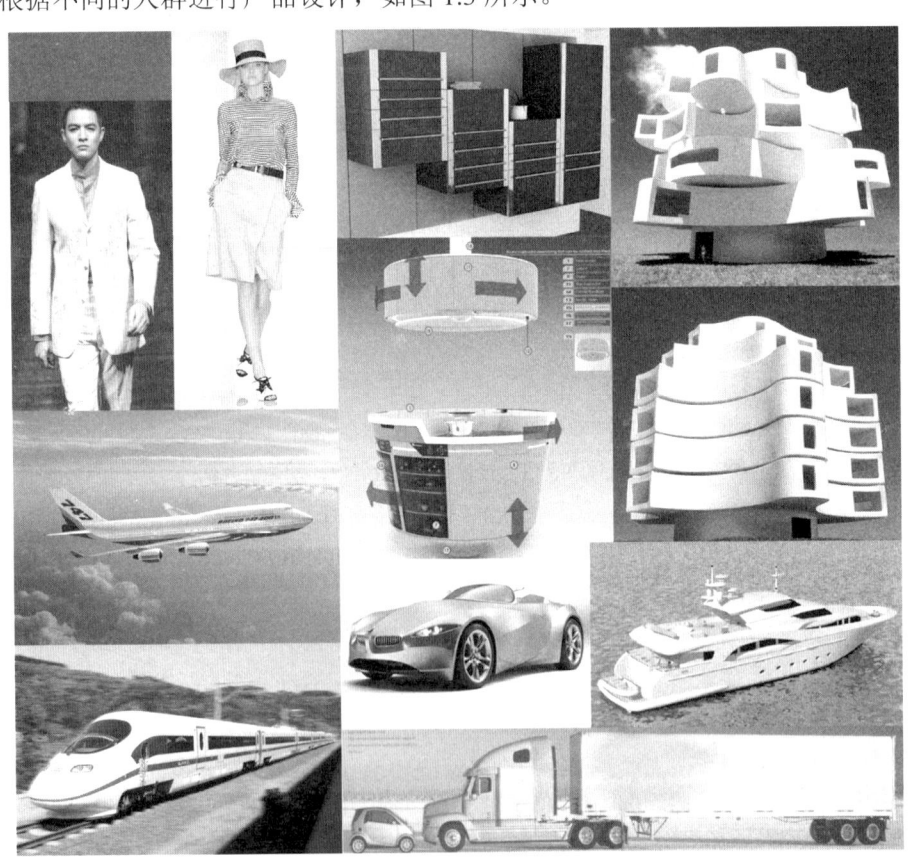

图 1.3　具有不同实际功能的产品设计

对人类的需求层次的理解，作为设计的第一层次，就是满足人们的合理需要。

1.3.2 引导需求

一般而言，需求总是针对当下的一些实际要求提出来的。但是，如果只局限于满足这些需求，而不是引导人们进行合理、健康的消费，就会存在一系列问题。因为，人们的需求是在不断地变化着。由于经济收入、社会地位，甚至政策法规等，都会影响到需求的改变。所以，引导需求，让需求紧随着社会的发展，适应生活品质的提高，符合社会伦理和消费伦理，就显得更加重要。基于有效需求的产品创新和服务的重要性，不仅要知道人们现在需要什么样的服务，现在喜欢什么样的产品，需求是否合理，更需要通过分析去了解客户的潜在需求和市场的发展趋势，并能利用设计师的社会责任感，不断推出适应社会生活健康发展的创新产品，去引导市场、引导需求，吸引消费者，如图 1.4 所示。

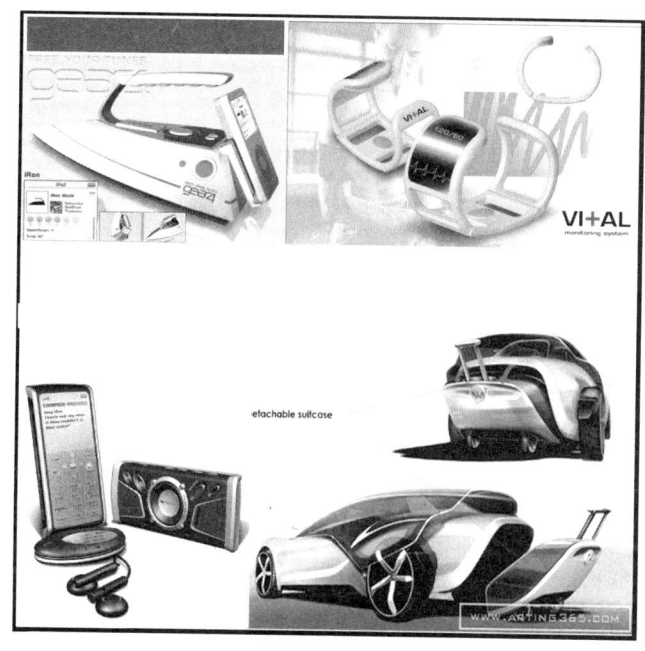

图 1.4 创新产品设计

引导需求有两个方面的内容：一是引导人们建立合理、健康的社会消费理念；二是引导人们保持良好的生活习惯。比如，从设计入手，设计师设计一些满足环保、节能、低碳生活的产品或者使用的方法，引导人们在日常生活中建立节约资源、低碳生活的消费观。

例如，很多人平时喜欢嚼口香糖，一是保持口气清新，二是保健牙齿。但咀嚼过的口香糖如果随意丢弃的话，会给清洁工作带来麻烦。Green Seeds 环保口香糖瓶，就较好地解决了这个问题（该设计获得 2010 IF 概念设计大奖）。[12] 这款口香糖瓶，设计师巧妙地将瓶子的底部作为一个临时的存储空间，瓶身下部缠着一圈预切割成一小段一小段的纸带，撕下一张，刚好可以包住嚼完的口香糖，然后塞入瓶底，十分方便，如图 1.5 所示。该设计引导了消费者自觉爱护环境的意识，体现出了设计师的责任与义务。

---

[12] Green Seeds 环保口香糖瓶，江功略设计。参见 http://idea.zhubajie.com/?mod=idea&com=detail&nid=5410.

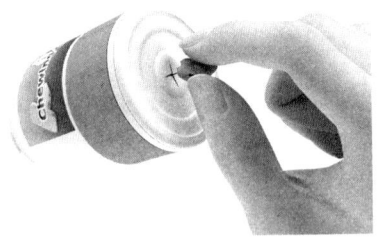

图 1.5　Green Seeds 环保口香糖瓶

由意大利设计师 Gabriele 和 Oscar Buratti 设计的马桶，只是把原水箱改成了洗手池。就是这样一个小小的改动，利用洗手的水去冲马桶，即节省了水又节省了洗手池的空间，如图 1.6 所示。

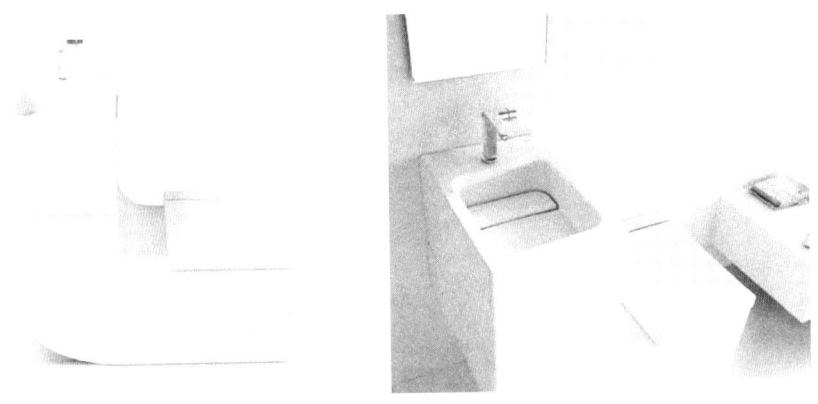

图 1.6　环保马桶（选自中国设计之窗 www.333cn.com）

就普通消费者来说，其消费心理主要是"从众，求异，攀比，求实"或是"求美，求新，求情，求廉"。设计师要根据不同消费者的不同消费心理来设计产品，引导健康消费。

1.3.3　创造需求

创造需求，从观念上讲，是以生态保护为核心，以消费者为中心，着眼于消费者潜在的、模糊的和内在的欲望，及建立正确的消费观，形成消费者需求的条件，并通过产品开发、创造条件和市场引导来形成新的需求。

创造需求就是指把顾客的负需求或无需求变为正需求、有需求。就是指通过开发、创新产品，改进服务方式，把顾客本来还不需要或者暂不想要的产品变成需要、想要的商品。

创造需求，需要改进设计观念和服务方式，通过产品创新和服务改变、设计，影响人们的价值观念和生活方式从而产生崭新的需求。例如，雀巢公司经过多年努力使有着千年崇尚茶文化的日本青年一代以喝咖啡为时髦。[13]

---

[13] 茶、咖啡、可可并称当今世界的三大无酒精饮料，自然清新的茶香、浪漫浓郁的咖啡和刺激爽口的可可，不同文化背景的国家在饮品选择方面有着各具特色的偏好。亚洲茶文化源于中国，现以中国和日本最为发达。

工业设计最主要的工作是引导和创造需求。现在是一个倡导低碳生活、减少消耗的年代。在过去，人们的物质需求得不到满足的时候，制造就显得非常重要。而在今天，减少资源需求，用创意、创造，来产生新的需求，才是最重要的。工业设计的研究应该从人出发，创造各种正确、健康和合理的需求。

通过使用得到快乐、愉悦感、安全感和精神享受，这也是精神需求。未来人们更需要属于自己的精神需求，符合使用者的身份、审美、人生观的这样的一些产品。现在有的一些产品还只是停留在可以用，但没有让人们享受用的过程。而工业设计的目标是创造能在使用过程中，得到享受的产品，如图 1.7 所示。

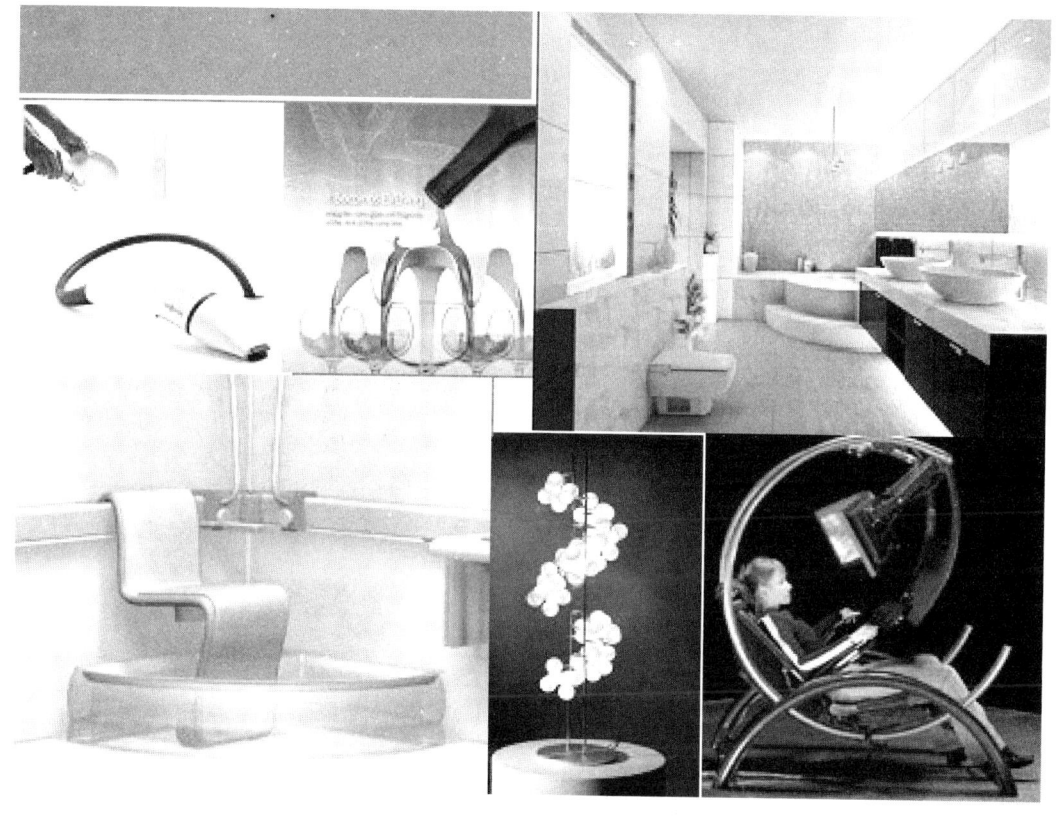

图 1.7　体现创造需求的产品设计

在这个方面，苹果公司的产品设计是值得借鉴的。苹果公司设计非常着重产品的品质，其产品研发是一种缓慢、稳定、反复并持续不断的提高过程。尊重产品研发和成长的规律性，成就了引人注目、引领时尚的产品。如苹果公司的 iPhone、iPod 等，它们已经不再是一种简单意义上的产品，而是对拥有该产品的一种满足感和身份感。激发人们对拥有产品的一种热情，才会出现人们疯狂排队购买产品的现象，其根本原因是它触动了人们原本对于生活的憧憬，如图 1.8 所示。

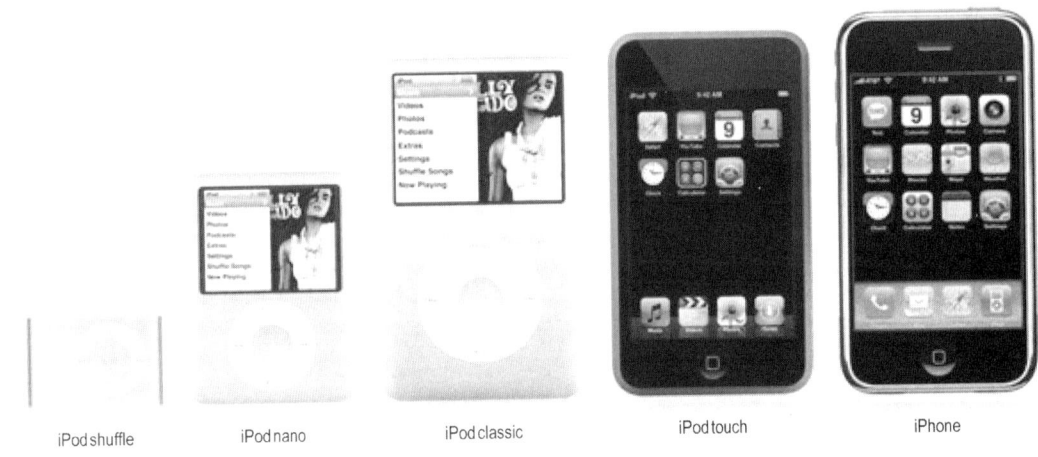

图 1.8　苹果公司的 iPod 和 iPhone

思考与练习

1-1　ICSID 对工业设计的定义的演进，说明了什么？

1-2　为什么说"设计既是创新技术人性化的重要因素，也是文化与经济交流的关键因素"？

1-3　怎样理解"产品从开始设计，就要考虑它从'出生—利用—回收—再生'整个生命周期的良性循环"？

1-4　产品设计包括了哪些内容？

1-5　在 ICSID 对工业设计的任务中提出全球伦理、社会伦理和文化伦理等重要理念，怎样在设计中体现？

1-6　怎样理解设计的层次？

第2章 工业设计的基本要素和原则

教学提示：工业设计的三要素：功能要求、物质条件和造型设计。无论时代怎样变化，工业设计必须包含着这三个要素。"功能决定形式，形式服从功能"是工业产品造型设计的原则，而"实用、美观、经济"则是工业产品设计的基本要求。

教学要求：理解三要素的内容，把握三要素之间的关系。对工业设计的原则有全面的认识。在产品设计中，实现工业设计基本要求。

2.1 工业设计的基本要素

2.1.1 工业设计的三要素

每一个时代都有其风貌和特点。在时代背景下，人们社会生活的方方面面都呈现出时代的特征。

工业设计在不同的时代特征下包含着三要素：

1. 功能要求

功能要求，是指工业产品所具有的基本功能。一般而言，产品的基本功能就是指产品的用途，这是产品造型设计的目的。如果产品不具备基本功能，那么无论造型如何美观、形式如何吸引人，产品都将失去其存在的价值。功能要求在很大程度上对产品的结构和造型起着决定性的作用。

每一件工业产品，都有一个最基本的功能。比如，热水瓶的基本功能是"保温"。如果不能达到保温的要求，那么，其造型再美观，对于热水瓶这件产品而言，是没有任何实用价值的。正因为热水瓶的功能是保温，维持瓶里的温度的恒定（基本不变）就是其目的。所以，在日常生活的使用中，热水瓶既能在寒冷的冬天，让瓶里的开水长时间保持"烫度"，又能在炎热的夏天，让瓶中的冰棒长时间"不消融"。

功能是设计对象最本质的东西，也是设计者和用户最终追求的目标。电冰箱的基本功能是保存新鲜的食品，但怎样才能实现这个功能呢？为此，需要有储放食品、制冷、隔热、保温和温度控制等设施。

任何设计对象（产品），一般都是由许多构成要素组成的。这些构成要素在所设计对象的体系中，相互作用而完成一定的功能。

设计者一定要清楚把握产品的功能,比如,若把电风扇的功能定义为"降低温度"的话,就必须在电风扇的构成元素中,具备"降低温度"的设施。普通的电风扇只能加快空气的流动而带走热量,使人感到"凉爽",并没有真正意义上降低了温度。所以它的基本功能是"加速空气的对流"。

产品在实现了基本功能的前提下,还可以再增加其他功能。如果这些增加的功能,只是为了更好地实现基本功能,则称为辅助功能;如果随着功能的增加,使得原来的产品发生变异,则成为新的产品。例如,手表的基本功能是显示时间,而防水、防震、防磁、夜光等则是手表的辅助功能。这些辅助功能相对于基本功能来说是次要的,可是它们能更有效地帮助基本功能的实现,使手表在水、震、磁、黑暗的环境中也能准确地显示时间。而对热水瓶而言,其基本功能是保温。所以,日常使用热水瓶,是把开水灌入其中,准确的称谓应该是"保温瓶"(图2.1)。若是改进设计,增加加热的功能,能把冷水烧开,才是真正意义上的"热水瓶"(图2.2)。如果再增加过滤、消毒、软化水质等功能,则成为一种新型的饮水器(图2.3)。

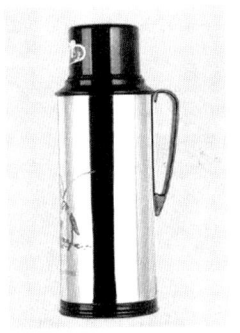  

图2.1　保温瓶　　　　图2.2　电热水瓶　　　　图2.3　饮水机

2. 物质条件

物质条件是产品得以成为现实的物质基础,包含两个方面:一是材料,二是技术(即工艺、设备、工作技能)。材料的选用,直接影响造型的效果。另外,材料不同,加工的技术也随之变更。而选用什么样的技术,又受设备等的限制,也影响到造型的工艺和效果。比如,在不具有大型压力机的条件下,设计一个整体成型的流线型轿车外壳,显然是脱离实际的。至于为了单纯追求造型美观,而擅自改用不能满足功能要求的材料就更不能允许了。物质条件随着科学技术的发展,不断地提高和完善。

3. 造型设计

造型设计是应用设计美学原则对产品进行美化。产品的造型设计,必须在保证能够实现功能要求的前提下,应用设计美学原则,并结合人机工学的理论、数据和宜人性等要求,合理和恰当地美化产品。使得产品在使用过程中,创造出满足整体知觉的产品。对某一产品而言,可从单一的知觉(如视觉或者听觉),也可以是具有整体知觉(视觉、听觉和触觉乃至嗅觉等)综合效果的"宜人性"产品。造型设计对增强企业产品的市场竞争力,提升产品的品牌形象,满足人们的知觉愉悦性,起到了重要的作用,也是体现产品的精神功能的重要因素。

协和飞机是英法联合研制的世界上唯一的超音速客机,其头部特别的造型就是为了飞行员操作的方便而设计成可以向下倾斜一定的角度,[①]如图2.4所示。

（a）

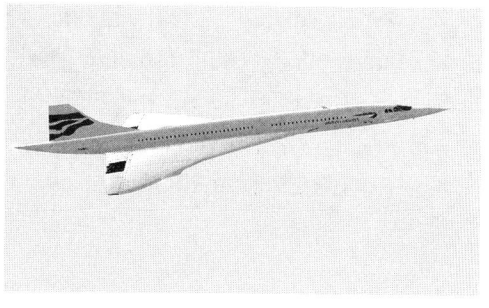
（b）

图2.4 协和客机

2.1.2 三要素的相互关系

1. 造型设计与功能要求之间的关系

功能是造型的先决条件,不可能脱离功能来谈造型设计。而造型必与功能高度统一,充分体现功能的要求。

2. 造型设计与物质条件之间的关系

如何应用新材料、新技术和新工艺来进行造型设计?功能要求决定造型设计,造型设计体现功能要求;物质条件影响造型设计,造型设计决定对物质条件的选取、采用,并推动技术革新;功能要求决定对物质条件的选取,物质条件影响功能的实现。三要素相互依存,相互制约和相互渗透。

如"隐形"飞机或者舰艇等,要达到"隐形"的目的,飞机和舰艇的表面要尽量减少或者消除雷达接收到的有用信号,所以,外形呈现出棱角分明的形态,如图2.5和图2.6所示。

图2.5 美F-117隐形战斗机

图2.6 法、意研制的地平线级护卫舰

---

① 协和飞机前机身细长,可以获得较高的低速仰角升力,有利于起降,又可以降低超音速飞行产生的阻力,超音速飞行。但机头过于细长,飞行员在起降时由于高仰角导致视线会被机头挡住,为了改善起降视野,机头设计成在起降时,可以往下调5°～12°,以便飞行员获得极好的视野,巡航时则转到正常状态。不过庞大的机头角度调整设备占用了飞机的宝贵重量与空间。1976年1月12日协和正式投入航线使用。但由于噪声问题和经济性差等问题,2003年10月24日,协和客机正式退役。

随着科技的发展，新技术、新工艺和新材料等的出现，"隐形"物体的外貌又会发生改变。

又如，英国正在研制一种新的超音速客机 A2，将在 30 500m 左右的高空，以 5 马赫（1 马赫=1224km/h）左右（约 6 116km/h）的速度飞行。在这样的高速下，任何玻璃都将因摩擦产生的高热而融化，所以 A2 不会有窗户[②]。为了解决超音速飞行中客机表面温度过高的问题，A2 采用了特别的外形设计。机身长达 143m，是目前最大客机——空客 A380 机身长度的两倍，如图 2.7 和图 2.8 所示。

图 2.7 A2 的效果图

图 2.8 A2 与 A380 的尺寸比较

综合上述，功能要求、物质条件、造型设计三者缺一不可。功能是首位，造型处于从属地位，物质条件则是前两者的约束条件。但是，在能保证功能的条件下，造型就会变成主要因素，能创造品牌价值，体现精神功能，促进消费，增加附加值。

2.2 工业产品设计基本要求

基于三要素的关系，在工业产品设计中，是以实现实用性、审美性和经济性这三个基本要求进行的。

2.2.1 实用性

实用性即满足产品的特定目的和用途。作为工业产品，必须是具有实用价值的工业制品。

满足其特定的目的和使用要求，它是基本功能的表现形式。因此，特定产品的造型一

---

② 至于飞行员如何操作飞行，资料中没有提及，可能是利用先进的电脑导航仪器辅助。

定要满足产品基本功能的可靠地实现。它具备的条件是：

1. 性能——功能实现的程度（包括使用范围和工作精度）

（1）工作范围：任何产品设计，应局限在一定的使用范围内。若使用范围过于广泛（即所谓万能产品）会造成结构复杂，制造困难，精度降低，成本增加，相对产品利用率下降。产品一般均按一定的使用范围设计成系列产品，即产品系列化，这是使产品造型方便，又能充分利用其功能特点。

（2）工作精度：是体现产品的造型使用功能的主要因素。它是区别同类产品性能、质量高低、产品造型内在质量优劣的主要技术指标。

2. 可靠性、有效度

（1）可靠性：指产品在规定条件下和规定的时间内完成基本功能的能力。

（2）有效度：在某特定的时间维持其功能的概率。

有效度＝可能工作时间／（可能工作时间＋不可能工作时间）

3. 宜人性

优良的产品功能，要通过操作合理、舒适，使用安全、准确和高功效体现出来。要求产品造型设计充分考虑人的生理、心理特征以及结合人机工程学的观点、理论、数据和方法，处理好人－机－环境之间的关系，达到在使用、操纵过程中的易用、安全、准确、高效和舒适、愉悦等要求。

以上三个方面体现了产品的实用性。

2.2.2 审美性

造型设计不仅要考虑制品的实用性，同时还要考虑美观性。虽然每个人的审美观点有所不同，但总存在着大多数人公认的美。造型设计的美应该是大众共同的审美标准，同时要综合考虑时代、国籍、民族、社会、个人等因素。

造型设计美的表现与美术作品创作时纯粹由作者主观表现的美是不同的，它具有较强的客观性，受传统和客观所左右，更不能忽视对使用阶层的好恶进行调查的结果。

一般说来，工业产品的美至少有两个显著的特征。一个是产品以其外在的感性形式所呈现的美，称为"形式美"；另一个是产品以其内在结构的和谐、秩序而呈现的美，称为"技术美"。形式美由于是外在的，易感受的，因而生动、具体，有广泛的可理解性。而技术美则是通过结构关系等多方面内在因素所显现出的美，一般不易被人感知，因而具有一定的抽象性。总之，两者的要素是相互联系的。内在的要素可以通过外在的要素显现出来，人们可以通过对外在要素的认识而理解美的内在要素。在产品造型设计中，只有把这两方面的要素有机地统一起来，才能达到产品真正的美。

工业产品的造型设计应该是什么样的状态？我们可以参考小考夫曼（Edgar Kaufmann Jr.，1910—1989）在《现代设计的涵义》中提出了12条要求③：

（1）现代设计应满足现代生活的实际需要。

---

③ 小考夫曼曾任纽约现代艺术博物馆工业设计部主任。参阅 http://cn.bing.com/reference/semhtml/Edgar_Kaufmann,_Jr.

（2）现代设计应体现时代精神。

（3）现代设计应吸取艺术的精华和科学的进步。

（4）现代设计应灵活运用新材料、新技术，并使其得到发展。

（5）现代设计应通过运用适当的材料和技术手段，不断丰富产品的造型、肌理、色彩等效果。

（6）现代设计应明确表达对象的意图，绝不能模棱两可。

（7）现代设计应体现使用材料所具备的区别于它种材料的特性及美感。

（8）现代设计须明确表达产品的制作方法，不能使用表面可行、实际却不能适应大量生产的欺骗手段。

（9）现代设计在实用、材料、工艺的表现手法上，应给人以视觉的满足，特应强调整体效果的满足。

（10）现代设计应给人以单纯洁净的美感，避免繁琐的处理。

（11）现代设计必须熟悉和掌握机械设备的功能。

（12）现代设计必须顾及消费者的欲求及价格问题，反对矫饰与追求豪华。

以上12条要求，在今天来讲，也具有积极的意义，对产品设计具有重要的参考价值。其中"满足现代生活的实际需要，体现时代精神和顾及消费者的欲求"都应该是在产品造型设计中要重点考虑的。

法国美学家丹尼斯·修斯曼（Denis Huisman，1929—　）等在《工业美学》[④]一书中，也提出了相应的观点：

（1）经济法则（是构成功能美的先决条件，以不损害产品的功能价值为限）。

（2）使用功效和功能价值法则（协调其功能特征和外观）。

（3）统一构成法则（产品要在静态和动态平衡中构成整体的和谐）。

（4）外观和使用要求相协调法则（达到使用和观赏两方面的审美满足）。

（5）风格法则（表现时代特征而不赶时髦）。

（6）发展和相对性法则（以发展的眼光看待设计，而不能停滞不前）。

（7）鉴赏力法则（经济技术因素是外观形态的基础）。

（8）满足的法则（全部感官感觉）。

（9）运动法则（从动态环境关系上考虑设计）。

（10）等级或目的性法则（考虑社会学和心理学问题）。

（11）商业法则（经济规律不能取代美学规律）。

（12）诚实法则（功能合理、不搞虚饰）。

（13）艺术性法则（技术与艺术相结合）。

美国著名设计家雷蒙德·罗维（Raymond Loewy，1893—1986）提出的设计信条："最先进而又可以接受。"（Most Advanced Yet Acceptable，MAYA）[⑤]

由此可知，在工业设计中，美既不是听凭技术摆弄的结果，也不是耀眼的装饰和附加

---

④ D. 修斯曼等《工业美学》，吴岳添译，南开大学出版社《技术美学与工业设计》丛刊，1986.

⑤ http://www.raymondloewy.com/about/bio.html.

物。这就是说，根据适合用途的机构、构造、材料、技术和生产方式，从其发展中来抓住美，作为视觉上得到满足的融合体。现在的造型设计，特别是工业产品的设计，在这方面更富有强烈的反映。

2.2.3 经济性

以最低的费用取得最佳效果是一条普通的经济法则。同样，造型设计也用尽可能少的费用制作出优良的制品。当然，如果拼命追求价廉而陷于粗制滥造，就违背了造型设计的根本目的。但如果是有利于提高实用性与审美性，而增加经费开支，还是值得的。

完美的产品造型必须反映现代科学技术的最新成就，如结构、材料和工艺手段等现代化的物质条件，并具有最合理的经济效益。

就经济效益的合理性方面，所考虑的技术条件主要包括以下几个方面：

（1）结构：产品功能的实现关键在于它的结构，性能的优劣也在于产品造型结构的选择。结构是体现使用价值的核心因素。同样的功能，由于选择结构方式的不同，会影响其功能的精良程度，也影响它的整个造型、加工的难易、成本的高低等因素。所以，结构的选择在产品造型设计中是至关重要的因素。

（2）材料：不同性质的材料影响特定结构的实现。材料的理、化性质及机械性能影响造型的结构方式，形体大、小、轻、重，质感精良程度，产品的成本高低等。选择材料是完美造型的主要因素之一。

（3）工艺方法：合理的选择与工艺条件相适应的加工手段以及各种工艺的综合应用方法等是产品完美造型的必要手段。

（4）合理的经济效益：提高经济效益，是要求产品造型的全过程中以最少的人力、物力、财力和最短的时间周期获得最大的经济效益。它是最能全面衡量体现产品完美造型的综合指标、价值分析为产品的合理经济性提供了科学的手段和依据。

这四个方面的因素是相互影响和制约的。物质技术（基础）反映了产品造型的科学性。当然现代工业产品造型还应建立在标准化、系列化、通用化的基础上。

功能要素是产品造型的核心因素，起主导和决定性作用；美学要求是人们审美观点不断变化的需要；物质技术条件是实现功能的基础保证，是美化产品的必要条件。

只有把实用性、审美性和经济性密切地结合起来，才能成为真正优良的造型设计。从这一观点出发，设计者的使命就是把造型设计的诸多条件加以综合、组织及条理化。

工业设计虽是造型活动，但与绘画、雕塑等美术作品不同，它具有实用性。因此，对造型设计的好坏的评价和美术作品的评价有很大的差别。也就是说工业设计必须满足以上因素，才是好的造型设计。

从表面上看，审美性与实用性是相互矛盾的。但优秀的造型设计必须将二者很好地统一起来。

简言之，工业产品设计的基本要求就是实用、美观和经济。

2.3 工业设计的基本原则

工业设计的基本原则是：功能决定形式，形式服从功能。

2.3.1 基本原则的内容与解释

工业设计的对象是具有一定功能的工业产品而不是艺术品。一位艺术家可以毫无顾忌地塑造出表达他艺术思想的任何造型，而一位工业设计师则必须受产品功能和批量生产的物质条件的制约，不能随心所欲地任意设计和造型。

任何产品因功能的需要必须具备某些特定的结构形式。工业设计应在这样的前提下运用美学原则，以塑造出与功能一致的造型。其次，工业设计必须适应一定的物质技术条件。即必须与实际的工艺生产能力相适应，必须与因功能需要而满足一定功能要求的材料等条件相适应。在同样的功能要求下，工业设计可以运用不同形式塑造出千姿百态的不同造型。当然，不论其造型如何变化，与功能相联系的主要特征形式不容改变。

一般而言，在工业设计中，产品造型设计要遵循"功能决定形式，形式服从功能"的设计原则。

随着时代的前进、科技的进步，今天的人们对这一原则并不是一种简单的理解：凡是功能相同的产品都要具有相同的形式。而是，即使功能不变，同类产品的造型也应该随着时代的前进而产生变化，适应人们不断发展的审美要求。所以，对这一原则应从以下方面进行理解和解释：

（1）产品造型设计要从功能要求出发，功能决定形式。
（2）不是"纯功能主义"，而要在符合功能要求的前提下，将设计对象按人们审美要求给予必要的美化。
（3）任何产品，不存在既定的模式。
（4）强调功能是决定形式的关键，但不是唯一的条件。
（5）形式还要考虑需求。

再者，产品为人在一定的环境条件中使用。因此，要考虑民族、地区（国家）、工作性质、使用场合、使用对象和要求、风俗习惯、兴趣好恶以及自然环境和使用者不同的审美需求来综合考虑。

例如，电话亭的设计，要考虑环境因素、外观与周围的环境协调。在环境优美的地方，可考虑开放式的设计；在人多嘈杂、环境复杂的地方，可考虑封闭式的设计（图2.9）。

（a）

（b）

图2.9 造型各异的电话亭

（c） （d）

图 2.9 造型各异的电话亭（续）

工业设计要解决的，包括两个基本问题：技术与艺术的统一，功能与形式的统一。在设计观念上，由芝加哥学派设计师路易斯·沙利文（Louis H. Sullivan，1856—1924）提出的"形式服从功能"（Form follows function）[⑥]的观念已受到重视。且由于在设计中运用了多学科知识，功能的内涵已经大为扩展，设计更具生命力，更加多元化，日益体现"形式服从需求"的直接反映生活意义的倾向。

所以在现代工业设计中，功能不再是确定形状或形态设计的唯一准则。设计师应该要注意到在遵循工业设计的一般原则下，要考虑"形式服从需求"的这种倾向。

设计的基本原则有以下几个方面：

（1）设计是根据美的欲望进行的技术造型活动，要求立足于时代性、社会性和民族的传统，不要纯粹讨好大众而追求缺乏价值的美。

这里的"美"不完全指艺术之美，艺术创造是进行一次性物化，不必考虑批量生产。而设计必须经过第二次物化（即批量生产）才能实现最终目标。虽然严格地说第二次物化不属于设计的范畴，但是如果没有第二次物化，则设计变得毫无价值。

（2）在制造某种产品时，不单对其用途，更重要的是对其美的形态进行合理规划。

（3）设计既要具有艺术要素又要具备科学要素，是为满足人的实用与需求进行的有目的性的视觉创造，即精神功能与实用功能，美的要素与实用要素相互矛盾，抗拒而又相互统一的过程。

（4）设计既要有独创和超前的一面，又必须为今天的使用者所接受，即设计应包括有独创性、合理性、经济性和审美性。

（5）设计要受一定条件的制约，不是设计师个人主观判断下追求的美，要受委托者和使用者制约，受物化条件制约，还要受市场和销售机制及其法律、法规的制约。

2.3.2 工业产品造型设计与传统习惯

在工业产品的造型中，应该注意到传统习惯对其产生的影响。有时，这种影响力是非常巨大的。

---

⑥ http://en.wikipedia.org/wiki/Louis_Sullivan.

例如，第一台商用机械打字机问世，人们就发现了字母的排列是那么的"莫名其妙"，字母按照一种杂乱无章的顺序排列，为什么会是这样呢？这是因为克里斯托夫·拉森·肖尔斯（Christopher Latham Sholes，1819—1890）制造的打字机是全机械结构的，键盘与一根长金属杆（称为键槌）相连，键槌的顶端刻着与键盘相同的字母。敲击键盘，键槌在纸面上打出字迹。在最初的样机上，键盘字母是按照"ABCDEF…"顺序排列。但在使用过程中发现，当打字的速度一快，金属杆之间就会发生干涉——键槌就容易被卡住。为了解决这个难题，肖尔斯的妹夫（数学家）提出了一个解决方案：在键盘的排列上，把常用的连在一起的字母分开，这样击键的速度就会减慢，也就减少了故障的发生。肖尔斯采纳了这个建议，将字母按一种奇怪的"QWERTY…"顺序排列。这种为了避免发生故障、放慢打字速度，不得不将字母杂乱无章地进行的排列，被肖尔斯在推销打字机时说成是：这样排列经过数学的计算，是最科学的，可以加快人们的打字速度。而实际上，即使按照字母的基本顺序来排列的话，使用的效果也比肖尔斯的排列要好。另外，在那个时代，设计者只是考虑到怎样发明出"有用"的机器，而这种机器从无到有，已是巨大的进步。作为新生事物的出现，人们应该去认识它，适应它，这就是"时尚"。其实，今天我们对一些新事物的出现，往往也是采取这样的态度。

以今天的设计观念来看肖尔斯发明的QWERTY键盘，字母排列方式缺点太多。首先，英文中10个最常用的字母就有8个离规定的手指位置太远，不利于提高打字速度；其次，键盘上需要用左手打入的字母排放过多，因为大多数人都是"右撇子"，所以用起来十分别扭。有人曾作过统计，使用QWERTY键盘，一个熟练的打字员8小时内手指移动的距离长达25.7千米，一天下来疲惫不堪。遗憾的是，长期以来，千万人习惯成自然。很少有人怀疑这种键盘排列顺序设计的合理性，甚至"习惯"了这样的排列。

图2.10　雷明顿牌机械打字机

图2.11　字母键盘与键槌

我们可以从这个例子清楚地看到，惯性的力量是多么的巨大！往往一件新生事物的出现和在其长期的使用过程中，逐渐"培养"出人们的习惯。如今，人们已认同了这种不合理的字母排列方式，而且，这种排列方式成为设计和制造打字机的"标准"格式，甚至成为后来的电子计算机键盘（已经没有了机械字母槌的影响）字母的排列标准。

如果今天某一位设计师要把改变了字母排列顺序的新键盘，推向市场，那是要冒大风险的。所以，今天QWERTY键盘仍旧牢牢地占据着计算机的输入领域，虽然有人早就设计出更科学的键位排列，却始终成不了气候。

今天,第一次接触计算机的人士当看到键盘时会感到困惑,"字母的排列顺序怎么是这样的?"(而这时他可能想到的是:"我真是太土,落后于时代了。"却不会这样想:"这个键盘的排列怎么会这样不合理呢?")以至于那些初接触计算机的新手,在刚开始打字时,往往找不到要打的字母在哪里,要花很长的时间来熟悉键盘。

这样的例子很多。再如单门冰箱,其拉手是设计在门的左侧,转轴在门的右侧。这样的设计对大多数"右撇子"的人来说,要把东西放入冰箱中的使用过程是:先把东西从右手交到左手,用右手打开冰箱门;再把左手上的东西交给右手,让右手把东西放入冰箱中,右手把冰箱门关上。这个过程是不是挺麻烦的?但人们却习惯了。如果把拉手和转轴的位置左右互换一下,对于"右撇子"而言,那就更方便了:右手拿着东西,用左手打开冰箱门;右手很自然地把东西放入;左手再把冰箱门关上。这个过程就简单了很多。

其实对于冰箱拉手形式的改动,并不会有太大的阻力,更谈不上什么技术难度。但为什么今天的双门乃至三门冰箱还是沿袭了早期冰箱拉手的形式,这就是习惯的影响(图 2.12)。

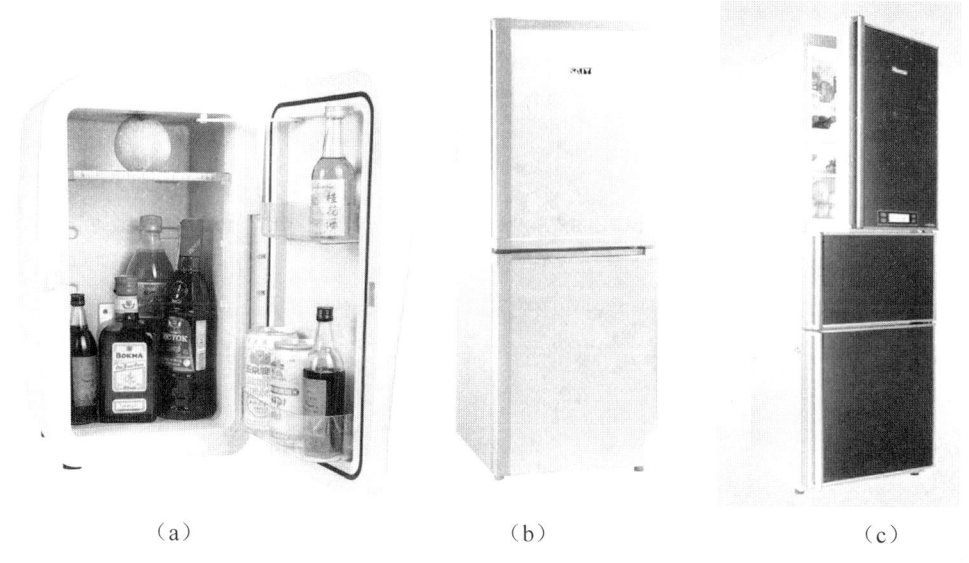

图 2.12 电冰箱造型

当然,计算机键盘的字母排列和冰箱把手的位置,在使用的难易度上存在着很大的差异。打字机的发明是书写的一次革命,总的优点大于键盘的缺点,所以在使用过程中,打字员们很快记住了奇怪的字母排列。另外,人们为了加快在 QWERTY 键盘上的输入(敲击)速度,专门设计了手指练习的训练方法,通过训练后可以盲打(盲打就意味着使用者已经牢牢地记住了各字母的位置),大大加快了输入的速度,这就巩固了 QWERTY 键盘的地位。如果改变了字母的顺序和位置,对于已熟练掌握了 QWERTY 键盘的人,反而不习惯。而改变冰箱拉手的位置,则不存在什么复杂的问题,仅仅是使用的习惯而已。

这也不是说,QWERTY 键盘就不可以改变。我们只要注意字母的排列顺序按照传统的方式,其余的地方,我们完全可以根据人机工程学的关系进行造型设计(图 2.13)。

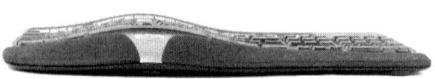

图 2.13　微软人体工程学无线键盘 7000

　　这些实例告诉我们，设计是要考虑人们的使用习惯的。因为，使用习惯一旦形成就具有巨大的惯性，也成为一种经验。特别是设计一种全新的产品，在操作方式的设计上，过去的使用习惯和经验是值得重点考虑的。因为作为一个全新的东西，在使用或者操作上若没有以往的经验作为参考，会让使用者无所适从。同样，同一类产品，不同的制造商在设计、制造时，操作的方式基本是大同小异的。这也是考虑到使用者的习惯。如果不同的厂家生产的相同类型产品，在操作方式上的差异太大，会造成使用者的麻烦。所以，不同的品牌，其差异性主要体现在功能、质量和形态上，而不是在使用的方式上，这一点非常重要。

思考与练习

2-1　在不同的时代背景下，工业设计包含了哪三要素？具体内容是什么？
2-2　工业设计三要素的相互关系？
2-3　工业产品设计基本要求是什么？请写出具体内容。
2-4　产品的造型设计与哪些因素有关？它们之间是什么样的关系？
2-5　对工业设计的基本原则应该怎样解释和理解？
2-6　在产品造型设计中，怎样协调创新与使用习惯之间的关系？

第3章 产品的形态造型

教学提示：形态、色彩、质感三要素共同构成产品的完整外观形象，任何一个环节处理不好都可能导致整个造型设计的失败。本章重点分析产品形态造型的美学法则、影响产品形态设计的综合因素以及指导设计的方法等。主要解决两个问题：(1) 什么是好的产品形态？(2) 怎样创造好的产品形态？

教学要求：本章要求学生熟练掌握产品形态设计中的美学法则以及影响产品形态造型的综合因素，从而提高形态造型的运用能力、想象力和创造力，以便为设计打下一个扎实的基础。

3.1 形态与功能

在工业产品设计中，形态与功能是两个最基本的要素。功能是产品的功效和作用，是产品的第一要素和价值体现，不同的功能决定了产品的不同形态。如果产品脱离了功能，其形态也将不复存在。同样，产品形态是功能的载体，如果没有形态的支撑，产品的功能也无法得到具体的实现。因此，产品的形态与功能是相辅相成、缺一不可的，设计师应该把注意力放在如何解决"形态与功能"的协调关系上。

（1）任何产品的形态设计都是以产品的物质功能即基本使用功能为前提的，且不同的使用功能构成产品形态的不同的基本结构。以交通工具为例，如飞机、汽车、火车和轮船等，它的功能是"移动的空间"，能够载人或载物从一个地方到另外一个地方。为了达到功能的要求，它必须具有可载物的空间、可移动的部件，如车轮、机翼或推进器等。

那么每一部分各自的形态如何？它们之间的组合方式如何？怎样才能体现产品的最佳使用功能等，设计师要在产品基本结构上，考虑这些因素，进行构思及方案的比较，从而设计出功能合理、使用方便和造型美观的产品。

（2）基本功能相同而性能不同也会影响产品的最终形态。如飞机、汽车或轮船等，作为交通工具，由于对空间、速度和安全性等方面的不同要求，使得它们在造型上存在很大的差异性。

（3）产品使用功能的增减也会带来形态的变化。如今，多功能的产品越来越多，这种集多种功能于一身的产品设计是人类需求、科学技术发展和市场规律的必然结果。比如瑞士军刀，虽然短小精悍，但却可以进行剪、切、磨、割等各种动作，里面还有照明灯、放大镜、圆珠笔、牙签和镊子等多种工具。它已经由原来单种功能的轻、薄、小的形态变为重、厚、大的多种功能的形态。

另外，消费者审美功能的价值取向影响产品形态的风格特征。不同气质的人会选择不同风格的产品。任何产品都有特定的消费者，消费者的审美需求与价值取向要求产品在外观形态的设计上体现出高科技感、时尚感与高品位感等。因此，一件产品的形态只有迎合了消费群体的价值观念和审美情趣才能被人们所接受，特别是在当今社会物质极大丰富、市场商品十分充裕的情况下，一件缺乏现代审美意识或并无多少文化内涵的产品，在市场上一般是没有竞争力的。

综上所述，可以看出，任何产品的设计都离不开形态与功能这两个基本要素，形态必须满足功能，在系统功能基本确定的情况下，形态才能够随之依据其他方面的需求发生相应的变化。真正好的产品应该是物质功能和精神功能互相融合的多维载体，是外部形态、内部结构及其使用功能的有机结合体。无论是改变人们生活方式的第一辆福特 T 型车的面世，还是后来受工程师 Paul Jaray 关于汽车模型在风道中行进研究影响而设计出的克莱斯勒汽车公司的"气流型"轿车，以及现今各种汽车造型的出现，都是在寻找形态与功能的最佳结合点。

图 3.1　1908 年的福特 T 型车　　图 3.2　克莱斯勒的"气流型"轿车　　图 3.3　2010 年宝马 3 系敞篷车

因此，形态与功能不能被当作孤立的因素考虑，而是被视为一个统一体、一个有机的整体。然而，无论是形态还是功能，设计归根到底是为人服务的，只有把"人的使用"作为设计的出发点，即从需求出发，才能做出富于人情味的、有价值的设计。

3.2　形态造型的美学法则

产品形态造型的美学法则是人们在长期的生活、生产实践中，总结大自然中美的规律，感受美的形式，并加以概括、提炼、创造、总结和不断完善而形成的。

遵循形态造型的美学法则进行设计，可以使产品的形态更加规范，更加符合社会生活以及人们的审美需求，以求获得满意的艺术形态。

产品形态造型的美学法则主要有比例与尺度、均衡与稳定、统一与变化、比拟与联想等。

3.2.1　比例与尺度

工业产品要实现一定的功能，必须具备一定的结构，这个结构决定了产品的外观尺寸。同时，产品中不同功能的实现，又使产品形成了不同的功能结构部件，这些功能部件之间的相互关系以及与整体之间的大小关系就是产品的比例与尺度。

比例与尺度是一种用数学方式来表述产品造型美的艺术语言，任何一种受人们欢迎的工业产品，都必须具有良好的比例和正确的尺度。比例与尺度是构成产品造型形式美和使用方便、准确等最基本、最重要的手段之一。

那么，正确、合适的比例和尺度就构成产品完美造型的基础和框架。一般地，比例只要在不违背产品功能和物质技术条件的前提下，就可呈多种变化组合形式，展现产品整体与局部或局部与局部之间，诸如大小、粗细、长短的量变关系。尺度则比较固定，它是专指造型物尺寸与人体尺寸或是某种标准之间适应的程度和范围。造型若只有良好的比例而无正确的尺度去约束，则该设计肯定会归于失败。所以，产品造型设计的正确次序应该是首先确定尺度，然后根据尺度确定和调整产品的比例。产品的比例与尺度应根据影响组合的各方面因素，做出合理的安排与协调。这些因素基本包括功能要求、物质技术条件、审美时尚等三个方面的因素。比例协调、尺度恰当的产品不仅美观，而且使用合理，能给人们以舒适、亲切的感觉。

1. 比例

比例指的是产品造型的局部与局部之间、局部与整体之间的大小对比关系以及整体或局部自身的长、宽、高之间的尺寸关系。良好的比例关系不只是直觉的产物，而且是符合科学理论的。

1) 形成造型比例关系的因素

（1）功能要求形成的比例关系。从产品的功能要求来确定比例关系，是机电产品形体比例构成的基本条件，即在功能合理、造型式样优美的前提条件下，选择和决定各部分之间的尺寸大小、比例关系（图3.4）。

（2）技术条件形成的比例关系。工业产品是按照不同的科技原理所设计的不同的结构形式，随着科技条件和材料的变化，产品造型的比例也随之变化。比如，目前液晶电视的屏幕比例一般有4∶3、16∶9和16∶10等。屏幕比例是指屏幕的宽度和高度之比，也称长宽比（图3.5）。

图3.4 机电产品比例　　　　图3.5 屏幕的比例（左16∶10，右4∶3）

（3）审美要求形成的比例关系。造型对象形成的比例关系除以上两项外，还应按人们的社会意识、时代的审美需求来考虑产品造型的比例关系。在满足前面要求的前提下，使其具有时代特征的形式美。

2009年10月飞利浦公司在中国市场推出首款超宽液晶电视机，其宽高比为21∶9，尺寸为56英寸。电影院宽屏电影常用的宽高比为2.39∶1，而这款电视机的宽高比约等于2.34∶1，所以用户可以在家中欣赏到与电影院基本相同的宽屏效果（图3.6）。

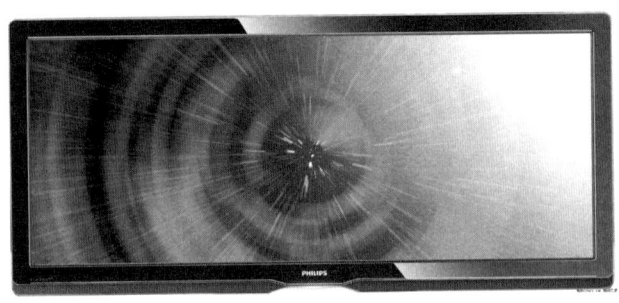

图3.6　飞利浦公司首款56英寸21∶9超宽屏液晶电视

以上三方面是形成造型对象形体比例关系的主要因素。

2）产品造型中常用的几种比例与数列

现实生活中，最常用的比例关系有以下几种：

（1）黄金比及黄金矩形。黄金比例是指将任意长度为 L 的直线 AB 分为两段，使其分割后的 AC 与原直线长度之比等于分割后的 BC 与长段 AC 之比，即 $AC∶L=BC∶AC=0.618$（图3.7）。

$L∶AC（1/0.618）=AC∶BC（0.618/（1-0.618））=1.618$，$1/0.618=1.618$，即0.618与1.618互为倒数关系。

图3.8中，BD 垂直于 AB，长度是 AB 的一半，DE 等于 DB，AE 等于 AC，C 点就是 AB 线段的黄金分割点。

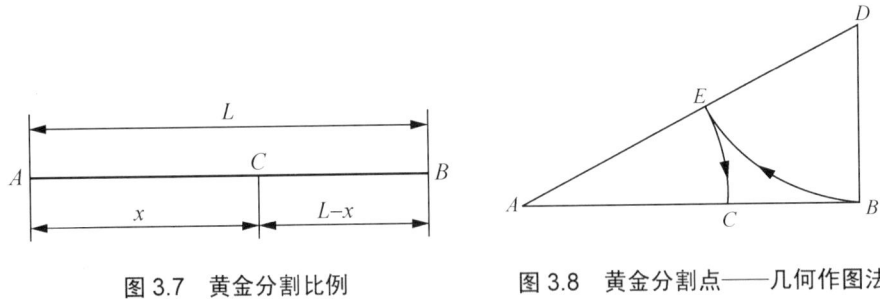

图3.7　黄金分割比例　　　　　图3.8　黄金分割点——几何作图法

为什么说黄金比例是令人愉悦的比例呢？因为人类最早的审美客体就是人类本身，人的形体的发生和发展，就是生存竞争、自然选择的结果。人体结构中许多比例关系接近0.618。

人类最熟悉自己，势必将人体美作为最高的审美标准，并自然而然地对人体形态结构及某些部位的比例关系产生美感，由物到人，又由人到物，推而广之。现代生理学家研究发现，人之所以在环境温度22～24℃时，感觉身心最舒适，机体的新陈代谢、生活节奏和生理功能均处于最佳状态，是因为人的正常体温37℃与0.618的乘积（约22.8℃）恰恰位于这个温度界限内。医学界对此也进行了不懈地探索，研究发现人的睡眠时间以黄金分割比例关系来衡量，对身体健康比较有益，即每昼夜24小时中，保持9小时左右的睡眠为佳，

"9"与"15"的比值为 0.6，接近黄金比。

在实际的产品设计中，产品的外形都是以面、体的形式出现的。因此，为了实际应用的方便，可以把黄金比例用矩形的形式表现出来。所谓黄金矩形是指短边与长边之比为 0.618 的矩形。黄金矩形也可以用几何作图法求得。先作一正方形 ABCD，取 AB 中点 O，连接 OC，以 O 为圆心，OC 为半径画弧交 AB 延长线于 E，过 E 作垂直线与 CD 延长线交于 F，则 ADFE 即为黄金矩形（图 3.9）。

黄金矩形是黄金比例的具体应用，其比例协调，能在视觉上产生独特的韵律美感。在现代生活和日常用品的设计中，设计者有意识地应用黄金比例的美学法则，可以使产品的形态更具有美感。比如电视机的长高比，选定为 1.6∶1，接近黄金分割比率；一些照相机的形体关系，也采用黄金分割的方式来处理其整体的分割关系，从而使之具有和谐的比例美感。

古希腊时代，人们崇尚黄金比例，他们将建筑物的轮廓设计成黄金矩形的形状，其中最著名的就是巴台农神庙，如图 3.10 所示。

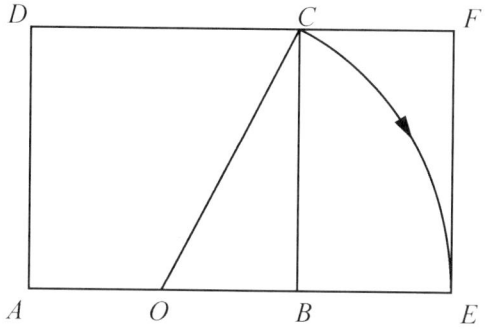

图 3.9　黄金矩形－几何作图法

图 3.10　黄金矩形实例——巴台农神庙

另外，产品的形态造型比例是由功能、技术和审美来决定选取的。所以，有些产品的造型比例就不一定是选取黄金比例。比如，门的功能是让人能够自由舒适地进出，所以在设计时，门的长宽比，并不是黄金比例；也没有必要将把手所处的位置作为门高度的黄金分割点，而是要充分考虑如何与人体、人手相适应。

（2）整数比与根号矩形。整数比是以正方形为基础派生的一种比例，比如 1∶1，1∶2，1∶3，1∶4，1∶5，…。整数比的比例关系比较简单，通常给人一种条理清晰、秩序井然的感觉。应用该比例进行设计的产品造型，工艺性好，且适合现代化工业生产的要求。

根号矩形的长与宽的比例是某个根号值，在产品设计中最为常用是 $\sqrt{2}$，$\sqrt{3}$，$\sqrt{5}$。

根号矩形利用几何作图法，其方法主要有以下两种：一种是正方形外作图法，另一种是正方形内作图法。

① 正方形外作图法。先画一单位长度的正方形，然后以此正方形的对角线为半径，以 B 点为圆心作弧线交于 BC 延长线于 D 点，以 AB 为短边，以 BD 为长边的矩形就是 $\sqrt{2}$ 矩形，再以 $\sqrt{2}$ 矩形的对角线为半径所作的矩形就为 $\sqrt{3}$ 矩形等（图 3.11）。正方形外作图法适用于产品设计中以一个重要的结构为主，进行产品外形的扩大设计。这样，可以保证产品的各个部分之间形成一定的数比关系，结构比较协调。

② 正方形内作图法。先作一正方形，以某一项点为圆心，以边长为半径画弧，与对角线交于一点，再过此点作与底边平行的线则得 $\sqrt{2}$ 矩形，以此方法同样可以得到 $\sqrt{3}$ 等矩形（图 3.12）。正方形内作图法适用于在大的产品形体中进行分割设计，可以保证产品的局部与整体之间更加协调统一。

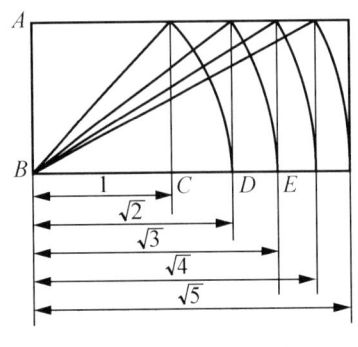

图 3.11　正方形外作图法

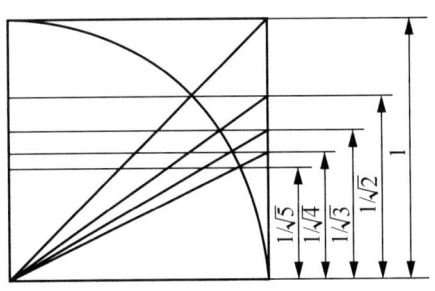

图 3.12　正方形内作图法

图 3.13　具有 $\sqrt{2}$ 矩形外形比例的概念手机设计（作者：李阳）

（3）斐波那契数列。

1，1，2，3，5，8，13，21，34，55，89，…，这个数列称为"斐波那契数列"，是意大利数学家列昂纳多·斐波那契（Leonardo Fibonacci，1175—?）在研究动物生长规律时发现的。这个数列是按照后项等于前两项之和排列的，而且，数列的数值越靠后，后项与前项之比值，越接近 1.618。在自然界中，很多生物的生长规律都符合斐波那契数列。

2. 尺度

尺度也是一种比例关系，专指产品的局部与人体或者产品整体与人体之间相适应的程度。

一般来说，在工业产品造型设计过程中，首先应解决尺度问题，然后再推敲比例关系。工业产品的尺度关系应主要考虑两个方面的问题：产品整体与人的习惯标准；人的使用生理尺寸与产品局部的比例关系。

因此，尺度不是绝对的，它具有相对性。因为产品是供人使用的，所以造型的尺度必须以人体的生理尺寸作为衡量标准。图 3.14 是 "eat with your fingers" 系列餐具，由西班牙设计师 Key Portilla-Kawamura 和 Ali Ganjavian 设计，为了方便操作，其大小必须与人手指的大小相适宜。这也是设计时，需要涉及人机工程学的原因。

图3.14 "eat with your fingers"系列餐具

建筑学家勒·柯布西埃（Le Corbusier，1887—1965）根据斐波那契数列，提出了模度理论：人体的各个关节之间都有一定的比例关系，这个尺寸范围可以用人体的模度来表示，人体模度是以人体尺度为基础，选定一个身高183cm的人体上身的手臂、头顶、脐、下垂手臂4个部位作为基准点，测出它们与地面的标定距离分别为226cm，183cm，113cm，86cm，利用这4个基本尺寸，再分别标出相应的其他数值，从而形成两套级数，如图3.15所示。

第一套为183cm，113cm，70cm，43cm，27cm，17cm，称为"红尺"。

第二套为226cm，140cm，86cm，53cm，33cm，20cm，称为"蓝尺"。

这些数值之间不仅包含着中间值比率的制约关系，而且基本上符合了人体活动区间的各种尺度，能达到人机关系的融洽如一。在产品设计中，可以以"红尺"、"蓝尺"作为参照尺寸设计产品的结构尺寸，以使产品的尺寸更加适合消费者的使用要求。

根据斐波那契数列的规律，又可从"线段"黄金比求出"面积"黄金比。建筑学家勒·柯布西埃就是根据此数列发明了"黄金尺"，如图3.16所示。

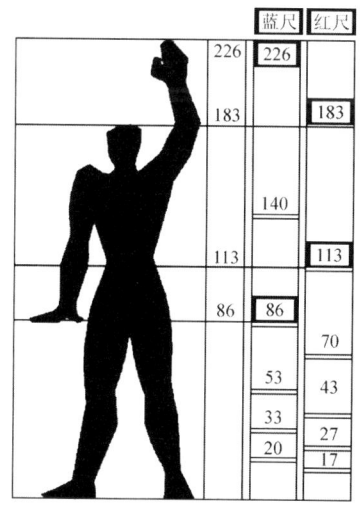

图3.15 "红蓝尺" 单位：cm　　　图3.16 勒·柯布西埃发明的"黄金尺"

在现代工业产品造型设计中，比例与尺度是相辅相成的，需要综合考虑。因为良好的比例常常是以尺度为基础的，而合理的尺度也往往是通过各部分的比例关系显示出来的。单纯考虑造型比例而忽视尺度关系，就会造成尺度失真，甚至影响人的使用。同样，如果只重视尺度而不去推敲比例关系，就会使产品缺乏美感。

3.2.2 均衡与稳定

1. 均衡

均衡属于平衡中的一种形式。在造型设计中，当形态的配置、量感及其色彩关系等方面都不能满足力学的平衡时，可以通过在视觉效果上的调整，达到整体在视觉上的平衡。我们把这种在视觉上取得的平衡，称为均衡。这种通过视觉得到的平衡，布局较为自由，形式富于变化。

均衡在视觉上给人一种内在的、有秩序的动态美，具有动中有静、静中寓动、生动感人的艺术效果。均衡强调合理处理各种造型要素，使得它们在相互调节之下形成一种稳定的状态。也就是说在整体构成形式上，从视觉、心理量感上给人以平衡的感觉。

所谓量感就是指视觉对各种形态要素（如形体、色彩、肌理等）和物理量（如体积、重量等）的综合感受。如大的形体比小的形体具有更大的量感；复杂的形体比简单的形体具有更大的量感；明度低的形体比明度高的形体具有更大的量感等。图3.17所示是意大利设计师皮埃尔·格塔设计的"小飞象"丹波（Dumbo）茶几，茶几的圆形桌面与"小飞象"的底座对照呼应，形成了视觉上的均衡感。

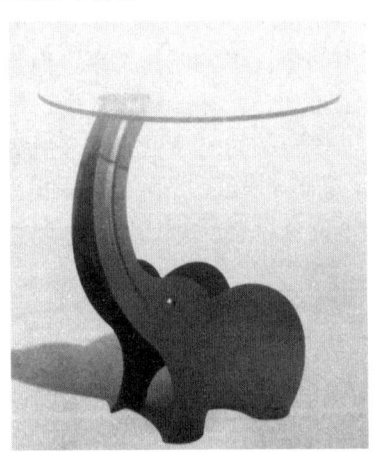

图 3.17 "小飞象"丹波（Dumbo）茶几

2. 稳定

稳定是指产品上下之间的轻重关系。稳定的基本条件是物体重心必须在物体支撑面以内，越靠近支撑面的中心部位，其稳定性越大。另外，产品的重心越低，其稳定性也越大。稳定的形态给人以安全、轻松的感觉。

产品的使用对象是人，而产品的安全性对人来说是最重要的。因此，在产品的设计中，首要的问题就是要解决产品在工作状态时的安全性和稳定性，给使用者生理上的保证以及心理上的安全感。而稳定（包括产品运行状态的稳定和外在形式上的稳定）是保证产品安全性最重要的条件。同时，稳定的形式也是一种美的体现。

工业产品种类繁多，设计时可以从以下几个方面考虑：

1）物体重心的高低

产品的重心是影响产品稳定性的主要因素。物体重心较高的产品给人以轻巧感；而物体重心较低的产品则给人以稳定的感觉。在图 3.18 中，图 3.18（a）所示的重心比较高，轻巧感强；图 3.18（b）由于增加了支撑面，产品的重心下降，稳定性增强；图 3.18（c）所示的由于采用梯形的形式，重心进一步下降，稳定性更强；图 3.18（d）所示的采用两个梯形的组合，既有稳定性，又有轻巧感。

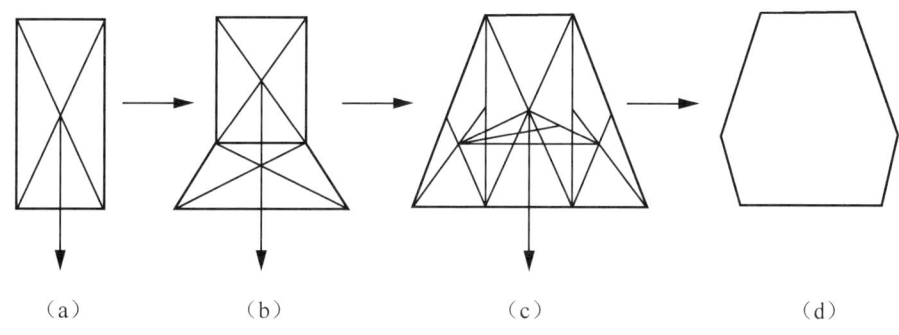

图 3.18 物体重心对产品稳定的影响

2）支撑面积的大小

支撑面积的大小会影响产品视觉重心的高低，也就直接影响产品的视觉稳定。如图 3.19（a）所示，产品的形体重心高，适当地扩大产品的支撑面积，使其视觉重心下降，提高产品的稳定性。如图 3.19（b）所示，产品本身重心就高，若支撑面积减小，则强调了产品的不稳定感。而对于结构重心较低的产品，由于本身具有稳定感，支撑面积可适当地缩小，使产品的视觉重心上升，消除产品本身的笨重感。如图 3.19（c）所示，产品本身结构的重心比较低，稳定感强，再加上支撑面积比较大而显得笨重。而在图 3.19（d）、图 3.19（e）所示的结构中，由于适当地缩小了支撑面积，使本身稳定的产品形体结构显得轻巧，增加了产品的动感和活力。

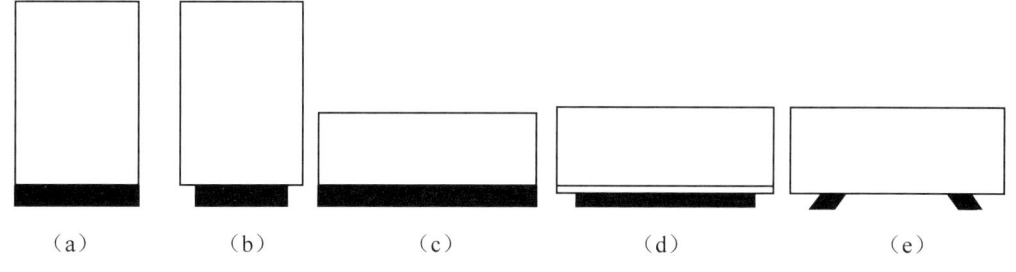

图 3.19 支撑面积对产品稳定的影响

3）产品的视觉中心

产品的某些结构比较复杂，线型多变，或者局部的结构采用了比较强烈的对比形式，具有较强的视觉吸引力。那么，这部分结构在产品的形态上就形成了明显的视觉中心，产品的视觉重心自然偏向这部分。图 3.20 是设计师 Benjamin Hubert 设计的盘子——"伞盘"。

"伞盘"的底部与盘内的"伞把"在体量和线型上形成了强烈的对比,人的视觉重心自然下降落于"伞盘"的底部,因而会觉得产品比较稳定。这款伞盘,可以像拎伞一样直接拎着盘子,方便而有趣。

4)色彩轻重及位置关系

不同的色彩由于明度的不同,会使人产生轻重的感觉。明度低的色彩,体量感大,明度高的色彩,其效果刚好相反。因此,可以利用色彩的这种属性,在产品的不同位置设置不同明度的色彩,来提高或者降低产品的视觉重心,产生不同的视觉效果。低明度色装饰在产品的下部,产品的视觉重心就会下降,会带来产品视觉上的稳定感。比如双层公交车的车身的颜色,上浅下深,是为了增加车身的视觉稳定性,给乘客以安全的心理感受(图3.21)。再比如服装的着色,深色使人显得稳重、成熟,而浅色则使人显得年轻、活泼。再比如商务汽车用深色显得稳重、有实力,而家庭汽车用浅色,就显得温馨和时尚。

图 3.20　Benjamin Hubert 设计的"伞盘"

图 3.21　双层公交车

5)材料、质地、肌理

不同的材料,由于材料表面状态以及材料密度不同,能产生轻重不同的心理感受。如表面粗糙、无光泽的材料比表面致密、有光泽的材料具有较大的量感,密度大的材料比密度小的材料的量感大。所以,对于由人们概念上的重量感比较强的材料制成的产品,本身的视觉稳定性就强,如金属材料制品、石材制品等。而对于由重量感比较弱的材料制成的产品,本身的视觉稳定性就弱,比如塑料、有机玻璃材料等制成的产品。因此,在进行形态设计时要注意形态稳定感的创造。

6)装饰的形式

在产品设计中,由于装饰物独特的形式以及对比强烈的色彩,均可显示出一定的体量感,会使产品形态的稳定性发生很大的变化。比如水平形式的装饰色带由于水平线形的稳定性,就能够增加产品本身的视觉稳定感;直线的装饰比曲线的装饰稳定性要强。

7)形体分割

一般来说,产品形体结构大的有较重的视觉感受,因此在进行产品设计时,为了减少产品的笨重感,可以将有大面积的产品表面分割成几个小的结构部分,以增加产品的轻巧感和生动感。产品形体的分割包括形体结构的分割、色彩的分割、材质的分割、面的分割和线的分割等。

3.2.3 统一与变化

统一与变化是产品形态设计中的一对矛盾因素，也是使产品的局部与整体达到统一、协调、生动活泼的重要手段。统一与变化是事物相互矛盾的两个方面对立统一规律在艺术上的综合体现，是产品形态设计中比较重要的一个法则。

1. 统一

统一是指同一个要素或者形态特征在同一产品中多次出现，由于是同一特征要素的多次重复，因此，该要素就形成了人的视觉感受，它的作用是使形体有条理，具有一致、安静和宁静之感。

在产品设计中，使产品统一主要体现在以下几个方面：

1）产品功能与形态的统一

使用功能的实现是产品设计的前提，形态是实现产品使用功能的硬件支持，它们是产品内容和形式的具体体现。因此，要实现产品的统一感觉，必须首先实现产品功能与形式的统一。产品的功能在产品设计中处于主导地位，功能决定了产品的结构形式，结构形式又决定了产品的基本形态。所以，功能对于产品形象起着决定性的作用。现代工业产品的种类繁多，然而在基本形式上大都是功能决定形式，内容决定形式。如轿车的设计，虽然品牌不同，但是，由于受到实用功能的限制，它们的外形大都是相似的，这就是功能对形式影响的体现。如果产品要体现统一的风格，首先就是形式对功能的统一。由此可见，在产品设计中，首先要研究产品功能的性质，然后才能对其形态做出正确的设计，如图 3.22 所示。

（a）悍马越野车　　　　　　　　　　　　（b）F1 赛车

图 3.22　悍马与 F1 赛车

2）产品比例尺度的统一

比例尺度是产品形态设计的基础，完美的形态必须具有良好的比例与和谐的尺度感，这是产品形态美感表现的重要方面，也是产品满足消费者生理和心理需求的基本要求。

图 3.23 中，冰箱的冷冻柜和冷藏柜的形体比例是一致的，即各柜体的长宽比例是有统一的；又如手机的造型，其外观尺寸的长宽比例是统一的，这样会形成和谐的视觉感。

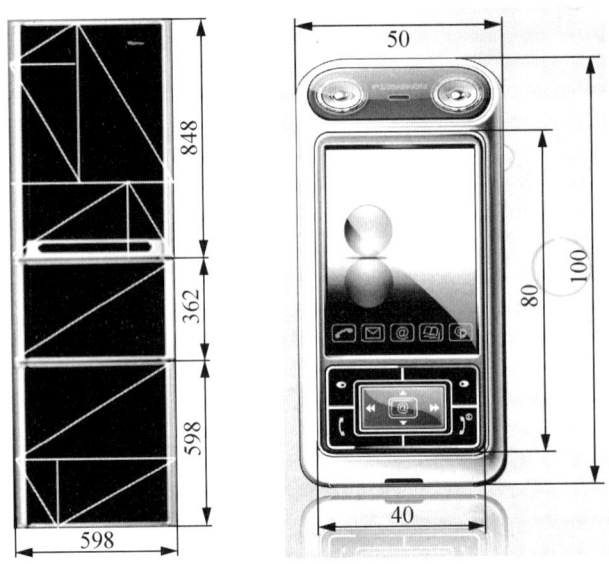

图3.23 冰箱比例分析与手机造型设计（作者：徐炜）

3）产品线型风格的统一

线型风格是指产品的轮廓线以及结构线、转折线的形状所形成的产品的主体感受，如果这些线条是以直线为主，那么产品就是直线性风格；如果是以曲线为主，那么产品就是曲线风格。图3.24所示是法国设计师Stephanie Choplin设计的陶瓷罐花盘，整体造型类似俄罗斯方块，是典型的直线型风格。在线型统一的基础上，每个方格的内部又都设计成不同的靓丽的颜色，给这些花盘增添了不少吸引力。

(a)　　　　　　　　　　　(b)

图3.24 法国设计师Stephanie Choplin设计的陶瓷罐花盘

另外，产品的线型风格必须与它的使用环境相协调，在整体风格上要统一，以保持产品的一致形象。如家用电器品种可谓五花八门，而它们都是放置在家庭环境中，为人们所用。为了给使用者以亲和的感觉，它们的形态都是以曲线和圆弧造型为主，使用明度较高的色彩。线型风格的调和是取得统一效果的重要方面。主体线型风格应协调，即构成产品大轮廓的几何线型要大体一致。如果主体轮廓以直线为主，那么重要部分应当以直线构成形体，直线与直线之间以小圆弧连接。如果形态以圆弧、曲线为主，则其主体部位应由曲线构成，次要部分也应采取圆滑的过渡与主体相呼应，从而达到线型风格的协调统一。

4) 产品色彩效果的统一

"形态"与"色彩"是产品整体形象的两个重要部分,而色彩是先于形体体现产品形象的因素,所以在产品设计中,色彩统一是获得整体形态统一协调的重要方面。产品的色彩设计要从它的用途、使用环境和对人的心理作用等方面进行综合考虑,以达到和谐统一的效果。在产品设计中,应以一种或两种色彩为主,形成产品的主体色调,主体色调可以是产品重要结构的色彩,也可以是由产品的大面积色彩构成的,而辅助色主要是由产品次要结构或者小面积色彩构成的,辅助颜色与主体色调对比要弱,才不至于影响产品主体色调的统一。

5) 产品质感的统一

产品的形象除了形态、色彩、线型等因素外,还包括材料的表面质感,它也是构成产品整体形象的一个方面,在设计中可以利用材料质感的搭配形成产品统一的视觉效果。

在产品设计中,实现产品整体形态统一的方法主要有以下几点:

(1) 调和统一。在产品形态设计中,突出产品形态、色彩、材质等方面的共性,容易得到统一、完整、协调的视觉效果。调和统一中主要包含以下几个方面:

① 比例、尺度的调和。是指产品形态各个组成部分或者整体的比例、尺度尽量地相等或者相近。

② 线型风格的调和。是指产品的形体的大轮廓与局部结构的几何线型要大体一致。

③ 结构线型风格的调和。结构线型是指形态外露部件连接所构成的线型号,结构线型要与产品的主轮廓线形一致,以达到和谐的统一。

④ 零件、附件线型风格的调和。零件、附件的线型风格也要与产品的主体轮廓线型、结构线型统一调和。

⑤ 系统线型风格的调和。当产品是由不同的部分构成一个大的系统时,或者产品的设计形成完整的系列时,它们的线型风格应该一致、调和。

⑥ 分割和联系的调和。在处理产品的大平面设计时,为了加工工艺的方便、外观形态的活泼,往往要对其进行分割,分割时的线型也要与产品其他的线型风格一致。

⑦ 色彩的调和。色彩的调和是指在产品色彩的设计中,基本色调是调和的,多使用临近色达到色彩的调和效果,是工业产品色彩处理最常用的方法,也是取得产品形态协调、统一的重要手段。

(2) 呼应统一。呼应是指处于产品的不同形体或位置上的零部件,应采用相同或相近的形态风格,使之产生视觉印象上的联系和相互呼应,以取得统一、均衡、和谐的视觉效果。

(3) 过渡统一。过渡是指产品上的两个相邻的面或者形体之间,用另一个面或者体来联系,使其结合处逐渐产生转换,以取得自然和谐的形态效果。

(4) 形态简洁统一。产品形态简洁是取得统一的有效方法。形态简洁意味着产品外形的各种线型较少,容易使产品形体显得完整。线型减少,就不容易产生干扰的现象,容易取得统一的效果。

2. 变化

变化是指在同一物体中,产品的形态要素与要素之间存在着差异性,或在同一物体中,相同要素以一种变异的方式使之产生设计上的差异感。由于产品形态要素的不一致性,从而使形体有动感,克服呆滞、沉闷感,使形体具有生动活泼的吸引力。

变化在产品的设计中强调产品特征的差异性,是同中求异。产品设计中的变化体现在产品的形态、线型风格、比例尺度、色彩、质感的不同。在产品设计中,变化的方法主要有以下几种:

1) 加强对比

对比是指产品形态中构成要素差异的程度。对比表现为相互的作用和相互的衬托,鲜明地突出各个形态要素的特点。

(1) 形状对比。主要表现为形体的线型、方向、曲直、粗细、长短、大小、高低以及凹凸等方面。图 3.25 是由 Lovegrove 和 Repucci 设计的钢琴音乐桌,其设计灵感来自于钢琴的外形,显得独特而优雅。这款桌子的特别之处在于桌面上配备一个专有的 iPod 底座插口,可以把喜欢的音乐导入到 iPod 里去,然后插到桌子上。这样一来,就可以边享受大餐,边听着从桌子上播放的悦耳音乐了,一举两得。

图 3.25 钢琴音乐桌

(2) 排列对比。是利用各种形态元素(点、线、面、体),在平面或者空间的排列关系上,形成繁简、疏密、虚实、高低的变化,使产品的形态达到变化协调、自然生动的效果。

(3) 色彩对比。利用色彩的浓淡、明暗、冷暖、轻重等对比关系,可以突出形态的重点,给人以新颖、悦目的视觉效果。

(4) 材质对比。材质的对比主要表现为:天然与人造、有纹理与无纹理、有光泽与无光泽、细腻与粗糙、坚硬与柔软、华丽与朴素、金属与非金属、人造材料与天然材料等。利用这些材料质感的特点,可以表现出产品形态的稳定性、亲切感,突出主从关系和虚实关系,表现产品的部分功能特点,并能够丰富产品的面饰效果,使产品获得更好的艺术效果。

2) 强调重点部位

在产品设计中,根据形、色、质等形态要素,将其某部分加以强调表现就能做到突出重点、达到对比的效果。例如,在产品线型的处理上,柔软的曲线配上强劲有力的直线会增加产品的艺术感染力;在色彩设计中,以淡色为主调,再嵌上少量的浓郁色,这个形就会被明确地强调出来等。图 3.26 所示为 Tobin Spann 设计的智能喷雾器,整体外形以白色为主，在①刻度盘——测量并显示喷雾器消费多少水、按钮②、把手③等关键部位用黄色加以区分，对比鲜明，功能突出。

另外，在进行产品设计时，还要尽量做到在统一中有变化，在变化中求统一，否则只有统一没有变化，会使产品的形态失去情趣感，易于形成死板、单调的效果；而只有变化没有统一，就会缺乏主题，视觉效果杂乱无章，容易陷入疲劳。所以，变化必须在统一中产生，应以保持为整体形态的统一性为主要原则，整体设计强调统一，而局部、细节设计强调变化，以变化为辅助。

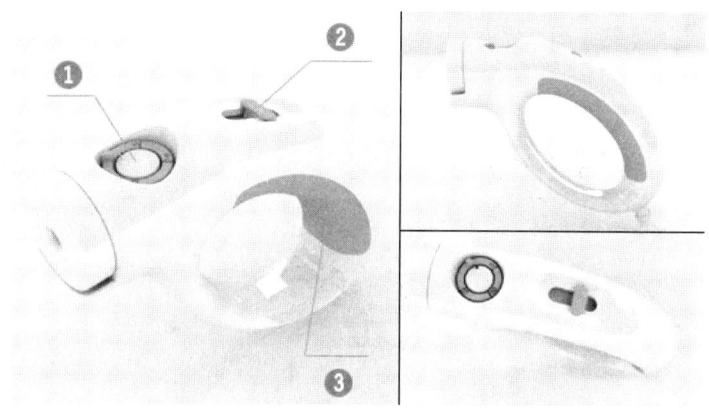

图 3.26 智能喷雾器

3.2.4 比拟与联想

比拟就是比喻和模拟，是事物意象间的寄寓、暗示和模仿。联想则是思维的延展，它是由一事物的某种因素，通过思维延展到另外的事物上。

人们对工业产品的审美，常常会产生与一定事物的美好形象有关的联想。如对称的结构让人想到大方、稳重；水平柔软的曲线让人联想到流畅与轻快；而简洁的外形、明快的色彩，常让人联想到亲切、轻巧和舒适。因此，任何一件工业产品都具有能与美的事物相比拟或相联想的可能。产品造型方法同比拟与联想的关系主要有以下几种形式：

1. 自然模拟——模仿自然形态的产品造型

这是一种直接以自然形态为素材的造型方法，联想与比拟的对象明确、直接、易理解。其缺点是联想范围窄。在运用这种方法时，应注意物质功能与形式的统一性。

在过去相当长的时间内，工业设计师认为，最美的形态直接来自于自然，因而把设计的主要工作放在装饰形态上。图 3.27 所示是芬兰设计师塔皮奥·威卡拉 1951 设计的树叶形木托盘，被誉为当年"最美的物品"。设计师直接模仿树叶造型，设计作品透出返璞归真、温馨和谐、单纯浪漫、自然纯美和青春质朴的生活气息。

图 3.27 树叶形木托盘

2. 象征表现——概括自然形态的产品造型

这是一种接受自然形态的启示，对自然素材进行提炼，通过夸张、减弱、归纳手法，使产品形态造型脱离自然形态，但又保持该形态的主要特征的造型方法。

图 3.28 是丹麦设计师阿尔内·雅各布森 1958—1960 年为哥本哈根皇家饭店设计的"天鹅椅"（左）和"蛋椅"（右），图 3.29 所示是雅各布森 1952 年为诺沃公司设计的蚂蚁椅。这三件作品的设计灵感来源于大自然中的天鹅、鸡蛋和蚂蚁的造型。线条流畅，具有雕塑般的美感，一直被追求时尚的人们钟情。

图 3.28 "天鹅椅"和"蛋椅"

图 3.29 "蚂蚁椅"

这种造型方法注重的是神似，要求形象简练、概括、含蓄。概括自然形态的造型，往往是产品物质功能所必需的。比如，为了减少行进阻力，潜水艇的造型采用鱼形；为了产生升力，飞机机翼的断面形状与飞鸟的翅膀相似等。这种概括自然形态的造型方法目前已经发展成一门独立的学科，即仿生学。

3. 构成造型——抽象形态的产品造型

这是一种不直接反映自然形态、而反映自然现象的规律和本质的造型方法。主要通过形态要素点、线、面等的组合，来形成抽象的几何形态，是人类对空间形态的不满足而依靠经验进行创造的理想形态。设计师从创造形态的角度出发，把自己的情感通过各种方式注入到产品造型中，从而使产品造型体现出一定的意境。

20 世纪 60 年代，国际上燃起了向外太空探索的热潮，各种航天计划层出不穷。芬兰设计师阿尼奥正是抓住了那个时期最动人心弦的精神，1963—1965 年设计了一种类似于太空舱一样的坐椅——"球椅"（图 3.30），在 1966 年科隆家具博览会上一举成名。充分体现了设计师的艺术想象力，引起了人们广泛的共鸣，成为代表那一时期典型的设计作品。

图 3.31 是芬兰设计师、建筑师阿尔瓦·阿尔托 1936 年设计的萨伏依花瓶，其设计灵感来源于芬兰弯弯曲曲的海岸线，是有机的曲线风格设计，非常具有美感。在巴黎博览会上一经展出就造成了很大的轰动，由此也奠定了该作品在设计史上不可撼动的地位。

图3.30 阿尼奥 "球椅"
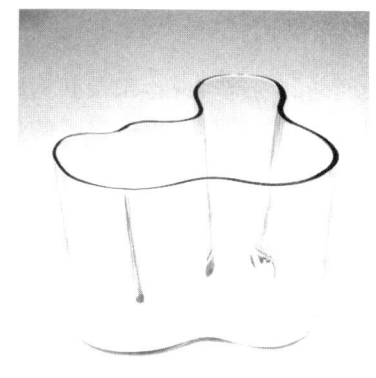
图3.31 萨伏依花瓶

比拟与联想的手法应运用恰当、准确,避免牵强附会、弄巧成拙。如一些城市把垃圾桶设计成狮子、熊猫等动物形象,就显得不恰当。

形态造型的美学法则是人们千百年来在创造美的活动中逐渐总结出来的,因而具有很强的稳定性和生命力,也就是人们常说的客观性的一面。但是,这些法则也不是凝固不变的,它的发展有一个从简单到复杂、从低级到高级的过程。较长时期以后,这些法则也可能将逐渐发生变化。也就是人们常说的客观性是相对的。但是,这种演变将是一个十分漫长的过程。

3.3 形态设计的综合因素

工业产品形态是具有一定目的性的人为形态,需要多工种、多工艺的共同协作,充分考虑形态设计的制约因素,并通过各种造型方法,最终形成一个完美的形态造型。具体来讲,影响产品形态设计的因素主要有以下几个方面。

3.3.1 功能

影响产品形态造型的因素有很多,而"功能"是起主导地位的因素,它对产品的形态有决定性的影响。早在1907年,美国建筑师路易斯·沙利文就提出了"形式服从功能"这一理论,它突出了功能在设计中的重要地位。比如碗的主要功能就是用来承装食物的,这就决定它的形态应该有一定深度与体积,底部便于放置,而且体积不能过大,便于手来端放,碗口是敞开的,便于人们食用东西。如果换一种造型,碗的口部比较小,腹部比口部大而且比较深。这样在使用时,人们就始终无法食用完碗里的食物。

然而,随着市场竞争的日益激烈,用户对产品的需求越来越呈现多样化、个性化的趋势,产品功能不再是消费者购买的唯一因素。因此,在产品形态设计中,需要以功能为前提,但绝不能将功能的标准绝对化。

3.3.2 结构与机构

结构是产品的内部构成框架及其构成关系，它是产品形态的内在依据，是维系产品功能形态的组织方式。物体要保持自身的形态，就需要有一定的强度、刚度和稳定性的结构来支撑。即便是最简单的产品，也有一定的结构形式，否则就无法建构自身的形态体量。

以台灯、落地灯为例，它一般由灯泡、灯罩、支架、底座等四部分组成。因此，在进行形态设计时，就需要考虑以下问题：

（1）如何平稳地放在桌上或地上？
（2）灯座和支架如何连接？
（3）如何更换灯泡？
（4）灯罩如何固定？
……

可以说产品的使用功能决定了它的基本结构，而产品的形态是有具体结构来体现的，相同的功能可以通过不同的结构方式来实现。图 3.32 是设计师 A. 卡斯狄里奥内和 P. G. 卡斯狄里奥内 1962 年设计的"阿柯"落地灯，它使桌子摆脱了必须根据吊灯的位置来相应地摆放的限制。构成元素简单明了：一个平行六面、边角磨圆的大理石底座；三截弓形套管组成的不锈钢柱子；貌似头盔的铝材灯罩，上有许多孔，以方便灯泡的降温。被比喻为鹤颈的舒展雅致的弓形柱子给了灯以魅力和原创性，设计师设想了一个穹形反光灯罩，它不仅拥有三个不同的高度，而且可以在不同时间和情况下改变方向，以获得最佳的照明角度。

图 3.33 是设计师利维奥·卡斯狄里奥内 1969 年设计的"BOALUM"台灯，设计灵感来自于正在工作的吸尘器的软管运动。设想一个物体，它具有同样的轻巧和简单性，但同时又是一个不同寻常的光源。中间有 20 个特殊的圆柱形小灯泡，搁在圆环和导电的金属弹簧上。它可以放在房间的任何一个地方，光线柔和。

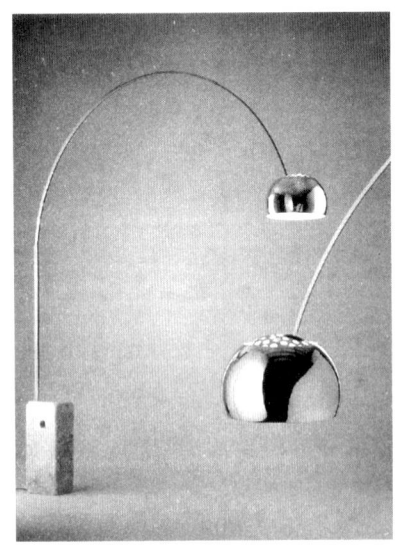

图 3.32 "阿柯"落地灯

图 3.33 "BOALUM"灯

在设计中要注意分析结构中材料的基本连接方法,要研究材料结构与形态结构的稳定关系、受力方向等。大自然是工业产品结构产生的基本源泉,我们要认真深入地观察自然,分析和研究普遍存在于自然界中的优秀结构实例,努力探索设计新结构形式的可能性,为产品形态设计服务。

机构是指两个或两个以上的构件通过活动连接以实现规定运动的构件组合。一般来说,物体之间都存在着确定的相对运动,通过机构可转换机械能或做有用功。因此,实现产品工作原理的机构不同,最终所得到的产品形态也会有区别。

机构作为整个产品构成不可缺少的部分,除了直接满足和实现基本使用功能外,对改善和扩展功能也有益处,并最终影响产品的形态。机构设计是否合理,将影响到产品的操作性能、安全性能及使用寿命等。因此,我们要了解常用的机构,比如平面连杆机构、凸轮机构和间歇运动机构等。还要了解螺旋、齿轮、单向阀门机构、带式和链式等基本传动机构。同时,研究和分析生物机构,抽取其主要机构原理和特征开展仿生机构设计。

产品的结构与机构对产品的形态设计影响很大,要想获得质量高、造型美的产品,必须应用性能好、布局合理的造型结构和工作机构。

3.3.3 线型

线型是最富有情感和最富表现力的一种手段,曲直不同、方向不同、曲率、斜率不同都会造成不同的心理感受,线型直接影响产品的质量和外观艺术效果。

亮相1998年的底特律车展上的甲壳虫(图3.34)[①],圆弧的整体造型,圆润的车头、车尾、轮罩和车顶,以及含情脉脉的圆形"大眼睛"车灯,表达出年轻的活力和时尚。

图3.34 1998年底特律国际车展亮相的甲壳虫

在产品形态设计过程中,应处理好以下三方面的问题:

1. 线型的选择

不同的线型决定了产品形态的不同基本性格,同时体现出产品的形式美。而线型的选择主要与下列因素有关:

(1)线型的选择应与产品的使用功能相适应。如交通工具,要求运行阻力最小,因而

[①] 1935年,第一辆甲壳虫生产出来。自此之后的63年,这辆车的外形基本没有任何改变。直到1998年,大众公司才推出了新款甲克虫。这款车在1998年底特律国际车展上露面时即受到了公众和传媒的极度关注。它很可能是当前世界上最为个性化的车型。1998款甲壳虫的外型设计基于半个世纪前的款式,加入了现代的设计元素。车身的曲线是一个基于黄金椭圆的上半部分。2012年甲壳虫车身轮廓又有了较大的变化,车顶变得低矮,后排空间则更大更实用。

多采用流线型造型，以体现其速度感及力学特性；而机床或机械设备，则要求稳重大方、操作方便，所以常采用直线型造型。

（2）线型的选择应考虑各种线型的性格特征，使之与人的心理需求相适应。每一种线型都以其不同的特性给人以不同的心理感觉。如以直线为主的形体，具有庄重、工整、冷静、浑厚或挺拔的感觉；而以自由曲线构成的形体则具有流动、活泼、柔和、轻快和生动的感觉。

在产品形态设计时，巧妙运用曲线，能够为产品增加美感。图3.35（a）所示是可口可乐公司经典的玻璃瓶形，是美国设计师雷蒙德·罗维于1955年为可口可乐公司重新设计的瓶形，他赋予瓶子微妙、柔美的曲线，形状极具女性的魅力，为可口可乐公司带来巨大利润，这种曲线设计至今仍被继续沿用，如图3.35（b）所示。

（a）可口可乐经典瓶形　　　　　　　　（b）目前流通于各大超市的可口可乐瓶

图3.35　可口可乐饮料瓶

2. 线型的组织

线型的组织应考虑整个产品的形式美。即在变化中追求统一，在统一中寻求变化，曲中有直，动中有静。在设计过程中，针对不同产品的功能特征找到最佳的线型组合关系来表达。机械工具的精密构件可以用直挺切面、有机的弧面、吻合的手感曲面交叉来表达，比如手钻、打孔机等；而微电子产品的精密感可以用刚挺的直线、微妙的曲线和饱满的弧面交替来表达。比如Apple公司和Cingular在2007年1月10日的Macworld 2007大会上共同发布的iPhone多媒体智能手机，如图3.36所示。

另外，在设计过程中，还要注意以下几个方面的处理：

（1）突出产品某一方向的线型，使产品具有鲜明的性格特征即线型主调。线型主调不但与产品的使用功能有关，而且还与产品的动式有关，而动式是产品具有生命力的体现。比如机床，为了强调其稳定感，在造型上线型主调多采用水平线。

（2）在线型组织中要注意同族曲线的运用。所谓同族曲线是指不同曲率的同性质曲线，如圆、椭圆、双曲、抛物线……。同族曲线的运用能使产品既统一协调，又有变化趣味。

（3）线型的对比。图3.37所示的椅子，是2010年米兰家具展上意大利品牌Missoni（米索尼）展出的一款家具，以针织著称的米索尼品牌有着典型的意大利风格，几何抽象图案及多彩线条是米索尼的特色。鲜亮充满想象色彩的直线群的转折与弧形的扶手支架搭配使得米索尼的设计具有强烈的艺术感染力。

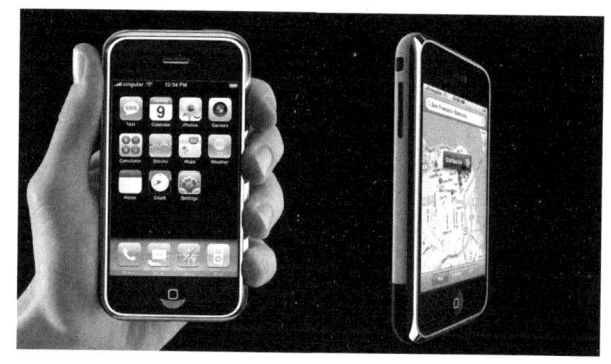

图3.36　iPhone多媒体智能手机　　　　图3.37　Missoni公司的Aalto Tank Chair

3．轮廓线和装饰线

轮廓线是指构成产品形态造型的边缘线，是产品形态表现的重要方面。因此，设计师必须掌握产品轮廓线与形态之间的内在联系，特别是要掌握好形态两侧的投影线与立体造型的关系。

装饰线主要起加强产品形态装饰效果的作用，它是整体造型的一部分，但对形态本身不起决定性的作用。装饰线的选用必须从产品的整体形态出发，应尽力避免画蛇添足或虚假繁琐。装饰线分为以下两种：

明线装饰是采用与产品不同材料、不同色彩的装饰线或立体装饰条，固定在产品的外表面上起装饰作用，装饰线或装饰条的工艺应精致、美观，给产品增添生气。

暗线装饰是在产品上做凸线或凹槽以形成装饰线。这种装饰可以把某些加工误差、材料表面缺陷等通过阴影掩盖起来，具有很好的藏拙作用，从而增加产品的紧密感，具有省工、省料的特点。同时，这种装饰线与产品色彩一致，视觉效果协调、素雅、富有层次感。

3.3.4　形体与体量

所谓体量是指视觉上的体感分量，即形体的大小与轻重。形体是占有实体空间的，体量是伴随着形体而共同存在的。形体是形状的变化，体量是数量的变化。形体与体量是形态空间体积的两个属性，是影响产品形态设计不可缺少的重要因素。

工业产品的物质功能是形成产品体量大小的根本依据，如重型载重汽车与轻型小轿车的体量差别是由各自的功能所决定的。在造型上，体量分布与组合的结果将派生出多种形体，形成不同方案，直接影响产品的基本形态和结构，是造型设计的关键。

一般来说，对称的形体具有端正、庄重、稳固的性格。但过分强调对称，又会使造型显得呆板。因此，产品形态设计时，应注意合理使用变化因素，求得在整体结构对称的前提下，产生局部变化，使造型显得生动、活泼。对于结构不对称的产品，首先要考虑符合均衡的要求，以保证造型的稳定性。同时，体量的组合要避免单调和杂乱，可以采用线或色的分割方法，使其显得生动、活泼。如图3.38所示，这是韩国设计师Sang-hoon Lee设计的一款MP3播放器，采用了动画片中怪物史瑞克的一些经典元素，最具特色的是其耳机的连接线可以藏在播放器内部，不会显得杂乱。中间的分割线将整个形体分为上下两部分，避免了左右对称的呆板，从而显得生动、活泼而富有趣味。

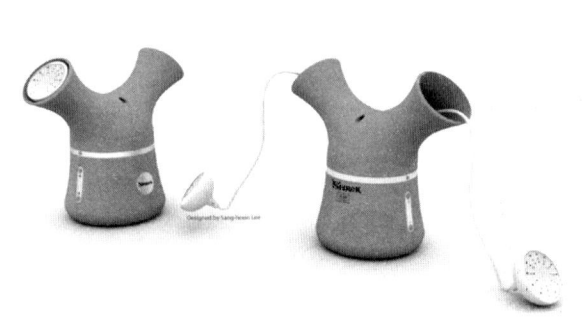

图3.38　MP3播放器　　　　　　　　　图3.39　奔驰F700概念车

3.3.5　方向与空间

在造型设计中，常常采用方向的对比或空间的安排，以丰富产品的外观形象。方向和空间的安排，同样必须建立在对产品功能的正确理解与对材料、结构的确切表达的基础上。

方向是指形体形状的方向，即水平与垂直、陡与缓、同向与反向等。空间是指前与后、上与下、左与右、虚与实等。由于人们会进行各种联想，对上述情况常常有明显不同的感受，因而方向和空间对于产品造型设计的艺术表现力也起着重要的作用。

形体的方向造型，在高速交通工具设计中尤为重要。这首先是因为形体结构必须符合空气动力学理论，使形体在高速运行时的阻力最小，呈"流线型"。另外，形体结构必须满足人们视觉与心理的需要，即形体方向与前进方向在造型中协调统一。图3.39所示是奔驰公司推出的一款名为F700的全新概念车，整体外形流畅，车体上下、左右的空间比例协调，很好地体现了车辆静态的安定感和运动的速度感。

3.3.6　色彩

色彩是最抽象的语言，在整个产品的形象中，最先作用于人的视觉感受，可以说是"先声夺人"。它是影响产品形态设计的必要因素，有色彩的形态远比无色彩的形态更容易吸引人的注意力。在产品设计中，色彩作为情感和文化的象征，不仅具备审美性和装饰性，还具备象征性的符号意义。设计中色彩与具体的形态相结合，可以使产品更具美感、气质和生命力。因此，在产品的形态造型中，色彩设计是一项不容忽视的重要工作。

产品色彩如果处理得好，可以协调或弥补造型中的某些不足，使之锦上添花，更加完美，很容易博得消费者的青睐，从而收到事半功倍的效果。反之，如果产品的色彩处理不当，则不但影响产品功能的发挥，破坏产品造型的整体美，而且很容易破坏人的工作情绪，以至于降低工作效率。

产品设计中的色彩,包括色相、明度、纯度及其相互之间的调配关系。不同的色彩及组合会给人带来不同的感受,如红色热烈、黄色光明、蓝色宁静、紫色神秘、白色单纯、黑色凝重、灰色质朴等。

产品的色彩设计必须与产品的物质功能、使用对象和环境场所等因素统一起来,使人们产生统一、协调的感觉,毕竟产品是要融入大的生活工作环境中的。如医疗器械的色彩应以调和为主,以追求安静的气氛;急救用品,色彩应醒目,便于发现;高速运动的物体,色彩应对比强烈,以提醒人们注意;起重设备,应以深色为主,使人有稳固感。

同时,色彩的色调选择也是至关重要的。简单地讲,色调就是一眼看上去工业产品所具有的总体色彩感觉,它可以表现出生动、活泼,也可以表现出精细、庄重,还可以表现为冷漠、沉闷或是亲切、明快等。色调的选择应格外慎重,一般可根据产品的用途、功能、结构、时代性及使用者的好恶等加以选择。确定的标准是色形一致,以色助形,形色生辉。色调的确定一般要参考以下几点:

(1)用暖色调有温暖的效果,用冷色调会使人感到冷清;

(2)以高彩度的暖色为主调能使人感觉刺激兴奋,以低彩度的冷色为主调可以让人平静思索;

(3)高明度色调清爽、明快,低明色调深沉、庄重。

产品的色彩运用还应体现现代科技成果与艺术造型相结合、流行色与时代感相结合,符合现代人的审美情趣。图3.40所示是 IMOOI(该品牌由加拿大驻纽约设计师 Anna Chan 创建)独具风格的饰品挂件设计,色彩生动、富有活力,蕴涵时尚的新鲜感。因此,可以说色彩是产品不可分割的一部分,恰当的形态赋予适合的颜色,将给产品带来巨大的魅力,从而给使用者创造美的享受。

图 3.40　IMOOI 独具风格的饰品挂件设计

另外,进行色彩设计时,还应该指出的是,要注意产品与民族风俗、地理气候条件保持一定的适应关系。尤其是出口产品,更要注意色彩设计应符合销往国人民的色彩爱憎习惯。如阿拉伯民族偏爱绿色,中国人偏爱红色,不同的国家,不同的场合,人们对色彩的喜欢是不同的。当然,色彩的爱憎习惯也是随时代的发展而变化的,所以决不能以一成不变的观点估测不同地区和国家人民的色彩爱好。

3.3.7　物质技术

材料、成型工艺、表面处理等构成产品造型的物质技术条件，是影响产品形态设计的重要因素。一方面，技术制约着设计；另一方面，技术也推动着设计。从设计美学的观点来看，技术不仅仅是物质基础，还具有其本身的功能作用，只要善于应用材料的特性，予以适当的加工工艺，就能创造出实用、经济和美观的产品。

技术是产品形态发展的先导，新材料、新工艺的出现，必然给产品带来新的形态。所以说，任何设计都是时代的产物，它的不同面貌、不同特征反映着不同历史时期的科学技术水平。比如我国明代时期的椅子，是采用天然的材料经过打磨加工制成的，具有本质的色彩和纹理，不需要油漆，具有一种古朴典雅、明快流畅的造型风格。这种风格与它的加工工艺和原材料的选用是分不开的，是当时生产力的体现。

因此，在现代工业产品造型设计中，能否合理地运用材料、体现材料本身所特有的合理的美学因素，体现材料运用的科学性和生产工艺的先进性，求得外观造型中产品形态造型的形、色、质的完美统一，就显得至关重要。充分发挥材料的质地美，不仅是现代工业生产中工艺水平高低的体现，而且也是现代审美观念的反映。

1. 材料

材料是工业产品造型的基础，它是以自身的科学性、艺术性和经济性，能动地为产品造型服务的。材料本身的肌理、花纹、色彩、透明度、发光度和反光度等会给人不同的联想和感受即质感。质感指的是物质表面的质地，如粗糙、光滑、坚硬、柔软、交错、条理等材质特性。不同的材质具有不同的质感，比如钢材具有深厚、沉着、朴素、坚硬、挺拔的材质特征；塑料具有致密、光滑、细腻、温润之感；铝材显得华贵、轻快；有机玻璃给人以明澈、通透的感觉；木材给人自然、温厚、质朴的感觉。

材料质感的表现往往与色彩运用相互依存，如沉闷阴郁的黑色，如将表面处理成皮革纹理的质地，则会给人以庄重、亲切之感。由此可见，材料的质感能呈现出一种特殊的艺术表现力。因此，设计师应该关注材质的特性和充分发挥材质对产品所产生的恰如其分的统一美和单纯美。

2. 成型工艺

不同的工艺方法，由于具有不同的成型条件和成型范围，对产品的造型结构会有不同的特殊要求。而工艺水平的高低对产品形态而言，主要通过表面质感效果对产品质量产生影响。比如铸件产品的造型设计要有适宜的脱模斜度、合理的结构和壁厚，以便于脱模和减少模具制作的困难、降低成本；模压产品设计要有一个合理的分型面，为了使材料充满模腔，外形应力求简单、平直，并尽可能避免多孔、深孔、拉伸度过长的产品造型。

产品的造型设计必须选择合适的加工工艺方法，并尽可能地适应和满足生产工艺的要求。图 3.41 的"潘顿椅"，是丹麦设计师凡纳·潘顿 1959—1960 年间设计完成的。这是第一把利用玻璃钢成型技术制作的坐椅，即可以一次压膜成型。整个坐椅造型简洁、大方，体态轻盈，具有强烈的雕塑感，强烈的色彩，富有现代感，光滑的曲面也完全符合人机工程学原理，至今仍享有盛誉。

图 3.41 "潘顿椅"

3. 表面处理

表面处理一般不会直接影响到产品形态，但对质感起着决定性的影响。在某些情况下，表面处理会间接影响和制约产品形态。

材料的选用、成型工艺和表面处理的方式不同，会使产品产生轻重、软硬、冷暖、光滑、粗糙或精细等不同的形象感，影响着产品的外观质量。因此，需要随时了解生产技术的发展水平，注意新材料、新工艺的不断产生，为各类材料充分发挥其质地美提供可能。

3.3.8 文化

任何产品的使用者都是处于一定的文化背景之中，在满足了基本物质需求之后，人们也越来越喜欢从文化的角度关注设计，探讨产品背后的文化韵味。因此，工业产品无形中被打上了文化的烙印，文化也毋庸置疑地成为设计中不可忽视的因素，直接反映在产品形态之中。

简洁和丰富的产品形态反映的是不同地域、不同时代的文化特征。文化元素的加入，给设计注入了生命，使产品增添了更深层次的审美内涵。比如北京 2008 年奥运会火炬（图 3.42）——纸转轴，整体造型高雅华贵，内涵厚重。纸是中国古代四大发明之一，而"祥云"的文化概念在中国具有上千年的时间跨度，在建筑、雕塑、器皿、家具和平面设计中有着广泛的应用，是具有代表性的中国文化符号。在火炬上运用祥云纹饰，代表着"渊源共生，和谐共融"，传达宽容豁达的东方精神，呼应了奥林匹克精神。

图 3.42 北京奥运会火炬（章骏主创）

图 3.43 是功夫小子系列的办公用品,是一位年轻的香港设计师设计的,很好地体现了中国的传统文化与产品设计的结合。诙谐、简练的造型在 2004 年刚一问世就得到世界各地的功夫迷的认可。功夫小子所携带的武术意念蛰伏嬉游在人们生活中的细微之处。

(a) CD 架

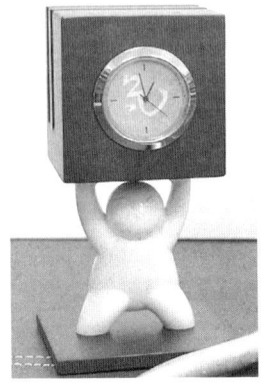

(b) 座钟

(c) 胶带切割台

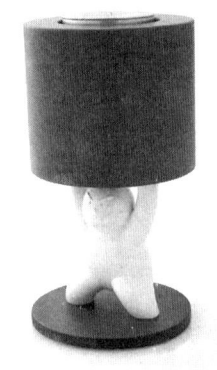

(d) 烛台

图 3.43 功夫小子系列办公用品

东西方的产品之所以形成截然不同的外形特点,说到底是在两种文化背景上,人们生活和思维习惯不同所形成的不同设计思路所导致的。

综上所述,影响工业产品美学形态的因素有很多。在产品形态设计过程中,若能按下列问题思考一下,定会有助于最佳方案的选择和优化。

(1) 设计是否表现出了功能?
(2) 产品的用户群体是什么?
(3) 设计是否独立产生?
(4) 与传统形式是否一致,其变异或创新是否适当?
(5) 产生于内部机构的影响形态的因素是什么?
(6) 与操作功能有关的产品形态及控制细节结构是否背离了人机工程学和心理学规则?
(7) 形态是否有利于安全密封、防止冲击影响以及维修的进行?

（8）其"风格"是否贴切？
（9）其形态流行性的周期长短是否与产品的期望寿命相一致？
（10）设计是不显眼的、无个性特征的，还是显眼的、咄咄逼人的？
（11）设计是否与周围环境协调一致？
（12）其组成部分是否以直线形式、曲线形式或两者适当结合的形式相统一？
（13）其附加的和非必需的装饰细节是否必要或适合？
（14）所选择的形态与材料是否互相协调一致？
（15）为有地使用，是否应按小型化技术要求作尺寸上的人为调整？
（16）产品形态比例是否符合美学标准？
（17）形态是否考虑了动态或静态的操作？
（18）设计的外形是否均衡、稳定？
（19）在对称或非对称形态都可能的情况下，选择哪种形态更适当？
（20）细节的重复能否增强其吸引力？
（21）特殊形态的应用能否对其功能的表现产生作用？
（22）锥度或斜度的使用是否有助于视觉的平衡？
（23）如果省略非必需的外壳而更多暴露其内部细节，对其使用的有效性及外观是否产生影响？
（24）控制器形态上的细节设计与其结构形态的一致性是否与人机工程学的要求相一致，并产生美学上的好处？
（25）薄板构件在形态比例、暴露的边缘及配合接缝等方面的细节处理上是否令人满意？
（26）在结构上能否最有利于避免污物积存并易于清洗？
（27）形态是否有利于降低使用中产生的危险性？
（28）形态是否有助于维修？
（29）能否将因功能及成本考虑而引起外形简化的形态变得更为完美？

3.4 形态与设计风格

风格是指在特定时间与地域环境条件下逐渐形成的具有一定的共性与统一性的样式。每个时代都有其特有的设计风格，产品也必然带着该时代的烙印。形态要素和风格特征是构成产品设计风格的两大部分。形态要素包括产品的造型、表面图案、材质、色彩和纹理等，是人们能看到的产品的物质外形，是使用者和设计师沟通的重要媒介；而风格是产品的文化属性，具有时代的特征，是设计师对时代性的理解与发挥。所以，每一个优秀的设计都具有鲜明的时代性和设计特点。

形态是产品的物质表现，风格是产品的精神依托。两者缺一不可，风格需要形态来传达，形态忽视了风格特征就毫无生命力可言。形态各异的产品决定了其设计风格的不同，由此给人的联想感觉也是迥异的。比如，方正形态，显示出构造的严谨性，给人以庄严、阳刚、规整、简洁的气质；圆形，凸显完满、包容，给人以完整、亲切、阴柔、性感的气质；曲线和直线的融合，能创造动态感受，体悟到生命的力量，给人以热烈、自由、速度、互动的气息；仿生的自由曲线，接近自然形态，生活气息浓郁，营造可爱、自然、亲和的氛围；流畅的曲线，收放自如、张弛适度、柔中带刚，给人以律动、时尚的效果；另类的非对称形体，会产生神奇的效果，给人以极大的视觉冲击力和前卫艺术感。

产品设计风格是技术、艺术、社会、人文、时代、观念的结合统一体，是一个时代的文化观念、审美意识和价值取向在设计艺术中的物化表现。随着人类社会的发展和进步，人们对产品的需求不断发生变化，由此决定了产品风格形式的丰富和多元化。

3.4.1 影响产品设计风格的因素

1. 社会生活环境

无论哪个时代的设计都根植于当时所处的社会生活环境。人类由最初的手工业时代跨入蒸汽时代，技术的巨大进步，使生产力得到了前所未有的提高。机械化大生产忽视了产品的精神品质，使工业产品的形态简单、粗糙、色彩灰暗，引起了一些设计师的关注和思考，由此也引发了一些重要的设计思想与活动。其中最具有影响力的是由威廉·莫里斯领导的，推崇功能与艺术相结合的"工艺美术运动"。

20世纪20~30年代兴起的美国商业性设计，明显看出社会环境对设计风格的影响。当时，商品竞争激烈，设计师为了促进商品销售，增加经济效益，不断花样翻新，以流行的时尚来博得消费者的青睐，从而产生了"形式第一，功能第二"的商业性设计理论。

随着经济的繁荣，20世纪50年代出现了消费的高潮，这进一步刺激了商业性设计的发展。在商品经济的支配下，现代主义的信条"形式追随功能"被"设计追随销售"所取代，其典型代表是美国的汽车设计。美国通用汽车公司提出的"有计划的商品废止制"，通过年度换型计划，设计师们源源不断地推出时髦的新车型，让原有车辆很快在形式上过时，使车主在一两年内即放弃旧车而买新车。有计划的商品废止制虽然给经济带来了短暂的繁荣，但从长远来看，它是社会资源的极大浪费和对消费者的不负责任。

而位于北欧斯堪的纳维亚半岛上的国家因其独特的地理位置和民族传统，形成了影响十分广泛的斯堪的纳维亚风格。虽然北欧各个国家具体条件不尽相同，设计上也有所差异，但它们在设计风格上有着鲜明的共性。这种共性体现了斯堪的纳维亚地区多样化的文化、政治、语言、传统的融合，以及对于形式和装饰的克制，对于传统的尊重，在形式与功能上的一致，对于自然材料的欣赏等，从而产生了一种富于"人情味"的现代美学，受到人们的普遍欢迎。

2. 科技发展水平

设计风格受设计师所处时代的科技发展水平所制约，每当科学技术有所突破时，设计的内容和范围便被扩大了，从而有利于新设计风格的产生。

盛行于20世纪30年代的流线型设计风格的产生，有技术和材料上的原因。当时塑料和金属模压成型方法得到广泛应用，并由于较大的曲率半径有利于脱模或成型，这就确定了设计特征，无论是冰箱，还是汽车的设计都受其影响。1939年威斯汀豪斯公司推出了以单块钢板冲压整体式外壳的技术，完全消除了对结构框架的需要，圆滑的外形也是这种生产技术的结果。

一种新材料的诞生往往会对设计风格产生巨大的影响，如钢轨、电木、不锈钢、镀铬材料、塑料等。其中对20世纪的设计影响最大的材料是塑料。这种复合型的人工材料，由于其易于成型和脱模，且成本低，产生之初便在设计制造中被广泛的使用。二战末期，聚乙烯、聚氯乙烯、聚氯丙烯有机玻璃等新型塑料都被开发出来，其强度高、韧性好，更加受到设计师们的青睐，于是被用于各种产品上。如电器零部件，电吹风、电话、家具、办公用品、包装容器等。其鲜明色彩和成型工艺上的灵活性，大大地丰富了设计语汇，形成了20世纪60年代特有的"塑料时代设计风格"。

由此可见，新技术和新材料的出现总是在促使设计师进行新的形式的探索，寻求适合设计个性的发展，形成了追求简洁造型，外观结构几何化形式的现代理性主义设计特色。

3. 个人情感因素

20世纪第二次世界大战后，为了医治战争所带来的创伤，设计者希望通过不同的设计使人们从战争的恐慌之中走出来，从而产生了诙谐、富于人性味和多元化特征的"波普设计风格"、"孟菲斯风格"等等。图3.44所示是设计师弗尔维奥·比昂科尼1954年设计的花瓶，他把玻璃当成小丑戏装，用多种色块来打破它的光滑外观，就像给它戴上面具一样，把经过冷处理的色块加热后敷在玻璃的表面，使花瓶有了诙谐感。

图3.44　弗尔维奥·比昂科尼设计的花瓶

4. 社会发展需求

人类在进化演进中，变得越来越使其自身受到损害，给人类的环境带来许多负面影响。如土地的荒漠化、气候的温室效应、人类生存资源的减少等。在严酷的现实面前，人类的生态意识开始猛醒，急需在人类发展和自然环境的鸿沟上架起一座桥梁。

为了营造更好的生活环境，确保人类在生存过程中的需求，设计师不仅要考虑人与产品的关系，还必须同时考虑设计与环境的关系以及资源的合理开发利用。于是，"绿化设计"、"生态设计"、"可循环设计"、"清洁设计"、"低碳设计"等可持续设计方式，便不可阻挡地成为新时代设计追求的新目标与方向。通过有效的设计，逐渐使人类与自然之间形成和谐的关系。

3.4.2 产品造型的民族风格

产品造型体现出一个国家和民族的文化。各民族具有特有的生活习惯及精神面貌,在产品造型设计得到了直接的反映。民族风格也不是一成不变,它有明显的时代性,随时代推进而演变。在亚洲地区,日本和韩国的工业产品设计具有鲜明的特点。

1. 日本电子产品设计风格

日本作为狭小的岛国,资源有限,同时国土大多都为山地,因此面临着生存空间狭小的问题。这种特殊的资源和空间关系使得日本人在产品设计上所体现出的精美和小巧化。

同时,日本民族非常善于学习其他文化的精髓并加以创新。图 3.45 所示是索尼总裁盛田昭夫 1979 年主持研发的风靡全球的随身听——Walkman,体积小、重量轻且便于随身携带。它首次得以让人们能够轻松地边走路边听歌,开辟了个人娱乐的先河,引导了一种新的生活方式。时至今日,虽然 Walkman 已经失去了当初的光彩,但仍焕发着独特的魅力。

图 3.46 是日本当代最活跃的产品设计师深泽直人为无印良品(MUJI)设计的壁挂式 CD 播放器,它看起来很像一台小小的壁挂风扇,当拉动下面那条白色的绳索,音乐就马上在听者周围跳动起来,可以轻易实现播放或停止,而且播放器的光盘是裸露在外面的,让你在欣赏音乐的同时可以看到 CD 盘在飞速地旋转,跟着光盘上的图案以及颜色,画出一道道优美而又绚烂的圆环。该作品曾获得日本 Good Design 设计大奖以及德国 iF 金奖(由德国历史最悠久的工业设计机构——汉诺威工业设计论坛(iF Industrie Design)每年定期举办的奖项)。

图 3.45 Walkman(随身听)

(a)

(b)

图 3.46 CD 播放器

尤其是在消费类电子产品领域,日本有其独特的优势,通过诱人的外观、精心设计的细部、相对低廉的价格来赢得大众市场。日本生产的数码相机、电子游戏机、彩色打印机、液晶显示器等在国际上都有很强的竞争力。

在信息化时代,日本传统设计中小、巧、轻、薄的特点得到了进一步的发扬光大,成了日本高科技产品的重要特色。

2. 韩国电子产品设计风格

韩国由于受日本设计和现代主义的影响,产品造型严谨大气。在注重细节的同时,形态呈多样化趋势，变化自由、幽默风趣，特别是在色彩上的处理较好，总给人意想不到的效果。图 3.47 是 LG 公司 2006 年推出的巧克力系列手机 KG90，没有过多繁琐的装饰，体现了极致简约的格调，造型细致圆润。

韩国的工业设计发展迅速，特别是近二十年，大有赶超独步亚洲设计舞台的日本的势头。这在很大程度上与企业对设计的重视是分不开的。LG 从 1990 年开始陆续在全球各地成立海外设计中心，三星于 2001 年设置设计经营中心。为培养具有设计创新能力的人才，三星还特别成立了设计学院，其师资 90%来自具有设计工作经验的设计师，并且每年与海外学校共同合作进行市场调查工作与训练。同时三星的设计部门还积极地参与世界设计大赛，建立起其国际品牌与形象。

图 3.47 "巧克力"系列手机

3.4.3 当代常见的设计风格

1. 简洁高雅风格

具有简洁高雅风格的产品，其造型流畅，颜色整体尽量控制在一个色系，简约大方、经久耐用。造型为功能服务，力求让产品与居住环境艺术相融合，体现一种对品质、高技术、高情趣的追求。图 3.48 所示是由 Jenni Ojala 和 Susanna Hoikkala 设计的手动柠檬榨汁器，造型简洁优雅，且很容易清洁。它的操作十分简单，直接用鲜果压榨出果汁，从壶嘴处倒出。

图 3.48 柠檬榨汁器

2. 朴素自然风格

具有朴素自然风格的产品，其特点是美观实用、朴实无华。在材质上多采用自然原料，不多做加工，最大限度地体现一种清新自然的风格。图 3.49 所示是日本 Bird Electron 公司（主要生产各种数码周边配件）生产的一个带功放的扬声器，在材料上采用天然的葫芦，巧妙地将葫芦本身所具有的柔和色彩、细密质感以及天然纹理非常自然地融入设计之中，展现出一种朴素、清新的生态之美。

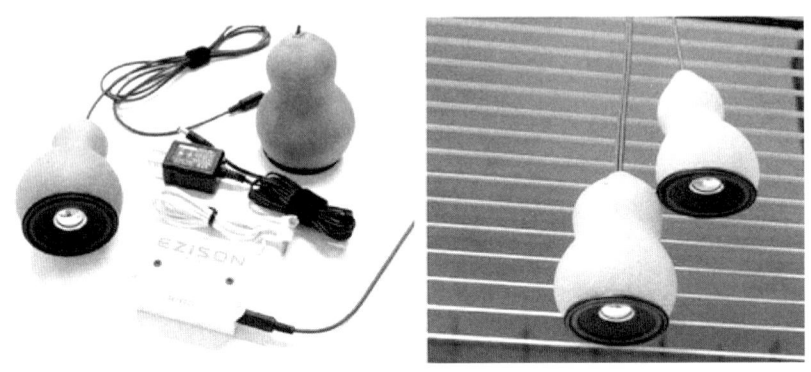

图 3.49　日本 Bird Electron 公司生产的葫芦音箱

3. 时尚前卫风格

具有时尚前卫风格的产品，在色彩和材质都处理的具有高科技感，造型上大胆、出新。图 3.50 的 iMac 系列电脑，拥有半透明的、果冻般圆润的蓝色机身的电脑重新定义了个人电脑的外貌，并迅速成为一种时尚象征。

从形态设计看，iMac 是一件精美的艺术品。它那一体化的整机好似半透明的玻璃鱼，透过绿白色调的机身，可隐约看到内部的电路结构，奇特的半透明圆形鼠标令人爱不释手。从色彩设计上看，iMac 鲜艳的色彩使它从乳白色的计算机海洋中跳了出来，新颖而时尚。

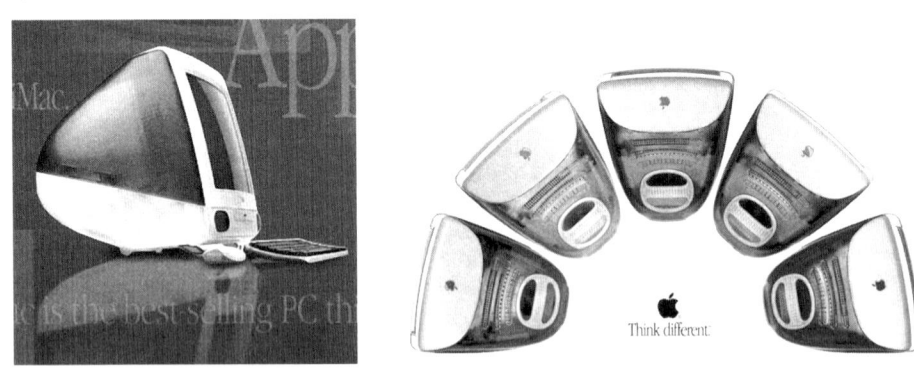

图 3.50　苹果 iMac 电脑——1998 年伊维为 Apple 公司设计

4. 和谐体贴风格

和谐体贴的设计风格，即设计在处理人、产品和环境要素的相互关系时，使各个对立因素在动态的发展中求得平衡，并将具有差异性、甚至矛盾性的因素互补融合，建构成一个有机的、谐调的整体,最大化地满足人们对于功能和情感的双重需求。图 3.51 所示是日本的一款名为 TAG CUP 的系列杯子,曾获得日本的优良设计奖,它具有良好的隔热性,可防止手被烫伤,无论水温多高,都可以用手拿住。

图 3.51　TAG CUP 的系列杯子

5. 复古典雅风格

在形式上主张从自然,特别是动植物纹样中汲取营养,色彩柔和,造型典雅。将古典的繁杂雕饰经过简化,并与现代的材质相结合,呈现出古典而简约的新风貌。

图 3.52 所示是 2008 年 10 月上市的索尼爱立信中端音乐手机 W595 花纹特别版,白色的机壳正反两面均有红色简洁花纹点缀,并且搭配了个性的花朵挂绳,花型略带中国民间窗花的韵味,淳朴、婉约的蔓藤舒展出女性的阴柔。

图 3.53 是 2005 年诺基亚推出的"倾慕"系列花纹手机,包含 NOKIA7360、NOKIA7370、NOKIA7380 三款,将现代时尚和复古典雅融合在一起,彰显欧式贵族的典雅风味。

图 3.52　索尼爱立信 W595　　　图 3.53　诺基亚 NOKIA 2005 年推出的"倾慕"系列手机

3.5 产品造型的技术美的要求

产品功能的实现是产品具有价值的前提，由于产品具有功能，使用者获得了产品的使用价值，也会感受到产品中蕴涵的功能技术美。技术美是相对于艺术美和自然美而提出来的，是伴随着人类的生产劳动而产生的，是在使用价值的基础上，以物的形式构成和形态特点获得的一种独立的价值存在，是科学技术和美学艺术相融合的新的物化形态，是现代大工业生产方式的产物，也是科学技术时代所特有的一种审美形态。它把产品的使用功能放在第一位，是通过技术手段把形式上的规律性、内容上的目的性相统一，使之成为产品物质功能的感性直观。

工业产品作为人类劳动的产物，它的"美"既有内容的，又有形式的，任何一件工业产品都是科学技术和美学艺术统一的结晶。以手机为例，随着高新技术的不断发展和广泛应用，手机由最初的通话工具成为今天具有短信、摄像、音乐和娱乐等多功能的产品，成为现代人们生活中不可或缺的东西。如果没有科学技术的加入，或许它只能停留在换颜色或花纹等形式上。图 3.54 所示是诺基亚和剑桥大学 2008 年联合展示的一款名为 Morph 的概念手机。由于这款手机采用了纳米技术的柔软材料，使得该手机具有灵活柔软和可塑的特性。人们可以根据自己的需要任意改变手机的形态，可以折叠放在包里，可以戴在手上当腕表，甚至可以直接挂在皮带上，手机的形态像具有生命一样"动"了起来，完全改变了传统概念中我们对手机的理解和固有的使用方式。

这款手机带来的是一场手机设计的革命，它带给我们的不只是短暂的新鲜感，更是一种震撼、一种感动。电子产品已不再是一个功能的附属品，而是生活的一部分。

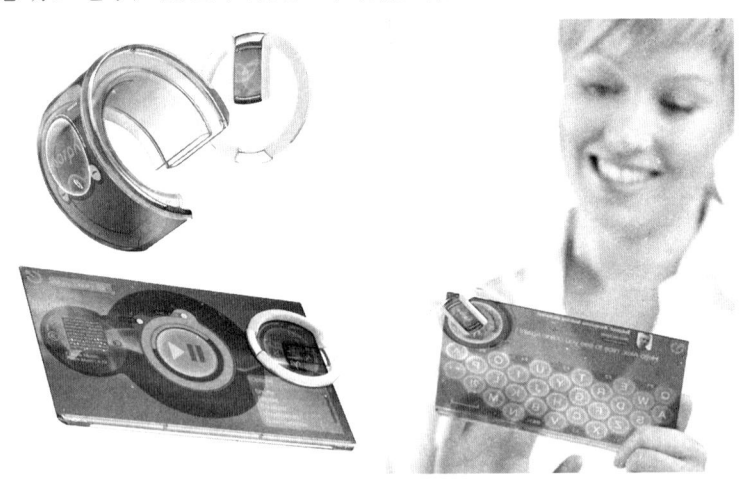

图 3.54 Morph 概念手机

3.5.1 产品技术美研究的意义

技术美是产品在实现功能时所表现出来的一种技术的合理性，研究产品技术美是很有意义的，主要表现在如下几个方面：

（1）技术美不仅是当代的一种审美形式，也是人类原发的审美形态，这种意识使人们进一步认识到,生产实践形成了人们生活中的动态结构,它不仅传递人类的经验,也塑造了人的文化心理结构。

(2)人类审美意识的发展始终都受到科学技术的影响和限制。

(3)技术美作为产品所具有的审美价值,是产品符合规律性和社会目的性相统一的形式,它克服了技术的自发性,突出了科学技术为人服务的功能目的性特征,产品的技术美成为产品功能目的的直观表现。

(4)技术美强调了科学技术进步与社会发展和自然环境的和谐统一,有利于促进自然科学、技术与社会科学、人文科学的联系,促进技术创新与审美文化的结合。

(5)技术美存在于人们日常生活与劳动环境中,通过环境与人的相互作用,可以发挥技术美的审美功能。

(6)技术美不仅是产品发挥审美功能的要素,也是构成产品外观质量的重要标准,它既是产品使用价值的组成部分,又是对产品使用价值的体现和展示。

研究技术美有利于设计者更好地了解和认识产品的功能,为产品功能的设计提供指导。

3.5.2 产品技术美的种类

产品的技术美受到产品物质功能和经济、技术条件等因素的制约而具有自身明显的特点。产品技术美的基本内容主要有以下几个方面。

1. 功能美

产品的物质功能是产品的灵魂,如果产品失去了物质功能,也就失去了存在的意义。当将一种新产品推向市场时,其功能美是吸引消费者的主要因素。产品的功能不同,也就决定了产品功能美的形式的不同。如汽车的功能是运输,但由于社会生产和生活对它的功能要求是多样的,从而出现了具有不同功能的专用汽车,如轿车体现的是安全和舒适美、货车体现的是力量美、消防车体现的是救火的效率美、救护车体现的是快捷高效的医疗服务美以及各种军用汽车体现的是战争时代的特殊用途美等。这些汽车的形式都是不一样的,是与其功能相适应的,反映了各自产品的功能美。所以,并不是最强大的、最先进的产品功能就是最美的,而是最适合消费者需求的产品功能才是最美的。根据产品的不同功能需求,对产品的功能进行整合是创造产品功能美的有效途径,如客货两用车、多用途面包车以及现在的多功能 SUV 车(Sport Utility Vehicle,运动型多用途汽车)等,就是成功的功能组合的新车种,受到消费者的欢迎。图 3.55 所示国产奥迪 Q5,作为奥迪公司推出的一款高档中型 SUV,独有的流线型设计、舒适多变的内部空间、高效的动力系统、丰富驾驶感受、强大越野性能,为驾乘者提供了一种运动、舒适、全能的选择。

图 3.55 一汽大众生产的国产奥迪(Audi)Q5

2. 使用性能美

使用性能美是指产品良好的技术性能所体现的合理性，它是科学技术高速发展在产品形态设计上的体现。当科技新成果转化为产品时，其技术性能的优劣决定了该产品在使用者心目中的地位。使用性能美主要表现为产品使用的安全性、优良的工作性能和使用的可控性等。比如，手机的通话质量、辐射量、待机时间、操作的简便性，汽车的加速性、稳定性、耗油量、操纵性、舒适性等都是产品使用性能美的具体表现形式。由此看出，技术上的良好性能是构成产品功能美的内在因素。在设计的过程中必须运用美学理论创造新产品的形态，使产品的形态与高新技术相一致，将产品的技术性能更好地表现出来。芭比娃娃尽管已有百年历史，拥有世界上众多的消费者，设计已经十分成熟。但是，自从采用了光电模拟技术使之发出了人的声音之后，芭比娃娃的设计发生了革命性的变化，从具有人的形式转变为具有人的品性，在质变中增加了"娃娃"所具有的美学价值，成为世界玩具市场上畅销最久的玩具，如图 3.56 所示。

图 3.56　露斯·汉德勒于 1959 为美泰玩具公司设计的"芭比娃娃"

3. 结构美

结构美是指依据一定的技术原理而组成的产品，能够最大限度地满足产品物质功能的需求，具有审美价值的结构系统。

结构是实现产品功能要求的重要因素，它包括产品内部各个零部件之间的组织方式和产品外部各组成部分的合理配合和排列。具有相同物质功能的产品，必然具有一致的结构形式，如大客车有单层和双层的结构形式，也有单节和双节铰接的结构形式。不论哪种结构形式，驾驶位置必须安置在汽车的最前方，以保证汽车的安全行驶。

产品的结构形式与材料有关，材料是实现产品结构的基础。采用不同的材料，产品的结构形式也就不同。同一功能要求的产品，其结构形式也可产生多种变化。所以，在进行产品的结构设计时，必须将产品的形式与材料本身的特征统一起来。力学和材料科学的新成就，为产品形态的结构美提供了重要的科学依据。结构力学的发展，使产品结构日臻合理，这样才能在保证强度和使用寿命的前提下，设计出结构轻盈、刚劲、简洁的产品来。流体动力学以及各种先进材料的发展，使飞机、火箭、汽车、船舶等高速行驶的工业产品，在结构上实现低阻流线体态。

4. 工艺美

产品零部件加工的方法和表面涂饰的方法通称为工艺，它使材料转化为产品的零部件，是产品形态得以实现的手段。

任何产品要获得美的形态必须通过相应的工艺措施来保证，而先进的加工手段，是使产品形态设计具有时代感的重要标志。比如没有芯片技术的进步，现在的手机就不可能如此小巧玲珑；而现代轿车表面光彩照人的车身，是依靠先进的喷涂技术与材料才得以保证的。

产品的工艺美主要体现在以下几点：

（1）制造工艺。主要是指产品通过机械精密加工后所表露出的加工痕迹和特征。机械产品的精整加工主要有精车、精刨、精铣、精磨、抛光等方法以及各种非切削加工，如滚压加工，外圆表面的滚花、压光等。组成产品的零件通过机械加工，尤其是精整加工后，零件表面在有润滑油保护的情况下可以长期保持其光洁特征，表现出零件精致的外观。

（2）装饰工艺。主要指对成型产品进行必要的涂料装饰处理，以提高产品的力学性能和审美情趣。涂料装饰是对各种金属或非金属材料零部件表面进行装饰的一种简单易行、运用灵活的工艺手段，各种材料的零部件都可以通用涂装的方法以获得不同的外观效果。涂料装饰既可改变原有物质的颜色，起到保护产品、美化产品和环境的作用，同时也能给人以舒适美丽的感觉。因此，这种工艺在产品表面装饰中被广泛应用。

（3）表面处理工艺。是对各种材料的零部件表面进行处理，以改变产品的物理、化学机械等性能。电化学处理是运用电离作用与化学作用，使金属表面平整光洁或使某种材料表面获得其他材料的表面镀层或氧化层，从而改善其表面性质和外观质量，达到保护和装饰美化产品的目的。电化学的处理方法很多，主要有电抛光、电镀、氧化处理等。

（4）产品装配工艺。产品装配工艺的完善对提高产品外观质量有着重要作用。比如同样的汽车内饰件，由于装配工艺不同，汽车内部的美观程度也大不一样。

设计者如能把先进的工艺方法应用于产品设计中，并通过产品表达出来，则不仅体现出现代各种加工工艺和装饰工艺的先进性，而且也体现了产品设计的时代美感。

5. 色彩美

虽然产品的色彩是依附于形体的，但色彩比形体对人的视觉更有吸引力，色彩在产品形态中具有先声夺人的艺术魅力，人们在观看物体时，色彩因素始终处于首位。色彩具有主动吸引人的感染力，能先于形体而影响人的感情。

色彩的美感来自色彩适当程度的调和与对比。产品的色彩美感表现为产品色彩组合的秩序和与产品功能、人的生理、心理等因素的一致性。同时，色彩美感还有着强烈的时代性。由于审美能力的不断提高和科学技术、社会生活的不断发展，设计者必须系统地了解和掌握色彩设计的知识，能够灵活、创造性地对各种色彩进行组合和设计。同时也必须了解人们对色彩的时代性要求，将色彩与时代性和产品有机地结合起来。

6. 材质美

材料是产品物质功能实现的基础。每一种材料都具有各自的质感和外观特征,从而体现出不同材料的材质美。如钢的坚硬沉重、铝的轻快洁净、金的高贵华丽、塑料的柔顺轻盈、木材的朴实自然等,都体现出各自的材质个性和美感。材质美一般是通过工艺手段实现的,所以说,质感美也是工艺美的深化。

按人的感知特性,质感美可分为生理的触觉质感和心理的视觉质感两类。

触觉质感是通过人体接触而产生的一种快乐的或厌恶的感觉,如丝织的绸缎、精美的陶瓷、珍贵的毛皮等给人细腻、柔软、光洁、温润的感觉;而粗糙的墙面、未干的油漆、锈蚀的器物等,则给人粗乱、黏涩、厌恶的感觉。

视觉质感是基于触觉体验的积累,对于已经熟悉的物面组织,仅凭视觉就可以判断它的质感而无需再直接接触。因此,视觉质感相对于触觉质感有间接性、经验性和遥测性,也就具有相对的不真实性。

在产品设计中,设计者可以利用视觉质感这一特点,通过装饰手段以达到材质美的目的。比如,在电视机、收录机的塑料壳体上,其装饰零件多采用塑料电镀工艺,给人以强烈的金属质感;现代生产的人造皮革,在视觉质感还是触觉质感上与动物皮革差异不是很大,而在强度和耐磨性方面超过了动物皮毛,尤其是人造皮革无尺寸限制,用它来包饰坐椅,经济美观。

7. 规范美

现代产品的生产已溶入全球经济一体化的潮流中,一个产品可以经过多个企业的各个专业相互配合生产出来。所以,产品的形态设计必须符合生产工艺流程,符合大规模、标准化、通用化和系列化的现代生产特点。反过来说,由于产品适合于现代化生产过程,其零部件标准化所形成的外形尺寸整齐、统一,表现出了强烈的逻辑性和秩序感,这就是规范美所在。规范美主要表现为标准化、通用化、系列化等方面。

(1)标准化,是在对产品设计和生产的过程中,按照统一的国际标准,或者国家行业、企业等标准进行投产和施工。标准化就是制定和实施技术标准的工作过程。

(2)通用化,是指在同一类型、不同规格或不同类型的产品中,提高部分零件或组件彼此相互通用程度的工作。

(3)系列化,则指在同一类型产品中,根据生产和使用的技术要求,经过技术和经济分析,适当地加以归并和简化,将产品的主要参数和性能指标按照一定的规律进行分档,合理安排产品的品种规格,以形成系列。

标准化、通用化和系列化是一项重要的技术、经济政策,它不仅有利于产品整齐、统一和进行改型设计,从而使产品具有统一中的规范美感和协调中的韵律美感,而且也有利于促进技术交流、提高产品质量、缩短生产周期、降低成本、扩大贸易,增强产品的市场竞争能力。

8. 舒适美

舒适美是指人们在使用某产品的过程中,通过人机关系的协调一致而获得的一种美感。当人们坐在高档轿车里,享受乘坐的舒适性、感受着空间的宽敞时,就会自然地产生一种舒适感，觉得是一种美的享受。产品在被使用中，应该充分体现出人与机器的协调一致性，使人感到使用方便、操纵舒适和安全可靠。好的形态设计一定要联系到人的生理、心理等因素，使创造出的产品符合人机工程学的要求。如汽车驾驶室的空间形态设计，不仅要让驾驶人在工作时最大限度地降低疲劳程度和在生理、心理上感觉舒适、安全，而且还要能保证驾驶人在高速行驶突遇意外事件时，能在极短的时间内发现和处理。这就要充分研究驾驶人的坐椅形状和结构、方向盘的结构和安装角度、各种指示仪表的形状和排列、指示灯和信号灯的色彩和亮度以及制动器的部位和动作范围等。

产品设计通过舒适美的研究，使人与机器的关系更加和谐，并把劳动过程变为劳动者自我美育和精神享受的过程，充分发挥人机关系的使用效能。因此，在产品设计及技术管理中，产品舒适美指标的高低与工作效率的高低有着直接的关系。一般来说，舒适美主要是通过人的生理感受（如操作方便、乘坐舒适、不易产生疲劳等）和心理感受（如形态新颖、色彩调和、装饰适当等）两方面来体现的，现阶段更注重生理上的感受。因为生理上的感受容易得到测量和验证。而人的心理感受要受到多种因素的影响，可变、不可测量的因素太多。但是，随着科学技术的发展，它必将成为工业产品设计时不得不考虑的因素。

3.6 独创性

所谓独创性，也称原创性，是指设计作品经独立创作产生而具有的非模仿性和差异性，强调设计作品由作者独立完成，反对剽窃他人的劳动成果。然而，独创性并不意味着作品必须是独立创作和设计的，如果不是对已有作品的完全或实质性的模仿，与已有作品进行了改革而存在差异，也同样具有独创性。

独创性与作品的艺术或科学价值的大小无关，一幅由儿童独立完成的作品，即使艺术价值很小，没有任何经济利用的可能，仍然具有独创性。

独创性是思维、观察、理解和判断的一种独特的方式，其关键在一个"创"字，即做出前所未有的事情，可称为创造或创新。尤其是在设计活动中，创造既可以是一种填补空白式的发明，也可以是对某种缺憾的补充；既可以是推陈出新的超越，也可以是对现有条件的重新开发；既可以是一种新的理论，也可以是一种新的实践等等。而产品形态的独创性是指造型独一无二，构思、创意新颖独特，它将直接关系到产品对消费者吸引力的大小。这就要求我们在设计过程中必须创新，切忌抄袭、模仿。

设计的内涵就是创造，没有创造，也就没有创新，就不会有进步。创新是工业设计的灵魂，为产品带来新的生命力，是构成产品价值产生质的飞跃的决定性因素。设计的核心是一种创造行为，一种解决问题的过程，它是满足人类物质需求和心理欲望的富于想象力的开发活动。

可以说，任何产品的发展，都是建立在创新的基础上，包括人们现在做得最多的对原有设计的改善，其实这也是一种创造性的工作。在现代高科技、快节奏的市场经济社会，产品更新换代的周期日益缩短，创新和改进产品都必须突出独创性。一项产品设计如果没有任何新意，也就没有设计的依据，就很容易被发展的社会所淘汰。因此，工业设计必须是创造出更新、更便利的功能，或是唤起人们新鲜造型感觉的新的设计。

如图 3.57 所示这是一款荣获 2008 Design Directions 设计大赛冠军的一组设计，它由两个产品组成，一个瓜果削皮器和一个黄油切刀。这两款产品的最大亮点在于其陶瓷制成的刀刃，陶瓷不仅质量比金属更轻而且不宜腐蚀。再配上其独特的人机工程学设计，使得这款产品的实用性大大增强。

图 3.58 是一组调料瓶设计，瓶体采用独特的弧度造型，将每个调料瓶插在托盘上时，由于放置的方向不同，就组成了一个富有动感而有变化的整体效果。

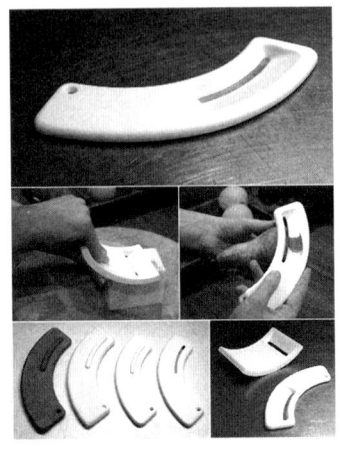

图 3.57　组合切刀　　　　　　　　　图 3.58　调味瓶设计

图 3.59 是一个量杯设计，普通的量杯都需要通过刻度来识别液体容积，而这款新颖的量杯却将六个定量量杯整合到了一个正方体上。在每个面都配有一个凹槽，代表一定量的容积。这种颇具创意的设计不仅将六个定量量杯整合到一起，而且整体效果具有装饰性。

还有像花生酱、沙拉酱这样的调味品通常都是用广口瓶来储存，可是用到最后，瓶底的一点剩余却很难用普通的勺子挖出来。若将将普通的广口瓶设计成了通透的"广口筒"，然后在两头都加上盖子，这样一来，只需将底部的盖子拧开就可以轻而易举的吃光最后一点花生酱了，如图 3.60 所示。

图 3.59　新颖量杯设计　　　　　　图 3.60　两头都加上盖子的广口瓶

近年来，我国以加工为主的中小企业如雨后春笋般蓬勃发展，并逐步成为中国经济发展的主要支柱。从这些企业加工生产出来的产品远销世界各个角落，使中国有了"世界加工厂"的称谓。但是仅单靠外来加工赢得的极其微薄的加工费来维持企业发展，而没有自主创新品牌的产品开发，是没有出路的。因此，我们应该努力发展工业设计，提升中小企业的自主创新能力。

要提高自主创新能力和产品竞争力，我们必须转变观念，把设计放在重要的地位加以重视。具体来说，表现为以下几个方面：

（1）把设计放在产品研发的首要地位。从消费者出发，基于详细的调查和研究，不仅能为后期的工作节省不必要的浪费，同时又能获得符合消费者心理的产品。

（2）注重树立产品的品牌形象。一项自主设计的产品投产后，要对其进行整体"包装"，从而创立自己的品牌形象，提高产品的市场竞争力。

（3）重视知识产权保护。工业设计一方面要杜绝模仿、抄袭他人的设计，尊重他人的知识产权，防止出现贸易争端；另一方面要对自己的设计作品和标牌采取适当的方式加以保护，以维护自己的知识产权不被侵害。

思考与练习

3-1 请论述形态与功能的关系。
3-2 在产品设计中如何处理好功能、功能和美学法则之间的问题？
3-3 举例说明在产品设计中的均衡和稳定的应用。
3-4 如何处理产品界面设计中的视觉中心？
3-5 产品设计中统一与变化的关系是什么？
3-6 形态设计的综合因素包含哪些内容？
3-7 比拟与联想在产品造型设计方法中主要有什么形式？
3-8 产品的形态与设计风格之间的关系？
3-9 影响设计风格的因素有哪些？
3-10 怎样理解设计中所强调的"独创性"？

第4章 色彩计划

教学提示：通过对色彩对比与调和相关内容的学习，了解色彩的心理效应、色彩的功能性以及流行色的含义和影响因素等相关内容。在此基础上，学习色彩设计的策略，进一步掌握工业产品色彩设计的一些要求。

教学要求：掌握色彩设计中几种主要的对比与调和方法；针对色彩心理效应的影响，能够在设计中灵活运用色彩的功能性的基本要素；了解流行色的形成及影响因素；了解色彩设计策略和工业产品的色彩设计要求。

色彩在人们的日常生活中占据着极其重要的地位。人们对色彩的认识、运用过程是一个从感性升华到理性的过程，并运用人所独具的联想、判断、推理、演绎等抽象思维能力，从大自然中直接感受到的纷繁复杂的色彩印象，经过分析予以抽象的规律性揭示，从而形成色彩的理论和法则，并运用于色彩设计实践。

色彩设计是设计行业的重要专业基础，它对现代设计如广告、插图、包装、标志、产品、建筑外观、室内设计、服装设计等都有着重要作用。色彩设计除了美化生活、满足物质功能及需要的同时，还提供了精神文化上的审美享受。

今天人们在消费过程中对色彩设计的关注正在不断提升，体现出对色彩更强烈的个性化需求，这就为色彩设计提供了更大的市场空间。美国流行色彩研究中心的一项调查表明，人们在挑选商品的时候存在一个"7秒定律"。面对琳琅满目的商品，人们只需7秒就可以确定对这些商品是否感兴趣，在这短暂而关键的7秒内，色彩的作用占到67％，成为决定人们对商品好恶的重要因素。可见色彩在人们消费过程中有着重要的引导作用。

丰富的色彩能够引起人们的感情联想，影响人的感觉效应与心理状态。人们对色彩有着个人的理解与偏好，并且还具有仿效追逐时尚的心理，这为色彩的流行性提供了必要的条件，流行色现象，可以说是以色彩为主导因素和主要手段而取得设计效果的典型体现。色彩作为设计中的重要因素之一，和其他设计语言一样，都具有审美与实用的双重作用。在色彩设计中，实用与审美是相互补充而不可分割的整体。色彩的多功用性不仅体现在设计的基本功能方面，而且通过色彩美的创造，可以在实用价值的基础上，增加许多附加值。如增强了使用者的愉悦感、增强了文化的交流互动等，从主动性上更易于接受产品。这种本质意义上实用与审美融合的双重特点，也就成为衡量色彩设计优劣的标准。因此，理解和掌握了色彩设计的相关知识，就会在设计中将色彩的功效发挥到最大。

在产品的视觉形象传播和认知的过程中，色彩与造型一样，都具有强烈的视觉冲击性，是传达视觉信息能力的要素之一。但在很多实际情况下，人们对色彩的感知还要先于形态，比形状更能快速描述产品的形象和风格特征。良好的产品色彩不仅能与产品形态融为一体，传达产品的品质，还能直观地表达产品的情感特性，抓住消费者的注意力，满足其审美要求，激发其使用、购买的兴趣，并同时促进产品印象的形成与品牌的体验。色彩赋予产品独特的艺术魅力，满足人们的审美和精神需求。

4.1 色彩的对比与调和

在产品设计中，色彩起着十分重要的作用，它与产品造型、图案纹样、材料加工、功能设计等一样，是产品设计中的重要环节。

色彩设计与绘画色彩之间既有联系，又有区别。绘画色彩是以光照作用下产生的色彩变化为主，对表现对象的色彩变化进行敏锐的观察捕捉及真实地再现，绘画者的科学认识与细致观察是表现色彩的正确方式。色彩设计则以绘画色彩为基础，根据设计专业的特点和要求，运用归纳、概括、提炼等手段，表现物体的色泽感，它更注重和强调物象的形式美感以及色彩的对比协调关系。绘画色彩是感性的、客观的，而设计色彩则是理性的、主观的。设计色彩将视觉中观察到的色彩经过有目的地筛选、梳理、提炼、变化并体现出来。

色彩设计包含了许多设计原则，如色彩的对比与调和、色彩的均衡、色彩的节奏韵律等。但在这些设计原则中，色彩的对比与调和是最重要和最基础的原则之一。对比与调和也称变化与统一。要掌握对比与调和的色彩规律，首先应了解对比与调和的概念和含义、对比或调和的表现方式和规律。

对比与调和，它们之间的关系是相互关联、此消彼长。对比强就意味着调和减弱；而对比弱，则调和增强。所以，它们是相互依存、相互影响的。在了解了色彩的对比关系，也就会反过来帮助理解色彩的调和。当然，只要色彩之间存在差别就有对比；而色彩要达到调和，则必须满足一定的规律。

4.1.1 色彩对比的类型

把两种或两种以上的色彩放在一起，通过观察比较，可以对比出其相互间的差异。这种色彩关系就称为色彩对比。对比使色彩之间相互影响，产生作用，甚至发生错觉。而色彩调和是指两个或两个以上的色彩，具有秩序，并协调和谐地组织在一起，使人产生愉快、舒适、满足等的色彩匹配关系。色彩的对比与调和是不可分割、相辅相成的。如果画面中的色彩对比杂乱无章，缺乏调和统一，在视觉上会失去稳定性，产生不安定感，使人烦躁不安、情感不悦；相反，如果缺乏色彩对比因素的调和，又会使人觉得单调乏味，缺乏变化，不能发挥色彩的感染力。对比意味着色彩的差异，差异越大，对比越强；调和则强调色彩的同一性，色彩越调和，对比也就越弱。所以在色彩关系上，有强对比与弱对比的区分。如红与绿、蓝与橙、黄与紫3组补色，是最强的对比。在它们之中，逐步调入等量的白色，那就会在提高明度的同时，减弱其纯度，形成弱对比。如加入等量的黑色，也会减弱其明度和纯度，形成弱对比。在对比中，减弱一个色的纯度或明度，使它失去原来色相的个性，两色对比程度会减弱，以至趋于调和状态。色彩的对比因素主要有以下几种类型。

1. 色相对比

色相对比是两种以上色彩组合后，因为色相之间的差别形成的色彩对比。其对比强弱程度取决于色相之间在色相环上的距离（角度）（图4.1），距离（角度）越小对比越弱，反之则对比越强。按对比着的色相在色相环上距离的不同，有互补色对比、对比色对比、中差色对比、类似色对比、同类色对比等多种关系。

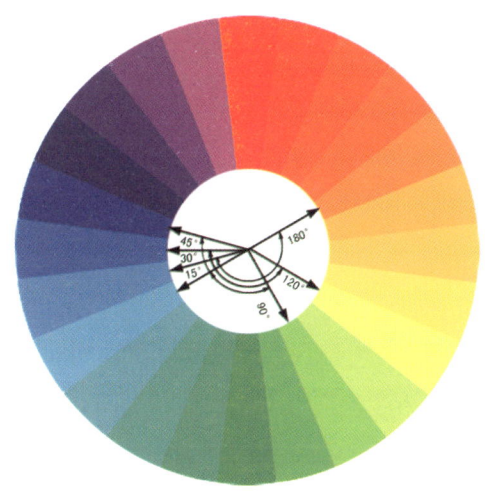

图4.1　色相环与色相对比的角度

1） 互补色对比

色相对比距离角度为180°，为极端对比类型，能取得视觉生理上的平衡，即互为对立又互为需要。如红与绿、黄与紫和蓝与橙的对比等，图4.2所示为蓝与橙的对比。互补色对比效果强烈、眩目，极具刺激性，但若处理不当，特别是高纯度的互补色相，易产生过度刺激、幼稚、原始、粗狂、不安定、不协调等不良感觉。

图4.3、图4.4所示为产品设计中互补色的应用实例。图4.3中的玩具利用了红绿色的对比提高产品色彩的刺激性，增强了对儿童的吸引力。在图4.4所示运动鞋的设计中使用了黄与紫的对比，以紫色为主色调，黄色为辅助色，使得产品的色彩效果在整体协调下又具有很强的视觉刺激。

图4.2　蓝与橙的对比　　图4.3　儿童玩具　　图4.4　运动鞋

2）对比色对比

色相对比距离约120°左右，为强对比类型，比互补色对比弱。图4.5就是蓝黄的对比。对比色对比，效果鲜明、强烈、醒目、有力、活泼、丰富，使人易兴奋激动，但若处理不好也容易产生杂乱感、过度刺激，造成视觉和精神疲劳。

对比色相之间，如与明度、纯度相配合，可构成很多审美价值很高的色调。一般需要采用多种调和手段来改善对比效果。图4.6为儿童玩具，就是利用了面积不等的鲜明的对比色，视觉效果强烈，却不单调，较易吸引儿童的注意力，但是长时间的注视易造成疲劳。

图4.5　对比色对比

图4.6　儿童玩具车

3）中差色对比

色相对比距离约90°左右，为中对比类型，图4.7所示为蓝与绿的对比，效果明快、饱满、有一定力度，同时又具有调和感。既保持了协调，又有着色彩的变化。图4.8中运用了蓝绿的对比，色彩对比明快，既有对比又有统一协调，使人心情产生轻松快乐的感情。而图4.9则在蓝绿对比的基础上使对比色相明度产生了改变，调和性增强。

图4.7　中差色对比

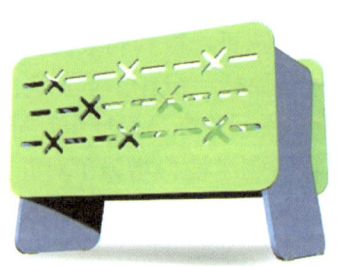

图4.8　家居用品

图4.9　厨房用品

4）类似色相对比

色相对比距离约45°左右为类似色对比，为偏弱对比类型，如蓝与深蓝对比（图4.10）。对比刺激适中、色调鲜明、美感突出，比上面几种色相对比要素雅、含蓄、宁静，统一协调性加大。相比同一色相对比要更明快、活泼、丰富，弥补了同一色相对比的不足，又能获得统一、和谐、雅致、含蓄、柔和耐看的优点。如改变类似色相的明度、纯度可构成很多优美、统一和谐的色彩关系。图4.11中的坐椅设计中使用了红与黄橙的对比，使得产品色彩和谐、柔和，在统一之下又不失对比变化，比较耐看。

图4.10　类似色对比

图4.11　坐椅设计

5）同类色相对比

色相之间的距离在15°以内，一般只构成明度及纯度方面的差别，是最弱的色相对比。说它是色相对比，不如说是色相调和更贴切，因为色彩间统一的因素远远超出了对比的因素。如图4.12所示，其对比效果单纯、稳静、雅致，但也容易出现单调、呆板的效果。图4.13～图4.15的设计，在统一的色调下运用了同类色对比，显得较为含蓄素雅。

图4.12　同类色对比

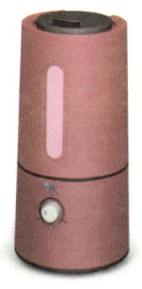

图4.13　加湿器

图4.14　烛台

图4.15　手机

在色相对比中，当主色相确定之后，其他色彩的运用必须清楚与主色相是什么关系，要表现什么内容、感情，这样才能增强构成色调的计划性、明确性与目的性，使配色能力有所提高。如图4.16所示，在绿色草地上支起帐篷。如帐篷是黄绿色的，与绿草地构成类似关系，其效果调和而统一；如果帐篷是黄橙色的，与草地成对比关系，对比效果丰富而强烈；如果帐篷是红色的，与草地成互补关系，对比效果最强烈，会使红色的帐篷显得更红。因此，在同一产品的色彩设计中，不同的色彩选用可以产生不同的视觉效果和心理效应效果。

图4.16　黄绿色、黄橙色、红色帐篷与绿草地对比

除了彩色之间的对比，在实际的产品设计中，还大量使用黑白灰之间的对比，如黑白、黑灰、白灰，或者其他不同明度的灰之间的对比等。对比效果大方、庄重、素雅而富有现代感，但也易产生过于素净的单调感。在设计中还常使用无彩色与有彩色的对比，如黑与红、灰与紫、白与高纯度彩色，或黑与白（黄）、白与灰（蓝）等。对比效果既大方，又活泼。无彩色面积大时，偏于高雅、庄重；有彩色面积大时，活泼感加强。白与深蓝（浅蓝）、黑与橘（咖啡色）等的对比，感觉既有一定层次，又显得大方、活泼、稳定。图4.17所示为Jonathan Rowell设计的概念落地台灯，利用白色与黄、绿、橙等高纯度色彩的对比搭配，白色占据的产品表面积大，显得素雅、庄重。彩色起到了调节气氛的效果，活泼生动，整个产品充满了生气。

图4.17　概念落地台灯

这一类色相对比，当明度、纯度有了变化，对比就会具有丰富的表现效果。此外还可利用黑色、白色或者灰色对彩色进行分割，可使彩色的个性表现得更为鲜明突出，层次感也更加丰富。另外，对比中的面积比例、形状大小以及聚与散的变化是无穷的，所以相应的方式与效果也是千变万化的。

2. 明度对比

明度对比即同一颜色的深浅对比。每个颜色当调入黑色或白色后，明度就会降低或升高。

辨别单一明度比较容易，如果要正确辨别包含纯度等因素的明度对比，则并不容易。如观看红绿两色，其明度的差别就不太容易分辨出来。

根据色彩的明度变化，大致可分成高明度色、中明度色和低明度色。色彩不同等级的明度，可以产生不同的调子，如亮调、暗调或中间调。

例如NOKIA 6800（图4.18），整体的黑白对比十分单纯，机体的中心是用一块两端是黑色块的灰色屏幕，两侧则是用金属的银白色机身来进行衬托。此外，机体两侧的大面积银白色外壳上，为了减弱过于突出的明度对比，又使用了黑色和银灰色两种色彩的按钮整齐排布来进行调和，这使得银白色不致感觉孤立与整个机体失去联系，形成了色调交替和呼应。而按键的反复排列，使整个产品的色调对比产生了节奏和韵律感。

明度对比与感情表达，也有直接的关系。如高明度与低明度色形成的强对比，具有振奋感，富有生气。明度的弱对比，没有强烈反差，色调之间有融和感，可反映安定平静、优雅的情调。如色调对比模糊不清、朦胧含蓄，会产生玄妙和神秘感等。

图4.18 NOKIA 6800

图4.19为法国设计师菲利浦·斯塔克（Phillipe Starck）设计的电子表。这块表就是以接近黑色的深灰色为背景，表的中心以橙色数字显示。这样整体以暗调为主，来衬托暖色的显示中心，不仅色彩层次丰富鲜明，对比强，同时也凸显了数字的效果。

3. 纯度对比

纯度对比是指色彩的鲜明与混浊的对比，其特点是增强用色的鲜艳感。纯度对比越强，鲜艳一方的色相就越鲜明，从而也增强了配色的艳丽、活泼及感情倾向。纯度对比弱时，往往会出现配色的粉、灰、脏、闷、单调等感觉。运用不鲜明的低纯度色彩作为衬托色，鲜明色就会显得更加强烈夺目。

雨天街头行人使用的五颜六色的雨披和雨伞，那鲜艳纯净的色彩异常醒目、美丽，就是受周围环境沉暗的

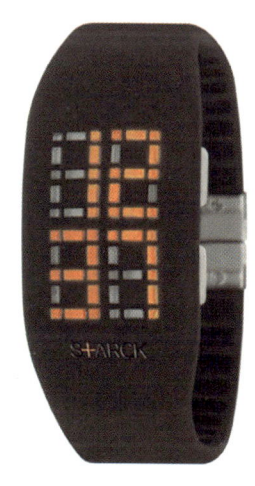

图4.19 Phillipe Starck设计的电子表

冷灰色调对比衬托的缘故。高纯度的色彩，有向前突出的视觉特性，低纯度的色彩则相反。相同的颜色，在不同的空间距离中，可以产生纯度的差异与对比。如在近、中、远处观察同一面红旗，近处的效果红旗是鲜明的；中景位置效果则呈含灰的紫色；远景观察的效果与前两次相比，纯度更差，呈灰色。这是色彩因空间关系的变化，反映出空间距离的变化而对色彩纯度的影响。所以，改变纯度，能产生不同的空间距离感。

4. 面积对比

色彩面积对色彩对比的影响力最大。比较常用的孟赛尔（Albert H. Munsell，1958—1918）的面积对比调和理论，是依据于他的色彩理论体系，以色彩量上的平衡与否来衡量调和关系。在孟赛尔色彩体系中，任意两色若它们之间的连线穿过中心轴，那么被认为是调和的。孟赛尔认为要实现色彩的平衡，最主要的是各色面积的大小比例，色彩强度高的面积应小，色彩强度低的应该占据大面积，由明度和纯度共同构成色彩强度，这样的配置才能达到平衡和调和的目的。

孟赛尔把色彩的强度分量用数字来衡量，并为色彩面积平衡提供了如下的数字关系：A色的明度×纯度/B色的明度×纯度＝B色的面积/A色的面积，即画面色彩要达到平衡，各色的强度和面积呈反比关系。根据这样的公式，色彩面积的均衡变为以明度和纯度的数字乘积的比例而定。

现在选择一对补色关系来分析：红与青绿，它们在色立体中的位置表示为R5/10、BG5/5。这样一对补色，明度相等，纯度的差别红色是青绿色的两倍，红色要比青绿色鲜艳，如果把这两个颜色等量混合，就不会出现中性灰色。那么为了使两色配置平衡，就需要减少红色的面积或者扩大青绿色的面积。

那么，红色和青绿色的面积就可根据公式换算为：

R5×10（50）/BG5×5（25）＝BG面积（2）/R面积（1）

即红色面积应为青绿色面积的一半，或者青绿色的面积比红色面积大两倍。

根据孟赛尔面积平衡公式，可以得到如下推论。

在对比各色属性不变的条件下，色彩的平衡可以通过变换各自的面积的方式来实现；在对比各色面积不变的条件下，根据画面的效果需求，可以通过调节各色属性的数值来实现平衡。如上面的红与青绿的平衡可以调节为：

R5/5（25）/BG5/5（25）＝BG面积（1）/R面积（1）

即减弱红色的纯度到5级，或者增强青绿的明度和纯度，来获得相对的平衡。

R5/8（40）/BG8/5（40）＝G面积（1）/R面积（1）

该公式对于色彩面积平衡的关系，有一定的参考价值。作为色彩的面积对比，总体规律是色彩强度高的面积要小，色彩强度低的面积要大。

任何配色效果如果离开了相互间的面积比，都将无法讨论。有时候对面积的考虑甚至比色彩的选用还显得重要。通常大面积的色彩设计多选用明度高、纯度低、对比弱的色彩，给人带来明快、持久、和谐的舒适感，如建筑物、室内天花板、墙壁等；中等面积的色彩多用中等程度的对比。如服装配色中，邻近色组及明度中调对比就用得较多，既能引起视觉兴趣，又没有过分的刺激；小面积色彩常采用鲜色和明色以及强对比，如小商品、小标志等，目的是让人充分注意。

4.1.2　色彩的调和

色彩的对比与调和是相互影响的。色彩的组合应以满足视觉需求为原则。视觉需求是一个不断变化、发展的因素。同时，它也有相对稳定的一面。通常是指人们的色彩观念，它常受到感性和文化传统的影响，因此，在色彩的选择上，不同的国家、民族和地域都具有不同的倾向性。

在考虑产品色彩的组合时，应兼顾视觉需求的稳定性和时代性，即在色彩协调统一的基础上，做到局部色彩的活跃对比，既不能呆板单调，也不能过分刺激。在调和的手法中常用的有以下几种。

同类色相的组合：既有色相上的同一基调，又有色调冷暖、明暗、浓淡的细微变化，是一种"大同"中有"小异"的同类色调和方式。它具有平和、大方、简洁、清爽、完整、静寂的性格。最能使商品色彩取得整体协调和完美统一，常用于庄重高雅的产品，它也可以使那些形态杂乱、结构复杂的产品得以统一。

对比色相的组合：对比是两种以上不同个性的色彩的对抗程度，形成强烈、鲜明、活跃的性格，是一种富有表现力和张力的色彩配置，在产品的色彩设计中要非常注重色块的"面积效应"，对不同产品应该考虑不同色彩的面积比，可以产生非常丰富的视觉效果。此外中差色组合、类似色组合、同类色组合也较常用，能产生许多不同的效果。

有彩色系和无彩色系的组合：有彩色系的各种色调与无彩色系的黑、白、灰都能很轻易地取得和谐的视觉效果。无彩色系的平静、素雅与彩色系的配置既可避免无彩色的过分沉寂，也可避免有彩色的过分喧闹，在现代产品设计中，都运用得非常广泛。

图4.20中的LG CG300型号手机就采用了无彩色系的色彩对比，黑色与银白色的对比。内部采用了全银白色，而在外部则主要使用了黑色外壳，在上部（翻盖后成为中部）则采用了与内壳银白色相应的色彩。手机闭合时机身整体以黑色的素雅、庄重为主，与小部分的银色形成对比，使得整体庄重素雅又有变化。

总的来说，在产品设计中既要有调和也要有对比，做到在大的调和下有对比，在统一的色调基础上产生丰富的色彩变化。

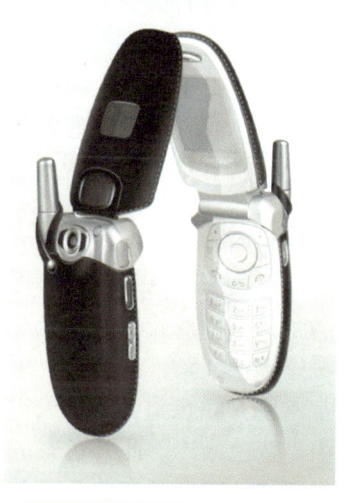

图4.20　LG CG300手机

4.2　色彩的心理效应

色彩本身是没有灵魂的，它只是一种自然物理现象。人们之所以能感受到色彩的情感，这因为人们本身就生活在一个色彩的世界中，根据自然的色彩现象积累了许多视觉经验。一旦知觉经验与外来色彩刺激发生一定的共鸣时，就会在心理上引发某种情绪。反之这种色彩情感又会让人们对其产生广泛的联想，而这种色彩联想在色彩运用中，能帮助人们更好地体现产品本身的特色，更加贴近人们生活的各个方面。因此不同的色彩所产生出不同的心理联想，对不同的产品和不同的行业产生不同的影响，这在色彩设计中需要重点注意。

心理学家针对色彩的心理效应做过许多实验。发现在红色的刺激下，人会产生温暖的感觉，脉搏会加快，血压升高，情绪兴奋冲动。但是长时间的红色刺激会使人心理上产生烦躁不安，在生理上欲求相应的绿色来补充平衡。而人处在蓝色环境中，脉搏会减缓，情绪也较沉静。颜色能影响脑电波，脑电波对红色反应是警觉。因此在日常交通中，红灯是用来警示停止的。而人对蓝色的反应是放松，因此在医院中常使用蓝色来放松病人的紧张情绪。由于色彩具有联想、启发想象及象征作用，所以应通过色彩的设计改善人与环境的关系。如消除不良刺激，使人们得到安全感，提高舒适感，提高工作效率。相反，不适当的色彩设计，可能会产生疑惑不解、烦躁及沉闷的情绪。如室内家具的色彩考虑，应照顾到能有助于消除疲劳、达到舒适温馨的休息环境的要求，以调节人的生理与精神状态。另外，许多企业采用相对固定不变的色彩来装饰其标志、商标和视觉识别系统等，以起到宣传企业形象的目的。

4.2.1　色彩共同情感特征

在色彩设计中，无论有彩色还是无彩色，都有自己的情感特征。每一种色相，当它的纯度和明度发生变化，或者处于与不同的颜色搭配时，颜色的表情也就随之变化。因此，要想说出各种颜色及搭配所产生的情感特征，就如同描述世上每个人的性格特征那样困难，然而对一些色彩的典型情感特征进行描述还是可能的。虽然色彩引起的复杂感情因人而异，但由于人类生理构造和生活环境等方面存在着共性，因此对大多数人来说，无论是单一色，或者是混合色，在色彩的心理方面，也存在着共同的感情。色彩的共同情感主要表现在以下几个方面。

1. 冷暖感

冷色与暖色是依据心理错觉对色彩的物理性分类，对于颜色的物质性印象，分为冷暖两个色系。波长长的红光和橙、黄色光，本身常常使人联想到旭日东升和燃烧的火焰，有暖感。在红紫、红、橙、黄等暖色中，橙色感觉最热。相反，波长短的蓝色光、青色光，常常使人联想到大海、天空、湖水、阴影，因此有冷的感觉。在蓝紫、蓝至蓝绿色等冷色中，蓝色最冷。此外色彩的冷暖与明度也有关。高明度的色一般有冷感，低明度的色一般有暖感；暖色或者冷色随着色相的变化，色彩的冷暖感也会发生变化。紫色是红与蓝色混合而成，绿色是黄与蓝混合而成，因此是中性色；无彩色系中白色、黑色和灰色也属于中性色。只不过白色倾向于冷感，黑色倾向于暖感。

在寒冷的夜晚当人们打开白炽灯时就会产生温暖的感觉，而日光灯则会增加寒意。这种冷暖现象对于颜料也是如此，在冷冻食品和饮料包装上使用冷色，视觉上会引起食物冰冷的感觉。冷饮的包装多采用冷色调，而对于一些热辣的食品又多采用暖色调。这些都是色彩在实际应用中所产生的作用。

2. 轻重感

色彩的轻重感主要是由明度决定的。高明度具有轻感，低明度具有重感；白色最轻，黑色最重；低明度基调的配色具有重感，高明度基调的配色具有轻感。另外，冷色和低纯度色显得轻，暖色和高纯度色显得重。图4.21中的两个衣帽架，同样的形态而颜色不同，形成的轻重对比十分明显。左侧的采用了深灰色的色调，显得质感较重、深沉；而右侧采用了浅灰色，显得质感较轻、素雅。这种轻重的对比也常常出现在同一产品之中，这样可以调节单一的色调和轻重的感觉。

图4.21 意大利whomade公司的树形衣帽架

3. 前进后退感

一般暖色和高明度、高纯度的色彩具有前进、凸出、接近的效果；而冷色和低明度、低纯度的色彩则具有后退、凹进、远离的效果。在设计中，常利用色彩的这些特点去改变空间的大小和高低，以及突出主体和重点。

4. 软硬感

色彩软硬感与明度、纯度有关。明度高中纯度的色具有软感，明度低高纯度和低纯度色则具有硬感；强对比色调具有硬感，弱对比色调具有软感。纯度与明度的变化给人以色彩软硬的印象，如淡的亮色使人觉得柔软，暗的纯色则有强硬的感觉。图4.22所示为著名的阿莱西公司设计的牙签筒，从产品所使用的不同色彩系列的对比中，可以看到：红色、橙色的质感软，而蓝色和绿色显得质感相对较硬。

5. 扩张与收缩感

暖色和明度高的色彩具有扩张作用，因此物体显得大，而冷色和暗色则具有内聚作用，因此物体显得小。利用色彩来改变物体的尺度、体积和空间感，使产品的各部分之间关系更为协调。例如室内设计中，空间过高时，可用收缩色彩，减弱空旷感，提高亲切

图4.22 牙签筒

感；墙面过大时，宜采用收缩色；柱子过细时，宜用浅色，增加量感；柱子过粗时，宜用深色，减弱笨粗的感觉。在产品设计中也经常使用这样的手法来弥补设计中存在的问题。

6. 明快感与忧郁感

色彩的明快感与忧郁感与色相、明度、纯度都有关。在色相方面，凡是偏红、橙的暖色系具有明快感，凡属蓝、青的冷色系具有忧郁感；在明度方面，明度高的色彩具有明快感，明度低的色彩具有忧郁感；在纯度方面，纯度高而鲜艳的色具有明快感，纯度低而混浊的色具有忧郁感。

图4.23中的沙发使用了明度较低的紫色，具有忧郁感，同时在视觉上产生了收缩。反之图4.24中的家具采用明度较高的色彩，较为明快，同时在视觉上有了扩张感。

图4.23　明度较低的紫色沙发

图4.24　明度较高的儿童房家具

7. 华丽感与朴素感

色彩的华丽与朴素，主要与纯度有关，高纯度色显得华丽，低纯度色则显得朴素。一般来说鲜艳而明亮的色彩，如红色、黄色具有华丽感；浑浊、深暗和纯度低而明度高的色彩显得朴素。有彩色系具有华丽感，无彩色系具有朴素感。在色相对比的配色中，补色对比最为华丽。强对比色调具有华丽感，弱对比色调具有朴素感。

除了色彩之间的对比所带来的诸多感觉之外，色彩本身也存在一些明显的情感特征。这些情感特征，往往是来自于自然界的色彩现象给人们的色彩情感在脑海里的抽象反应。因此这些色彩情感在一定程度上也反应了相应人群的心理特点。例如由于红色产生的刺激，使人感觉到兴奋，让人产生权力和控制的欲望。喜欢红色的人通常激情四溢，精力充沛，异常活跃，富于冒险精神。而橙色是繁荣与骄傲的象征，选择橙色的人通常都非常热爱大自然并且渴望与自然浑然一体。他们喜欢户外运动。紫色是一种神秘且品格高贵的色彩，人们常喜欢用紫色来代表富有内涵的品质。棕色代表着稳定和中立，棕色也是土地给予人们的色彩印象。土地是人类生活的根本，因此棕色也体现着真实与和谐，是稳定与保护的颜色，它代表着充满生命力和感情。在颜色金字塔的测试中，棕色被看作具有精神抵抗力的颜色。白色是雪的颜色，也是冬天、天鹅、莲花、羽毛等给予人们的印记，通常被人们用来代表纯洁、高雅、智慧。自然界的生命给予人们的印象是无边的绿色，充满着生机，因此绿色与复苏、生长、变化、天真、富足、平静等有关。蓝天与蔚蓝的大海给人们以平静广阔而深沉的感受，因而蓝色代表着深远、平静、广阔、永恒与科技。

了解由色彩引起的感情共鸣，不仅反映了色彩情感效应，同时也赋予了色彩情感的生命力，这对于设计中色彩的定位与设计和应用具有十分重要的意义。在设计中恰当地使用色彩，可以使人们在工作上减轻疲劳，提高工作效率，减少事故；在生活上营造更加舒适的环境，增加生活的乐趣。夏天衣服的颜色采用冷色，可以让人感受凉爽，冬天衣服的颜色采用暖色，可以增加温暖的感觉。儿童服装采用强烈、跳跃、闪烁、明快的配色更能表现儿童的活泼感，充满生命萌发的活力。美丽娇艳的装饰可使妇女显得年轻、妩媚、奔放、活泼、富有朝气。而朴素、大方、沉静的服饰色调可以衬托青年男子稳重、自信、成熟的性格。正确地使用色彩，还可以对应自然感受而进行自我调节，有利于健康。例如色彩用于临床医疗，眼科医生用绿色配合治疗眼病；蓝色能够使人退烧，血压降低，平静紧张精神，有利于外伤病人克制冲动和烦躁；红色能使病人血压升高，增强新陈代谢；等等。

4.2.2 色彩年龄心理效应

色彩心理与年龄有关，人随着年龄上的变化，生理结构也发生变化，色彩所产生的心理影响随之有别。儿童由于对世界充满着好奇，世界对其来说充满了新奇感，需要简单、鲜艳、刺激性较强的色彩，因而在色彩上喜爱极鲜艳的颜色。而青少年则从鲜艳的色彩开始向复色发展，在色彩上开始选择一些色彩鲜艳，但是辅以部分无彩色搭配。随着年龄的增长，相关的阅历也在不断地丰富，各种刺激性不再像儿童时单纯、单一，因此色彩喜好逐渐开始由纯度和明度较高的彩色向灰色过渡，由单色向复色过渡，向黑色靠近，色彩愈倾向于成熟或沉着。

在设计不同产品的时候，就得考虑消费者的年龄层次。恰当地使用色彩来针对不同年龄的消费者，不仅可以充分地表达产品的个性特征，同时还可以迎合不同消费者的心理特点以及色彩情感需求，最大程度地满足消费者。

图4.25所示为儿童家具，在色彩上就使用白色做底，展现一种清爽纯真的感觉，而柜面使用了与白色形成较强对比的深灰色、灰红色、灰蓝色、灰绿色，这与柜身所使用的大面积白色形成较大的反差，凸显了较为鲜亮缤纷的刺激感。而这种纯度偏低的颜色与婴幼儿所喜欢纯度较高的颜色不同，不仅展现了青少年对色彩缤纷的世界的求知欲，同时也体现了他们正在慢慢成熟的心理特点。而图4.26所示为成年人使用的休闲椅子，在色彩上就用了深灰色，色彩上的成熟、稳重、宁静、平和、深沉，较符合带有一定内涵品味的中青

图4.25 "咪蜜儿"儿童家具

图4.26 Tierney Haines设计的椅子

年男子的性格特点。因此，在设计中对于不同年龄的受众对象，针对其心理特点以及色彩喜好采用不同的色彩设计是必要的。

4.2.3 色彩职业心理效应

色彩心理与职业有着密切的关系，各个行业所造就的生产方式和理念不同，因此，在色彩上也具有偏好性。例如体力劳动者喜爱鲜艳色彩，脑力劳动者喜爱调和色彩；农牧区或者户外运动爱好者喜爱鲜艳的，成补色关系的色彩；知识分子则喜爱复色、淡雅色、黑色等较成熟的色彩。例如户外运动爱好者比较喜爱鲜艳的色彩，这不仅是因为户外运动的冒险性也是安全性所要求的。在众多的户外运动产品中，鲜艳的色彩是随处可见的，常见的如橙色、蓝色、粉绿色、红色等。图4.27所示为世界知名的始祖鸟（Arc'teryx）公司设计的小背包，采用色彩艳丽的橙色。一些小的部件则采用黑色来进行搭配。这样的色彩不仅展示了户外运动的冒险精神和运动激情，同时明度较高的色彩也在意外情况发生时，为自助和救援提供了可能的帮助。

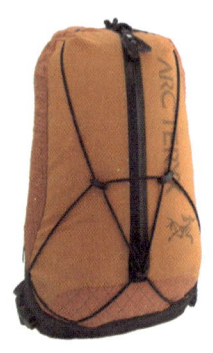

图4.27　Arc'teryx Razo 20 kiwi背包

由于不同职业对色彩产生的喜好不同，这样对不同职业相关的产品、环境也形成了相应的色彩体系。例如在现代的办公设备中（图4.28），在产品的色彩设计上多采用无彩色系。这种色彩在性格上较为成熟、高雅、安静，比较符合众多的脑力劳动行业的心理特征。此外，这样的色彩也可以增强办公空间的统一感和次序感，使办公人员能集中精力工作。在工厂的生产车间、精密加工车间、装配车间、锅炉房、炼钢车间等，多数采用冷色来加强凉爽感、洁净感、统一感和程序感，有利于车间工作人员专注于各个工作环节，而不会因为过于刺激的色彩分散注意力和引起安全事故。红与绿、黄与蓝、黑与白等强烈对比的配色容易引人注目，常用于交通信号、安全标志，可以避免发生事故。另外，色彩重量感也可在生产中发挥效应。货物箱子用浅色粉刷，可以减轻搬运工人的心理上的重量负担。学校、医院等地方，需要安静平和，环境多采用明洁、平静的配色，能为师生、病员创造安静、清洁、卫生、幽静的环境，有利于师生的工作学习，也有利于病人以轻松的心理来接受治疗。

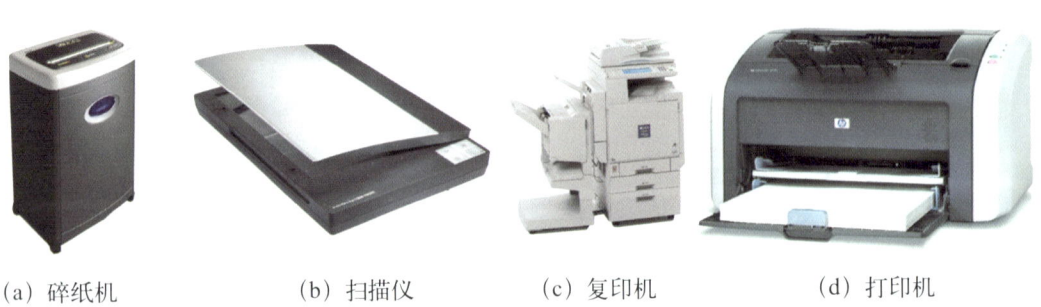

(a) 碎纸机　　　(b) 扫描仪　　　(c) 复印机　　　(d) 打印机

图4.28　现代办公设备

4.2.4 色彩社会心理效应

由于不同时代在社会制度、意识形态、生活方式等方面的不同，人们的审美意识和审美感受也不同，并且随着时代和社会的发展而变化。今天许多过去认为不和谐的配色却被重新定位为新颖和美的配色。这样所谓的反传统配色在装饰色彩史上的例子举不胜举。色彩的审美心理受社会心理的影响很大，时代的潮流、现代科技的新成果、新的艺术流派产生、重大社会事件的发生，甚至自然界某种异常现象都会对大众的心理产生影响。

20世纪60年代初，宇宙飞船的上天，开拓了人类进入宇宙空间的新纪元，这个标志着新的科学时代的重大事件轰动了世界，各国人民都期待着宇航员从太空中带回新的趣闻。色彩研究者抓住了人们的心理，发布了所谓"流行宇宙色"。这种宇宙色的特点是浅淡明快的高短调，抽象、单纯。由于工业的高速发展，产生了环境污染等问题，生态平衡遭到破坏。生态学理论兴起，出现了自然色调的理论。在中国的"文化大革命"期间，毛泽东号召"全国学习解放军"，当时的"流行"装扮就是一身草绿色的军装。而在20世纪60年代中期，"光效应艺术"引起了西方观众的兴趣，这种艺术形式立即在欧美、日本的实用美术领域产生了很大影响，广泛应用在纺织图案设计、时装设计、商业美术设计、装潢设计以及城市规划、建筑设计等领域。

4.3 色彩的功能性

色彩的功能是指色彩产生的视觉效果及其对心理的作用。色彩依色相、明度、纯度和冷暖等的改变而千变万化，色彩间的对比调和效果更加万化千变。同一色彩或者不同色彩之间的对比与调和可以产生多种功能效果。为了在产品设计中更恰当地运用色彩及其对比的调和效果，使产品的设计表现与美化统一，外表与内在统一，使色彩与内容、气氛、感情等要求统一，使配色与改善视觉效能的实际需求统一；使色彩的表现力、视觉作用及心理影响最充分地发挥出来，给人的眼睛与心灵以充分的愉悦和美的享受，必须对色彩的功能作深入地研究。在设计中重视色彩物化性质和对人的心理和生理的作用，利用人们对色彩的视觉感受，来创造富有个性、层次、秩序与情调的色彩视觉效果，使设计结果事半功倍。

4.3.1 色彩的情感联想性

色彩的情感联想是建立在对色彩的物理、生理与心理效应的基础之上，在此基础上形成丰富的联想、深刻的寓意和象征意义，传达出文化内涵、意象、心理感觉、价值取向等较为高层次的审美信息。人们的思维方式是受民族文化的影响和支配的。不同的社会、环境、知识层次，给人与人之间、民族与民族之间带来明显的联想差异。同时，人类也存在着色彩联想的共通性。色彩嗜好是人们对颜色的喜好和选择。这种嗜好不仅受到国家民族的影响，还受到兴趣、年龄、性格和知识层次的差别等的制约。同时，色彩嗜好还有很强的时间性，在一定的时期内会形成对某一些颜色的偏爱。

人们对不同的色彩表现出不同的好恶，常常是因人们生活经验以及由色彩引起的联想造成的，此外也和人的年龄、性格、素养、民族、习惯等有关。因而，产品要根据不同的功能、使用人群、使用环境等，参考色彩所产生的物理、生理以及心理作用来进行设计，这样才能最佳地传达出设计背后的文化情感特征。

4.3.2 色彩的象征性

色彩设计在形式美中蕴涵着较为丰富的意境，并带有很强的象征性。例如中国古代建筑的红墙、黄瓦，表现了一种肃穆、神圣而崇高的意境。色彩的象征，往往具有群体性的认同，它是一个民族的历史与文化长期积淀形成的心理结构，往往与宗教意识、信仰习惯紧密联系。

中国是色彩体系形成较早的国度，远古时期就运用色彩描述大自然的斗转星移、四季交替、日月晨昏等现象。"青，生也，象物生时之色也"，"赤，赫也，太阳之色也"，"黄，晃也，晃晃日光之色也"，"白，启也，如冰启时之色也"，"黑，晦也，如晦冥之色也"。从自然万物中获得了5种基本色相。五色又与五行中"金、木、水、火、土"有机联系。"五色之说"是以"五行"为基础，"五行之说"是建立在"阴阳互动"思想上的，也形成了中国传统的色彩观。

尚维沙（Jean Richard）推出以五大洲为灵感的系列手表（TV Screen Milady），其中一款称为龙之祥瑞（图4.29）。这只代表亚洲的手表，土黄色的龙和数字8 绘制在珍珠贝母的表盘上，整体色调是中国典型的红色，表带上还装饰着象征祥瑞的莲花，将众多代表古老东方文化的图腾与传统色彩融合在一只表上，展现了祥瑞的设计主题。

ALESSI清宫系列厨房用品（图4.30）是意大利设计大师斯蒂凡诺·乔凡诺尼（Stefano Giovannoni，1954— ）2007年的作品，乔凡诺尼以乾隆皇帝在《御制诗》里的身着朝服画像为其造型原型，并加入顽皮快乐的卡通元素所设计出的公仔娃娃，据此风格延伸出的清宫系列用品，如开瓶器、胡椒盐罐、定时器、蛋杯等众多设计，诙谐地展现出中国清代的服饰特点。

同样，爱国者青花瓷小U盘（图4.31）的最大特色，就是采用如玉器般温润的纯白材质，不仅视觉美观，而且手感舒适，配以传统的蓝白相间的青花图饰，传神再现了中国传统青花瓷设计精髓。

图4.29 TV Screen Milady　　图4.30 ALESSI清宫系列　　图4.31 爱国者青花瓷U盘

丹麦知名的银饰品牌Georg Jensen设计的部分产品（图4.32），多用富于金属感的冷灰色调，展现了地理环境所造就的民族个性。黑白灰等简约的冷色调或者简单的冷色辅以鲜艳的色彩组合已经成为了北欧的现代设计文化的典型特征之一。

图4.32　Georg Jensen产品

除了民族性和文化性的象征意义之外，色彩象征性还有一种特殊形式，那就是专业性，用颜色表示某种职业，物象特征的含义与用途。有多种色彩的专用性已跨越了国家与民族的界限，为国际社会所公用。如邮政业的绿色、医疗工作及医护人员的白色、消防车以及救援人员的红色与表示危险品运输的中黄色等。这些色彩及物象一旦在公共视觉中出现，立即会引起注意，从而产生相应的效应。在一定的视觉范围内，不同性质的物体用不同的色彩加以区分，使人一目了然，可以避免因颜色的单一或混乱而造成不必要的误会与损耗。色彩学家认为，色彩的这种象征作用是任何图形效果所无法达到或不可比拟的。

4.3.3　色彩的环境特征

色彩除了以上的情感联想性和象征性之外，其环境特征也是十分明显的。设计的色彩会因地理环境、气候、文化背景等差异而不同。西方人钟情白色以及简单的色彩对比，多为冷色调；东方人偏爱黄色、红色以及对比素雅的色调；黑种人喜爱黑色以及色彩对比强而浓烈的色调。少数民族或者边远山区的人们，喜爱大红大绿等艳丽的颜色；城市居民由于快节奏生活与环境噪声的影响，易对强烈色彩的刺激产生疲惫感，因而偏爱淡雅、清新、明快、舒适的颜色。

在建筑设计中色彩的环境特征是非常明显的。由于地域、环境、气候的不同，我国南北两地的建筑色彩呈现不同的风格特点。以园林艺术中的建筑为例，北方园林建筑色彩多以红、黄、绿色搭配为主，色彩的饱和度极高，雕梁画栋，浓妆艳抹，色彩艳丽。究其原因，因为北方地处亚寒带，自然环境萧条，园林建筑的色彩鲜艳夺目，才能凸显其壮美。而江南地区，气候温和，常年植物茂盛、鲜花盛开，故建筑色彩以简洁著称。白墙、黑瓦、灰色的假山与红柱、碧水、翠竹、蓝天，构成了一幅高雅、鲜艳、幽明的画面。建筑内部的家居产品，也随着环境的差别而有很大的不同。江南地区的传统家具，多为深色或者木本色，或配以素雅的大理石装饰。图4.33所示为中国传统家具中的交椅，采用了木色上漆，色彩偏红，与中国传统的建筑相协调，充分展现了木质美感。而在高寒的青藏高原地区，藏式家具则采用了丰富、浓厚的色彩来彩绘装饰。图4.34所示为藏族传统衣柜，在木材上髹黑漆，黑色底的基础上用大面积的暖色，如红、黄、金色，辅于绿色等结合浮雕来进行彩绘，对比强烈。这与在寒冷地区需要色彩来调和心理上的温差是有着很大关系的。

图4.33 传统家具——交椅

图4.34 藏族传统衣柜

对同一种颜色,不同地区的人也有不同的联想,黄色在我国象征高贵,而在巴西则表示绝望;白色是我国葬礼上的色彩,而在印度则象征吉庆;等等。设计师在设计中对色彩的选择,必须要充分考虑不同民族对色彩喜爱的差异,与当地民族习俗、宗教信仰保持一致,才会使人产生美感而不会产生误解。

一般来说,色彩的环境特征化设计,在迎合人们精神层面与视觉感受的满足之余,还应考虑不同地域、空间环境、文化背景等对色彩美感不同的审美享受。

4.4 色彩的流行性

除了色彩的心理和功能因素之外,还有其他的原因在影响着设计师的色彩运用,其中一个极普遍的因素便是色彩的流行性。流行色(Fashion Color)是指在一定的时期和地区内,被大多数人所喜爱的时髦色彩,即时尚的颜色。它是一定时期、一定社会的政治、经济、文化、环境和人们的心理活动等因素的综合产物。流行色是一种趋势和走向,其特点是流行快而周期短。今年的流行色明年不一定还是流行色,其中可能有一两种又被其他颜色所替代。流行色是相对常用色而言的,常用色有时上升为流行色,流行色经人们使用后也会成为常用色,它有一个循环的周期。

当某个时期,某些颜色成为当时社会的主流偏好,设计师设计新产品时,便不免会倾向选择那些流行色彩。国际流行色委员会(International Commission for Color in Fashion and Textiles)是世界服装与纺织面料流行颜色的最权威机构,专门研究色彩的趋势与潮流。每年,委员会对世界各地的流行色调加以研究分析,预测哪些颜色会成为国际流行色,提供给设计师参考。流行色广泛应用在纺织、轻工、食品、家具、建筑装饰、装饰设计等各个方面。现代的产品色彩经常受到时尚流行的影响。由于全球化使国际消费文化、时尚文化之间的交流日益频繁,使得消费者和设计师都深受流行文化的广泛影响。例如一年一度的法国时装发布会、每年的产品色彩趋势预测,都会使产品色彩设计的方向发生不同程度的改变。流行艺术文化在改变各地消费者的美学观念和消费观念的同时,产品设计师也在极力适应或跟随这种变化的趋势，及时将流行的元素注入产品设计中，并善于制造新的流行视觉焦点。比如苹果iMac糖果般的颜色就是一个例子，它和时尚一起唤起了人们对个性、多样化生活向往的潜在要求。而2002年西门子设计全新手机时，参考了巴黎、伦敦的服装设计，融入C45手机（图4.35）设计之中，创造了手机世界的另一个时尚产品。

流行色一般的流行规律是：长期流行红蓝色调以后，人们会向往绿橙色调；长期流行浅淡色调以后，人们会向往中深色调；长期流行鲜明色调以后，人们会追求沉着色；长期流行暖色调以后，人们会向往冷色调。这是人们在长期的社会生活中，在心理和生理层面上对精神深层次的追求和对现实寻求的改变所产生的色彩平衡。

考虑产品的色彩方案，除了对产品地域性和流行性的影响适度的把握外，也不能忽略对影响未来的产品色彩趋势的其他因素的把握。其中，全球化、环境和科技是3个重点的方面。全球化在使世界各地销售相同品牌和功能的产品的同时，也有可能结合异地不同

图4.35　西门子C45

的色彩文化诠释新的产品色彩。环境生态是未来不可忽视的主题，而面向自然、蕴涵生机的纯净色彩，无时不引起消费者的心灵共鸣；而科技是未来最具革命性的影响因素，不断革新的色彩工艺和特殊效果，给未来产品视觉形象带来更大的想象空间。

色彩流行的最终的决定权还是掌握在市场的无形双手中。事实上，大部分的流行色彩都是因商业因素而产生的。市场中，一群商业投资者和设计师共同努力推动某些色彩，营造一种色彩流行气氛。一些颜色受到冷落，新的流行色又横空出世，这情形在时装市场中尤其明显。时装界经常引领新的色彩潮流，时装设计师每推出新一季的作品，都会带来连锁反应，其他周边产品诸如饰物、手表、背包、手提电话等，都会采用类似的色调。推而广之，其他用品的颜色也受影响。

目前国际和地区之间的交流频繁，流行色的覆盖层面越发广阔，对设计的影响力亦逐步加强。以近年为例，潮流追捧金属色系，一下子，新涌现的产品全都抹上了三分金属色彩。设计师以提高产品的吸引力为大前提，顺应潮流运用某些色彩。他们之中，有不少人可在潮流色彩中翻出新意，创作出许多精彩的作品。但一些盲目跟从潮流、不假思索的设计师，他们的设计欠缺新意，只求赶上潮流，创作态度极为敷衍，有可能导致整个社会对创作的要求不自觉降低。因此，设计师对色彩流行性的把握应注意以下几点。

4.4.1　色彩流行的心理因素

人们对色彩的喜爱和追求是随着社会文化、科学进步的影响而演变发展的。色彩的流行被认为是"最具心理学特征的时尚现象"。人们对于色彩的偏好往往都有许多心理上的折射。而这些心理反应对应着人们生活世界中的一些大的事件或问题，并对社会时代风尚有着深远的影响，同时折射在人们的心理上。追求刺激、寻求变化、追逐时尚、完善自我，以达到身心的满足。这些心理的存在，当某一种或几种流行色满足了人们一时的审美心理需要之后，人们必然会产生新的需要，渴望色彩变化和创新，这就是色彩流行的奥秘所在。

经过第二次世界大战重创后,许多国家的人们流行穿着黑色和浅素色的服装;20世纪60年代经济回升,工业迅速发展,服装的流行趋势是重金属色;20世纪80年代环境污染严重,人们希望回归自然,于是出现了天空色、海洋色、植物色、泥土色。从色彩的流行变化中,可以看出色彩的流行趋势反映出社会发展的变革,是人们在精神上的一种希冀,是一个时期社会思潮、经济状况、生活环境、心理变化和消费动向的总体反映。

现在是飞速发展的信息时代,人的思想观念呈多元化发展,个人对流行色的模仿和追求,是以自由、随意,甚至是自发偶然地进行的。但就社会群体行为来说,流行色的立意和传播,则是可以认可、预测、导向的。作为设计师必须要了解昨天,认识今天,展望明天,依靠科学的市场调查和商品市场的变化规律来预测未来,进行预测分析,引导消费。

4.4.2 色彩流行的社会性

流行色也是社会心理的一种产物。在人们的社会生活、政治经济中,存在着许多因素对色彩的流行产生着重要的影响,而这些因素在产品的色彩选择中是必须考虑的。

例如,全球变暖的问题,怎么做可以让"全球冷却"呢?人们对环境问题的观念在不断交化,而这种改变,会对政府决策以及商业行为产生影响。这些影响多来自大众对环境伦理问题的舆论压力,会改变一些社会的意识导向,从而也对产品设计中的色彩选择产生了影响。再者,经济与政治形式也对产品色彩设计产生着影响。如果国泰民安,经济气候良好,色彩多会为明亮、积极乐观的颜色。相反,若经济停滞,政局动荡,人们则倾向于使用保守和中立的色彩。

4.4.3 色彩流行的时空性

人类生活在不断变化的自然环境中,一年四季,昼夜晨暮交替变化,构成自然界的季节。气候、温度、颜色、植物生长等因素变化,导致了客观环境色彩不断变化。不同的环境色彩造成人们在不同时期的色彩诉求。大自然的美千变万化,对人类有着很大的吸引力。

1. 色彩流行的季节性

每年发布的流行色预测,分为春夏季和秋冬季,这是从色彩的衍生心理联想以及自然景色等因素考虑的。春季大地处处一片生机,通常会流行一些跳跃活泼的色彩;夏季气候炎热,人们希望凉爽,因此通常流行以白色和浅色调为主要色彩的清爽亮丽色彩;秋季天高气爽,流行的多是一种淳厚的暖色调;冬季气候寒冷,人们希望能暖和一点,喜爱穿暖色和深色的衣服。这就很明显地形成了四季的色彩流行趋势,春夏以浅色、明艳色调为主;秋冬以深色、稳重色调为主。

2. 色彩流行的区域性

人们都有这样一种心理倾向——从众。被大多数人崇尚的事物,个人基本上也可以接受。就一般而言,对时兴的东西极端注意和极端不注意的人均属少数。譬如,中东的沙漠国家,因为绿色植被较少,几乎所有中东国家的国旗上都有绿色的标志;美国是个移民国家,种族较多,性情豪放自由,流行色的纯度偏高;德国人认真细腻,灰色系常成为他们喜好的颜色;亚洲人比较含蓄,在流行色的表现上亦是如此。

总的来说，色彩设计必须考虑到产品的销售区域、对象、季节以及流行预测等趋势。针对应用领域的实际需要，应用色彩学、配色原理、流行色，配合市场营销、经营策略、产品外观与色彩的整体设计相关的因素，构成产品的色彩设计。

当今市场上众多的设计，正在急速地摆脱已往的单调色彩，而变得琳琅满目、丰富多彩。人们对色彩的要求，也已不仅仅满足于单纯的视觉功能的审美需要，而开始考虑功能与美感之间的关系，并受到材料、加工工艺、科技条件、市场销售、经济成本以及色彩流行信息等一系列因素的制约。

4.5 色彩的设计策略

在产品设计中如何选用色彩呢？首先在设计过程中，人们要了解影响产品功能因素以及产品背后的深层的精神文化意蕴。产品的色彩设计主要根据产品的目标用户、产品类型和产品销售环境3方面因素来决定色彩的设计方式。

20世纪90年代，在所有的电脑产品基本是一成不变的白、灰等颜色时，1997年，Apple电脑率先推出了彩色半透明的iMac电脑显示器，以多样化的透明色彩和材质处理，震撼了消费者，引发了数码产品的多元化的色彩浪潮。正当全球电子产品还沉醉在由iMac引发的色彩热潮之中时，2001年，Apple公司又推出了白色光滑的iPod（图4.36）和iBook（图4.37），以超纯净的色彩和工艺的超脱尘世，获得了巨大的成功。现在Apple的设计及色彩运用已经得到了广大消费者的追捧，这与其超前的色彩设计策略是密不可分的。

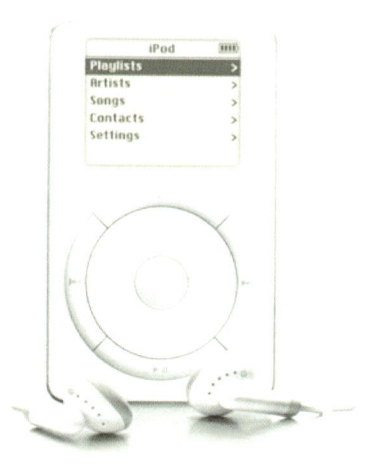

图4.36 苹果iPod Classic Generation One

图4.37 苹果iBook G3 Aual USB

现在很多设计师在设计产品时，往往将产品的色彩当作一种纯艺术的操作，多从直觉和经验出发来进行色彩设计，这种自发性地去处理本应是理性和感性相结合的策划过程，虽然在经验的基础上能取得一定的效果。但是面对产品的一个整体设计环境，比如产品语义、消费人群等环节，这种自发性的色彩设计就会显现出许多问题。

对于一个产品的色彩设计，需要考虑产品主要在什么样的地区推广、目标用户是谁、其喜好的色彩是什么；产品的类型、用途、使用环境不同的选择；不同地域、不同经济状况、不同的文化层次的消费人群对产品色彩的选择也有明显差别；主要的销售地区、场合、同类型产品的色彩状况。同时，流行色也是产品色彩设计的考虑因素，如服装、化妆、家电产品、手机、汽车等对于流行色的采用是最为明显的。还应该考虑流行色自身发展规律，以及消费者内心的色彩平衡心理。如果长期感受同样的色彩，人们就要寻求新的刺激。此外，产品色彩的选择还要考虑到实用性，以及物理、化学功效性。

从影响色彩设计的众多因素中可以发现：在对产品进行色彩设计的过程中，需要考量众多的因素，需要制定正确的色彩设计策略。可以将其分为4个环节：色彩的调查研究策略、色彩的功能性设计策略、色彩的情感性设计策略和色彩的营销性设计策略。

4.5.1 色彩的调查研究策略

在产品开发的过程中，不同类型的产品——小到牙刷，大到汽车，其色彩设计都必须建立在充分的调查研究的基础上。色彩的调查研究中最重要的是分析色彩所处的环境，即产品销售地区环境、消费人群环境、国际流行色彩环境等。从调查研究的操作角度，色彩的调查研究可分为信息层面的流行色调研和实地的市场调研。

信息调查可以通过新闻、杂志、专业刊物、网络等手段来实现，获得产品流行趋势预测信息和市场调查报告。实地市场调研主要是通过街头调查和问卷调查。街头调查即定点定期去固定店铺商场观察，或者随机以人气旺的店铺商场为主要目标，定期在固定的场所进行的调查研究。调查可根据产品的类型选择按照一定的时间段进行。最后将两种调查途径所收集的资料汇总，形成资料色彩样本和图片的表格。在调查报告形成后要完成以下几个方面的调查分析。

1. 产品销售地区的色彩环境状况

由于各个地区在经济发展状况、社会现状，以及历史文化背景和自然环境方面存在着差异，从而导致了人们对色彩的偏好有所不同。完整详细的调查，有助于产品色彩设计大的定位方向的确定。今天，设计已成为一个复杂的过程，一是设计所针对的目标对象的评价及需求心理越来越复杂，这是因为世界演变的速度更加迅速，这种迅速的演变直接关系着数字化、视觉化时代的广泛影响力。二是各民族、各地区固有文化、价值观相互碰撞或相互渗透，虚拟世界与现实世界、数字技术与情感相互碰撞和影响，每个人自觉或不自觉、自愿或不自愿地受环境因素、流行时尚、人际关系、政治地位、经济收入的来源和方式等的牵动，在大量信息冲击和推动下，生活方式、意识形态的变化，往往出人意料。在这种情况下，产品设计中如何将主观性与客观性结合，特别是由客观性为导向的设计，必然成为一个令人关注的关键问题。

2. 销售地区消费人群的相关情况调查

各个地区由于自然环境、文化背景的不同，会导致其色彩心理的不同。这样的调查有助于在色彩设计中针对性地确立色彩设计的目标。

3. 当前此类型产品的色彩流行趋势

通过对市场同类型的产品的调查研究，分析和确立其色彩流行趋势，可以使产品的设计具有符合大众口味的流行性和前瞻性，使得设计具有很强的竞争性。

4.5.2 色彩的功能性设计策略

色彩的选择与产品的功能属性有着密切的关系，不同功能的产品，色彩设计的差别很大。这种差别来源于人们日常生活经验的积累，以及对色彩心理的反应。例如与饮食、卫浴相关的产品，强调清洁。而白色会让人感到清洁，所以电冰箱、微波炉、坐便器、洗脸池等厨卫设施大多会选用白色；商务用车多强调威严、权力和地位，大都会以稳健、重量感十足的黑色或深灰色作为主色调；红色纯度最高而醒目，具有很强的警示性，许多指示性和应急性的物品上大量使用红色，如高性能跑车、道路标志、消防设备等；明度纯度高的色彩在野外较为显眼，因此施工车辆、野外装备多采用纯度明度较高的色彩。

色彩的功能性设计策略还体现在色彩不仅与视觉有关，还可以影响人的情绪和行为，甚至还会影响人的身体机能。例如红色能给予人兴奋感，有很强的刺激性；蓝色能给人以宁静、深邃之感，具有明显的镇定作用；紫色可使人的情绪得到安慰；黄色能促进血液循环，增加唾液腺的分泌，刺激食欲；绿色对人的视觉神经最为适宜，能够缓解眼睛疲劳。因此，现在的黑板大都变成了墨绿色。色彩还可以影响到人的许多感觉，比如味觉和嗅觉。美国色彩研究所曾经做过这样的实验：将同样的咖啡倒入形状相同、颜色各异的杯子，然后请人分别品尝，结果多数人感觉杯子里的咖啡味道有很大差别。他们认为黄色杯子里的咖啡太淡，绿色杯子里的咖啡有酸味，红色杯子里咖啡的味道最香浓，这就不难理解为什么雀巢咖啡的杯子要设计成红色了。

4.5.3 色彩的情感性设计策略

色彩具有强烈的情感倾向，比如柔和的浅色会给人以轻盈的感觉，冷色系具有男性的感觉，艳丽柔和的色彩则具有女性的感觉。利用色彩在情感上的意味，可以增强产品形象的感染力，加强识别记忆。在开发产品的过程中，针对不同职业、地区、年龄的人要考虑他们的情感倾向和审美趣味，据此进行色彩设计。比如给小孩子设计玩具产品时，选择色彩鲜艳、色相对比强烈的配色，增加新奇感；青年人则考虑张扬、夸张的色彩搭配；成年人则使用沉稳、丰富的色彩方案；而老年人则要避免太过于强烈的色彩渲染，宜以宁静、安详的色调为主。

2006年12月在中国地区上市的索尼VAIO CS系列笔记本电脑（图4.38）以鲜明的流行色以及和谐的配色，荣获"2006年度中国电子产品色彩大奖"。除了经典的白与黑，粉红、咖啡色、淡蓝、大红以及灰色都成为该系列的主打色，再辅以与机身颜色搭配的键盘，其和谐之美使C系列具有出类拔萃的悦目感。虽然该系列笔记本电脑的成功不能全部归功于对色彩的大胆运用，但是在色彩上充分考虑了多种人群的心理需要，这为VAIO CS系列笔记本电脑的成功起到了重要的作用。

深泽直人在2007年为KDDI设计的INFOBAR 2（图4.39），除了在功能上比上一代有了许多新的改变之外，还根据日本地区的色彩走向提供了四色选择：银色、绿色、锦鲤色、螺纹灰色。其中的锦鲤色就是依据日本传统节日中悬挂的鲤鱼旗变化而来，而螺纹灰色也考虑了日本岛国四面环海，海螺给人们留下美好记忆的情感出发，色彩上考虑了日本本土多种人群的心理特点，成为一个经典的设计。至此可以看出色彩作为"沉默的推销员"，其地位和作用已经得到了广泛的认同。

图4.38 索尼VAIO CS系列手提电脑

图4.39 INFOBAR 2手机

4.5.4 色彩的营销性设计策略

产品只有在消费者购买之后才能成为商品。所以，在产品的开发设计中，就必须要考虑到营销环节的因素。日本立邦涂料有限公司设计中心研究表明，色彩能为产品及品牌的信息传播拓展40%的受众，可以将人们的认知理解力提升75%，也就是说，在不增加营销成本的基础上，成功的色彩计划可以为品牌的传播增加15%～30%的附加值。

以联想的手机为例：联想手机在2006年9月10日发布了"粉时尚"手机i807（图4.40），并在同期启动以"粉时尚"为主题的营销推广活动，使得联想手机成为国内首个利用色彩去诠释产品感性诉求的品牌。i807手机作为国内手机市场上首款拥有缤纷亮丽色彩的PDA手机产品，销售状况非常不错，使联想手机的市场份额得到了显著的提升。根据第三方调研数据显示，在"粉时尚"的宣传攻势下，联想手机的整体品牌知名度得到了进一步的提升，尤其在一线城市提升了近7%。这意味着色彩已经成为了联想手机营销的新卖点。

图4.40 联想i807手机

如何让商品更吸引消费者的注意，并唤起他们购买的欲望，成为所有商家都在思索的问题。这就需要从产品的开发阶段，就进行深入的色彩研究与设计。根据目标用户、功能特性、造型特点等因素，充分利用色彩的调查研究策略、功能性设计策略、情感性设计策略和营销性设计策略,为商品提供更多适合的色彩,使商品从市场上脱颖而出,在激烈的竞争中赢得一席之地。

4.6 工业产品的色彩设计要求

工业产品色彩设计是一项系统工程,只有对产品色彩进行全方位的观察和理解,整合从美学要求到设计概念、市场营销、形象战略、流行趋势等各方面的因素,并进行策略化的管理和规划,才可能借助独特的色彩形象独领先机,赢得市场,使之成为提升产品设计竞争力的有效手段。

4.6.1 满足产品的功能要求

各种产品都有各自的功能特点,如产品的功能分区、产品的功能特点等。产品的色调设计必须首先考虑与产品功能需求相统一,可以让使用者简单快捷地掌握产品各方面功能的使用,这样有利于产品功能的充分发挥。

如果色调设计能充分体现出人机间的和谐关系,就能提高使用时的工作效率,减少差错事故,并有利于使用者的身心健康。因此,现在许多产品本身由于其功能要求都有一定的色彩要求,如消防车的红色基调,起到了很强的警示作用;医疗器械的乳白色、淡灰色基调,可以在一定程度上缓和平静病人的心情;机床的底座采用灰色调,给操作者以稳定的感觉。又如现代厨房电器色彩大多采用洁净、明快的颜色,白色和近似白色的灰色经常被使用,像电饭煲、饮水机等。这些都是基于产品的功能来选择色彩的。

图4.41所示为常见的救援工程车辆,除了满足实际使用环境所需的性能之外,色彩是其非常重要的组成部分。现在的救援车辆以及相关的救援装备包括服装、车辆、工具以及其他装备,多采用红色或者黄色。这是因为红色、黄色醒目具有较强的警示功能,在相关的救援活动中,能较明显地与周围的环境区别开来,可以使救援工作较少地受到人为干扰。其次在救援工作中能让被救援者较快地发现,提高救援工作的效率。而军用车辆根据使用的要求需要则与救援工程车辆相反,根据使用场所而使用较为隐蔽的色彩,如草灰色、黄灰色,或者森林迷彩、沙漠迷彩等,便于车辆的隐蔽和增强作战能力。

(a)

(b)

图4.41 各种救援工程车辆

就产品本身而言，色彩设计除了满足使用功能，还应注意色彩与功能分区的配合。如一般机械设备都有一些信息显示仪表和操作控制件，为了使操作者易于辩读和引起注意，经常用红、黄、黑等颜色加以装饰，从而使这部分器件的功能得以充分发挥。并且要考虑产品的功能、所处的工作环境以及使用者的心理需求等，如使用率较高的部分不宜采用纯度和明度太高的色彩，纯度和明度太高易造成视觉疲劳，降低工作效率，在一些机械上还会增加工作的危险性。但过于灰暗单调的色彩也会导致使用者的心理及视觉疲劳。

图4.42所示为目前市场上热销的多款Apple MP3，其色彩从过去比较素雅的白色、银色、黑色、深灰色，发展到比较亮丽活泼的彩色，色彩的丰富为消费者提供了多款选择。此外功能分区的设计也非常到位，如图4.42中左边的iPod nano系列，在功能分区上，使用了白色圆环将功能分区独立出来，不仅在色彩的形体面积上产生了有趣的对比，同时也使得功能操作更加简便易识。总之，色彩的功能性原则是产品设计色彩的重要原则之一，对产品功能的展示和使用起着关键的作用。

图4.42　多款热销的Apple MP3

4.6.2　产品色彩与使用环境的协调

虽然产品设计所构成的是物而不是空间，但是，产品需要在一定的场所即环境来实现其功能，因此它是物质性环境中所不可缺少的组成之一。如家具是室内使用及装饰的重要物件，必须考虑其设计与室内空间环境的协调因素；家用电器是家居环境中不可缺少的，则要考虑与不同的家居环境协调；电脑、打印机等办公设备是办公室所不可缺少的；交通工具不仅是户外环境中的重要构成之一，并且其内部还存在着重要的活动空间。所以在进行产品设计中色彩的规划时，不能不考虑其与环境之间的关系，这就是产品色彩与使用环境的协调。

产品色彩设计的环境性协调，主要分为两种，一是物质性环境色彩协调，二是人文环境色彩协调。产品都有一定的使用环境，而这些环境多是客观存在的，产品使用的客观空间环境称为物质性环境。在产品色彩设计的时候，就得注意产品的色彩与使用环境的协调。以家具为例，在室内家具设计时，不同的室内环境，对家具色彩设计的要求是不同的，家具的色彩设计应视环境空间的大小而定。如放置在狭小空间的家具款式，色彩多采用明度较高的白色、米黄色、紫灰色、粉红、浅棕、木料原色等；或清漆蜡面，亚光处理，显得高雅、舒适、轻便、明快，起到扩大空间的感觉。图4.43所示为国外小户型的家居装修，在室内大量采用了浅色和木质本色的家具，这样明度较高的色彩具有空间扩张感，可以使得居室的视觉空间感扩大。同时木质本色可以营造出自然、温馨的家居气氛。而在高明度的主色调的基础上，适当装点一些深色调家具或者家居饰品使得家居色彩富于变化。

(a) (b)

图4.43 小户型家居产品色彩

放置于较大空间中的家具，可选用中明度高彩度的色彩，如橙红、中黄、翠绿、蓝色等，中国传统的红木家具，以深色调为主，给人以古色古香、稳重大方的感觉。图4.44所示为现代的大居室的设计，在宽阔的空间内装点的家具多为深色，这样使得较大的空间有一定的收缩感，视觉上不至于过于空荡，同时也显示出稳重、大方、古朴的感觉。

图4.44 大户型家居色彩选择

在寒冷环境中工作的工业产品多用暖色，以求给人以热的联想，产生温暖、兴奋的感觉，进而增强对产品的亲近感。同时以纯度与明度的补色相配，使对比效果增强，更显得活泼、热烈及富有人情味。对于在较炎热的条件下工作的设备又多采用明度高、纯度低为主的冷色调，从而产生清凉、沉静、安定的感觉。同时应注意明度与纯度的适度变化，使其达到自然明快的色感效果，使人宁静而理智。

图4.45所示为北欧地区最大的家居用品展Formland上的获奖作品，Claus Jensen、Henrik Holbek设计的Smile果盘，果盘有两层，下层可以储存果壳、果皮。产品实际使用的场所多为厨房或者客厅，为了切合环境以及使用者的心理，采用了明度较高的色彩，展现出较为鲜艳活泼的特点。

图4.45 Smile 果盘

虽然人们对色彩的感受有许多相似处，但是由于不同地区、宗教信仰、风俗传统、人口素质、民族性格、社会经济状况、社会制度等都有着差异，因此造成其对色彩的理解有一定的差异。工业产品色彩设计应用要想获得成功，除了满足基本的功能需要之外，还要根据对不同地域、文化、民俗等人文环境来确定色彩的设计。

对色彩的喜好具有一定的区域性，各个地区的消费者都有其相对固定的色彩消费习惯，对产品色彩各有不同的需求。如英国人喜绿、蓝、金黄色，上流社会尤喜白色，平民喜茶色、褐色，厌红色、橙色；而中国人喜红色、绿色、黄色等鲜艳色及金色，不太喜爱白、黑、灰色；美国人较偏爱黄色，因为黄色代表思念，因此美国的商品常用黄色作为主色调。比如美国的柯达相纸包装采用黄色，麦当劳采用的是金黄色；而日本人则更喜欢淡雅的色彩；等等。所以针对不同国家和地区生产的工业产品，要特别注意其文化背景、色彩喜好和禁忌。此外，同一地区的不同年龄层次、不同文化背景的人群，对色彩的喜好也会有差异。例如一般来说中国中年人喜欢稳重、高贵、大方的色调，如深蓝、紫、红、灰绿、黑、金、灰等色；妇女喜欢粉红、橙、黄、白、红等色彩；年轻人喜欢活泼明朗的颜色，如绯红、樱桃红等以及一些中强对比的色调；而幼童则偏好明度纯度较高的色。

4.6.3 色彩的时代感要求

在不同的时代，人们对于色彩的要求也不一样。产品的色彩设计如果能考虑到流行色的因素，就能基本满足人们追求时尚的心理需求。流行色体现了某一时期内人们对某种色彩所产生的共同喜好，是时代潮流和社会发展的必然产物，它涉及心理上的满足感、刺激感、新鲜感、愉悦感，形成了人类生活的一个特征。如今，全球化使国际消费文化、时尚文化交流日益频繁，流行艺术文化在改变各地消费者的美学观念和消费观念的同时，设计师也应极力适应或跟随流行色的变化趋势。

因此，对于家居用品色彩设计来说，可以利用当时的流行色，使产品在市场中具有竞争力。但是一定时期内流行的色彩，很快就会被新的流行趋势所替代。因此更重要的是通过下一步市场预测，分析多数用户会喜欢什么样的色彩，从而设计这一色彩去满足用户的要求，决不能停留在现有产品的流行色彩上，而是要不断地创新。此外，流行色虽然有其极强的共性，但一定程度上仍受到地区、民族、文化、国家等特有因素的影响，而产生不同程度的差异和区别。在一个地区流行起来的色彩在另一个地区不一定就会流行起来。所以，流行色彩的应用只有在掌握其规律、特性的基础上，才能使之得以充分的发挥。

流行色的变化与发展，改变了人们的生活观念、生活态度、生活方式。随着社会经济条件的提高，人的意识有了相应的变化，追求新奇、跟随时尚、自我表现的意识不断被释放出来，行为中出现了流行观念和追求流行的倾向，流行色带给人们不断创新的意识、新的审美标准与消费标准。例如由于对时尚的追求，服装中最新的流行色彩在家居用品中也能很快地得以扩展和借鉴。

全球最大的涂料生产商阿克苏诺贝尔，每年都邀请来自世界各地、代表不同文化背景的专家聚集一起，推出一组富有创意的国际专家研究色彩趋势。2009年年底，阿克苏诺贝尔在上海发布了2010年全球家具色彩趋势，包括了七大主题，分别为共同分享、信手随意、色彩试验、自然本色、奇幻世界、异乎寻常和无拘无束。七大主题分别代表着不同意思。"共同分享"主题的色彩明快亮丽，引领积极向上的乐观心态；"信手随意"主题展现出现代社会柔软、真实和舒适的一面；"色彩试验"主题表现的是艺术与科学之间曾经明确的界限正在日渐模糊；"自然本色"主题给人以一种生态平衡与和谐地球的感觉；"奇幻世界"主题的色彩可以使房间变得更加宽敞明亮；"异乎寻常"主题呈现了丰富性与多样性；"无拘无束"主题以缤纷的色彩来拥抱势不可挡的乐观与欢乐。

图4.46所示为2010年米兰国际家具展上Tokujin Yoshioka为Swarovski Crystal Palace制作的最新作品，以比较奇幻的造型与色彩探讨了空间的装饰，以白色和蓝色的色彩空间诠释了奇幻的天空与海洋的世界。同时在展览上的另一作品（图4.47），以木质本色和仿木色相结合，体现了回归自然的人文情怀，创建了人与自然和谐的空间气氛。

图4.46　Tokujin Yoshioka的设计

图4.47　2010年米兰国际家具展作品

每年的流行色彩会对人们的产品设计产生重大的影响，引导着色彩设计的走向。而这种流行趋势还会扩展到人们生活工作的许多层面，势必对人们当前生活空间产生重大的影响。

4.6.4 色彩与材质的完美结合

在现代产品设计中，许多新兴的有机材料、铝合金、镁合金、不锈钢等材料与传统材料相结合，经过不同的加工工艺，如电镀、丝印、镭雕、电铸、蚀纹等的处理，带给消费者丰富多彩的心理感受。金属会使消费者产生冷峻、坚硬、现代等心理感受；塑料会使消费者产生轻便、价廉、时尚等心理感受；木质会使消费者产生温暖、朴素、怀旧等心理感受；等等。这就要求设计师根据消费者不同的心理需求，根据产品的不同的设计定位，在对不同材质工艺的性能进行深入地分析和研究的基础上，科学合理地加以选用，从而设计出具有不同情感价值的产品。图4.48所示为Tom Dixon的作品mesh桌椅，利用网格编织的曲面，材质本色黑白灰的对比，营造了艺术与科学之间模糊的世界。

图4.48　mesh桌椅

同一色彩用于不同质感的材料效果相差很大，采用不同的加工工艺（抛光、喷砂、电化处理等）所产生的质感效果是不同的。如使用同一色彩的工程塑料（ABS）的产品外壳，由于表面的处理工艺不同，反映出的肌理色泽效果也是不同的。又如机械设备，根据功能和工艺的要求，对某些部件可采用金属本身特有的光泽，既显示金属制品的个性和自然美，也丰富了色彩的变化。因此，在产品配色时，只要恰当地处理配色与功能、材料、工艺、表面肌理等之间的关系，就能获得更加丰富多变的配色效果。材质和表面恰到好处的处理能够使人们在统一之中感受到变化，在总体协调的前提下感受到细微的差别。颜色相近，统一协调；质地不同，富于变化。

家居用品色彩是通过物质材料和物质技术手段来实现的，所以色彩在家居用品上的运用必须考虑家具材料或涂料所能表现的色彩变化和施工技术的因素制约。图4.49所示为喜多俊之在2004年设计的MEGPOINT椅，形态温驯可爱、安静。在色彩上利用了金属支架的冷与红色皮革的暖相互对比，加之以简洁圆润的线条，精致的工艺营造了日本设计的禅意，同时体现了都市生活的求简出新，从喧嚣和高速中寻求安静的休息空间。

家具的色彩设计，在具体技术上主要涉及家具材料的用色问题。透明涂饰技术将家具的材料木色表现出来，既可起到保护家具的作用，又要体现家具材料的自然美；不透明涂饰技术则可运用技术手段改变材料的色彩特征，使其在更大程度上发挥色彩的造型功能，以满足家具表面装饰的需要，使家具色彩设计更加美观、丰富多彩。所以家居用品色彩设计有时要受到技术条件的制约，有时又可以利用先进的工艺技术来美化装饰效果。

美国苹果公司设计的iMac电脑（图4.50），材料使用聚碳酸酯，表现出的良好的透明度与着色性，将机体内部构件显现，产品外观新颖，色彩多样，使台式机的结构更加素雅、简洁。同时聚碳酸酯色彩清晰度好、加工工序简单、抗撞击性非常好，可以提供全透明、半透明与不透明的外观效果，可回收、无毒性。已经广泛运用于众多的产品设计制作中，如数码产品、眼镜、光盘盒、厨房用具、建筑玻璃窗、手机壳体、自行车坐垫等产品。因此在设计中要恰当地运用材质的特性，使用不同的处理手法，产生丰富多彩的色彩效果，为人们的产品设计带来更多的个性化和多元化。

图4.49　MEGPOINT椅

图4.50　苹果iMac显示器

现代产品不仅具有功能品质，还具有审美品质、文化品质等，这与色彩的功能是紧密相关的。在产品设计过程中，色彩设计是非常重要的一个环节，产品色彩处理的好坏，直接影响到产品的最终效果，运用恰当的话可以弥补产品外形设计中的一些不足，使之更加完善，赢得消费者的青睐。反之，如果色彩处理不当，不但破坏产品整体美感，还会影响产品功能的发挥，使人出现一些枯燥、沉闷、冷漠，甚至沮丧等不良情绪，降低工作效率。

产品设计中色彩相对产品样式来说更加多变，且成本较小。同一产品不同的色彩能造就完全不同的视觉效果，对色彩的恰如其分的使用可以带来良好的效益。多变的色彩特性可以使得产品更加个性化和时尚化。产品的色彩设计应是整个产品研制工作的组成部分之一，因此色彩设计从产品设计的一开始，应遵循产品色彩设计的原则，使用产品色彩设计的方法，使产品的色彩与功能取得高度统一，充分发挥色彩的作用，使色彩在提高产品附加值、提升品牌形象和提高企业经济效益的同时，满足人们对产品物质与精神层面的需求。

在物质文明和精神文明高度发展的今天，人们的主体意识逐渐增强，人文关怀成为当代设计必须面对的问题,因此产品色彩设计也在逐渐回归自然本质和体现人文精神。从产品色彩设计的相关理论中可以发现,色彩设计是为了使产品的功能与使用者的生理和心理需求取得全面的适应;使产品色彩与人文环境、物质环境相协调,满足人们对色彩的流行性等时尚的追赶。这就要求设计师从最基本的色彩理论出发,充分考虑人机工程学、审美需求、环保生态、社会的不同文化背景、不同消费者的个性特点。通过产品色彩设计建立新型的人与自然的和谐共生关系,创造更加宜人、悦目且更具有丰富内涵的工业产品。

思考与练习

4-1 产品色彩设计中几种主要的对比与调和的方法是什么?其产生的主要视觉效果是什么?

4-2 色彩的情感特征有哪些?如何使用色彩表现产品的冷暖、轻重、进退、软硬、扩张与收缩、明快与忧郁、华丽与朴素等情感特征?试举例说明。

4-3 产品色彩设计中如何考虑与消费者年龄心理之间的关系?试举例说明。

4-4 产品色彩设计中如何表达职业心理?

4-5 色彩设计中如何表达产品色彩的民族象征意义、文化象征意义以及专业象征意义?试举例说明。

4-6 为什么在产品色彩设计中要考虑其环境特征?试举例说明。

4-7 色彩的流行性对产品色彩设计有什么影响?主要体现在哪些方面?

4-8 在产品的色彩调查研究策略中主要考虑哪些方面的影响?

4-9 举例说明产品的色彩设计中情感性策略。

4-10 工业产品的色彩设计要求有些什么?试举例分别说明。

第5章 工业产品设计方法

教学提示：现代工业产品设计方法要求既要研究社会与技术的进步，又要探求与发现在其产品设计发展过程中美的精髓，这两者所具有的特性相互作用，相互影响。工业设计师必须能理性准确的预测社会的进步，了解社会的潮流与时尚的趋势，还必须平衡功能与形式关系，理解美与技术相结合的思想的重要性。

教学要求：了解思维的形式和特点，有效地对思维进行训练。把握造型构思的四个阶段，了解并掌握各个阶段的主要任务及其对于设计者的要求。学习工业设计的流程，对于工业产品设计有较清晰的认识并掌握它的方法。

随着科学技术的发展，产业结构、生活的消费结构、社会结构、自然环境及人的意识形态都发生了巨大的变化，工业设计也呈现出多元化的状态。现代工业设计同时要考虑经济因素，社会形态，文化观念等多方面的影响和制约，并在最初的设计创意阶段就对美进行追求，让审美一开始就介入到工业设计中来。在现代工业设计中，还应考虑产品的材料、结构、工艺及人-机关系，消费者的需求与审美，市场的发展趋势等，这些因素都对现代工业设计有着巨大的影响。因此，工业设计方法越来越受到人们的重视，特别是工业设计师们，正在力图掌握它，并将其设计的一般准则应用并指导工业设计的实践。

5.1 设计思维

思维是人脑对于客观现实认识的概括和总结，是借助于言语和语言、表象和动作实现对客观事物的概括和反映，并能够揭示事物的本质特征和内部规律的认识活动，是人类的一种高级的精神活动。思维既是人类对客观世界的反映，又反过来作用于客观世界。它既是精神的产物，又对物质具有能动的反作用。

思维可通过直觉的无意识性来表达和反映其理念，在设计中，设计师往往要根据设计对象寻找更适合的思维方法，才能真切地达到设计思维的目的。

人的左脑主要负责语言、文字、数字、逻辑等抽象概念活动，右脑则主要负责图形、想象、颜色、音乐等直觉活动；左脑进行抽象思维，右脑进行形象思维。而恰好设计本身就是兼具科学与艺术的两方面的特征的学科，因此设计思维也就是一种以逻辑思维为指导，以人的情感为驱动力，以形象思维为其赋予外在特征的一种思维形式。因此在思维的层面上，设计思维也兼具科学思维与艺术思维这两方面的特点，或者说是这两种思维方式整合的结果。

在设计思维活动中存在着逻辑的、有序的、条理的、精确的现象和因素，如知觉就是感官对事物的各个不同特征，诸如形状、色彩、体积、光影、空间等要素所组成的形象的整体性把握。但也存在着非逻辑的、无序的、离散的、模糊的现象和因素，如直觉，即非感知性或无意识性，意识等。因此，设计思维是逻辑思维与形象思维的融合，是一种活跃的思维形式。

世界工艺美术大师威廉·莫里斯（William Morris，1834—1896）曾说："设计方法的本质便是形象思维与逻辑思维的结合体，是一种智力结构。"

人类认识客观世界，要依靠自己的认识能力。一般说来，人类的认识活动有两种不同的方式：一是形象思维，二是逻辑思维。

5.1.1 形象思维

形象思维是用直观形象和表象解决问题的思维，是普遍存在于人类思维中的一种形式。它的基本特征是具有可感性、非逻辑性和整体性等。

形象思维是一种感性的思维活动，形象的产生始终离不开具体而生动的材料，并通过认知的材料使活生生的形象表现出来。在创意设计中，形象思维至关重要。设计人员需要丰富的想象力和对客观世界敏锐的洞察力和独特的视角，才能将自己所观察到的事物客观细致的表现出来，这些都与艺术的形象思维紧密相连。

形象思维是创意设计重要的思维载体和表达语言。各种事物的信息都是通过形象展现在人们的眼前，因此，艺术创造性活动就是发挥人的想象力的主观能动性过程，带有强烈的创造性和直观性。

形象思维同时也是对画面、场景、图表、言语和符号等一切可以感知的表象的领会和理解，以达到认识事物本质的目的。形象思维贯穿于人类的整个思维活动之中。产品造型设计就是对产品的款式、色彩、材料进行塑造和设计，整个过程就是对形象思维能力的强化和再现。图5.1是意大利的设计师所设计的具有棒球手套形象的沙发。

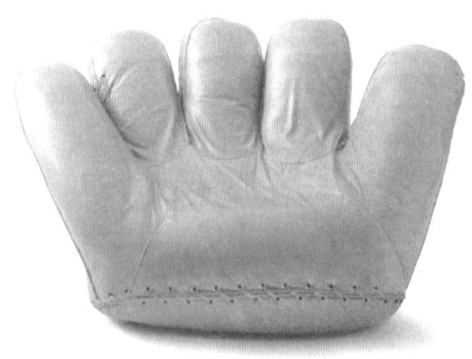

图 5.1　棒球手套沙发

我国著名科学家钱学森教授曾说道:"科学技术工作决不能局限于抽象思维的归纳推理法,而必须兼用形象和直觉思维"。钱学森提出把形象思维作为一个独立的,重要的思维形式来对待,并在其对科学研究的重要意义方面进行了精辟的概括,同时呼吁广大专业人员对形象思维下大工夫去研究,这也是技术发展时代对人类提出的重要课题。

例如世界著名的悉尼歌剧院的外形设计(图 5.2),犹如即将乘风出海的白色风帆,形象生动,造型优美,并与周围景观完美的融合在一起,极好的体现了形象思维在建筑设计中的巨大作用。

图 5.2 悉尼歌剧院

图 5.3 柳宗理设计的蝴蝶椅

形象思维具有形象性、概括性、创造性、运动性等特征。

(1)形象性。形象思维能较为直观、形象地反映着事物所具有的特征,图 5.3 所示是日本设计大师柳宗理设计的蝴蝶椅,它造型优美,就宛如一只翩翩起舞的蝴蝶。

(2)概括性。概括性是指对直觉感知到的材料,经过思维的加工而生成的具有理性意识的部分,是对事物的本质规律的概括。它通过典型性或概括性的形象表现出来。

(3)创造性。思维的创造性大多是针对加工改造或重新创造出来的形象,例如设计师在进行设计时,艺术家在进行艺术创作时,都离不开创造性的思维特点。

(4)运动性。形象思维并不是静止的,孤立的存在的,它也与其他思维形式相互作用,相互影响。因此在思维过程中既要注重细节、又要顾及全局;既要注重个体、又要关注整体,才能对形象思维有全面的,准确的认识。

5.1.2 逻辑思维

逻辑思维又称抽象思维、主观思维,是借助抽象、概括等方式把人的直观感受抽象加工成概念、定理、原理等的思维方式。逻辑思维具有渐进式、逐步推理的特点。逻辑思维作为人类的高级思维,更是创新思维的核心,是人类高层次的复杂的思维。

在黑格尔哲学中,抽象是指与其他的思想或感性内容相脱离,是对思维对象的一种理性提取和升华,是对经验的一种超越。抽象思维的这种超越性,能够更深刻、更正确、更完全地反映自然,认识和把握客观规律,并且在经验思维的基础上,创造了对事物质的抽象。抽象思维正是反映了人类这种创新的能力,使其可以在无限的思维空间中自由思考。

例如，天文学家们发现海王星，就是依据著名的牛顿万有引力定律进行推理，得到的具有重大科学价值的成果。很多重大成果的发现，可以说与抽象逻辑思维分不开。

在设计过程中，设计思维的形式表现为多种方式并存，相互交叉，相互影响，不同的思维形式，会对解决问题的方法和设计，产生不同的影响。设计师往往根据设计对象和任务的不同，而灵活运用各种思维方式。图 5.4 所示是丹麦著名设计师维纳·潘顿（Verner Panton，1926—1998）设计的折叠椅，色彩艳丽，造型别致。

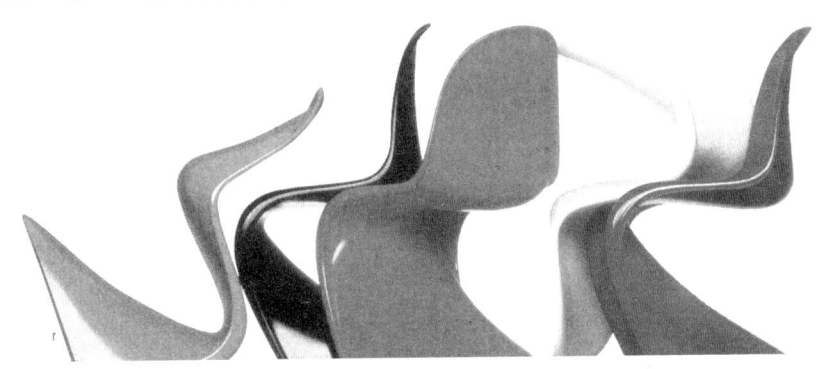

图 5.4 技术与艺术兼具的坐椅设计

因此，一般在构思外观形态时，形象思维发挥主要作用；而在理解内在结构、完整功能等设计时，更多依赖于抽象思维的作用。

5.1.3 思维的形式

1. 直觉思维

直觉思维是对客观事物的直接理解、综合和判断，是一种非逻辑的思维形式。直觉思维具有直观性、突发性、非逻辑性、或然性和整体性的特点。直觉思维既有利于人们突破思维定势，又可以帮助人们超越过去的思维方式，产生对事物崭新的认识。直觉思维贯穿于人类整个探索未知领域的过程中，是人们对于客观世界较直观的反映。

1）直观性

直觉思维的思维过程和结果的往往以较直观的形式展示在人们面前。在整个思维过程中以对问题全局的总体把握为前提，以较直接的、跨越的方式获取问题的答案。

2）突发性

突发性是指在直觉思维的过程中结果的出现往往稍纵即逝，其获取的过程也是突如其来和出乎意料的。人们在对某一问题苦思冥想后，却不得其解，往往在不经意间得到了问题的答案。如著名的"万有引力定律"就是艾萨克·牛顿（Isaac Newton，1643—1727）在苹果园休息时，观察到苹果掉落的现象而突然顿悟发现的。

图 5.5 万有引力定律

又如大陆漂移学说的创立者阿尔弗雷德·洛萨·魏格纳（Alfred Lothar Wegener，1880—1930），他躺在病床上的时候，无意间发现大西洋两岸大陆的轮廓竟然惊人的相似，由此创立了大陆漂移学说。瓦格纳的这种依靠灵感和顿悟的思维方式就是直觉思维能力最好的例子。

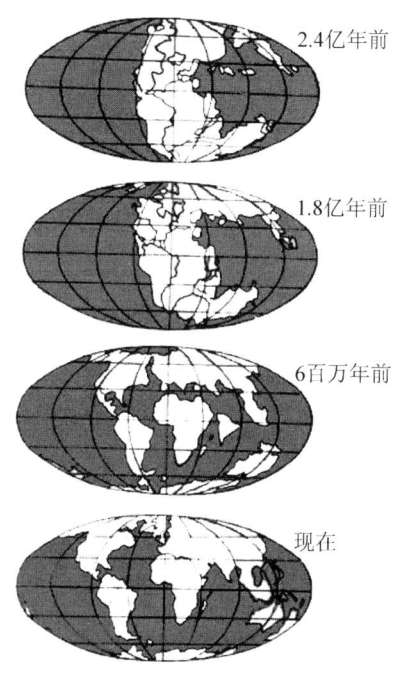

图 5.6　大陆漂移学说

3）非逻辑性

直觉思维往往不是按照通常的逻辑规则按部就班地进行的，而是主要依靠想象、猜测和洞察力等非逻辑因素，去直接把握事物的本质或规律。它不受日常规则的约束，而常常是打破旧有的逻辑，提出一些非常规性的创造性的思想。

4）或然性

直觉思维的结果出现存在一定的或然性，其产生的结果可能正确，也可能错误。许多科学家都承认这一点，阿尔伯特·爱因斯坦（Albert Einstein，1879—1955）在高度评价直觉在科学创造中的作用时，也并没有认为它是绝对正确的。他在1931年回答挚友贝索提出的问题时说："我从直觉来回答，并不囿于实际知识，因此，大可不必相信我。"

5）整体性

在直觉思维过程中，思维主体往往并不着眼于细节，而是对事物或现象形成一个整体的认识和概括，从整体上识别出事物的本质和规律。

2. 灵感思维

灵感思维是人们在艰苦学习、长期实践以及不断积累经验和知识的基础上，对曾经冥思苦想但尚未解决的问题，在某种偶然情境或潜意识的激发下，产生瞬息性的问题的解决方案。灵感思维的出现往往是不期而至、突如其来、稍纵即逝的。

灵感思维的出现应归功于人类长期的思维训练和实践活动中经验积累的结果，同时它也是人类思维潜意识的产物。灵感思维的出现是突如其来的，但这是经过反复的精心研究、悉心观察、和艰辛工作的基础上，取得的灵光乍现的结果。

圆舞曲之王约翰·施特劳斯（Johann Strauss，1825—1899）的《蓝色的多瑙河》这首名曲，就是随时记录的成果。有一次，施特劳斯在多瑙河畔散步，大自然的美景诱发了他的创造灵感，当时，他没带纸，于是脱下衬衣，在衬衣上谱下了《蓝色的多瑙河》。

钱学森就曾指出灵感的出现并非是神秘不可知的，是人类多种思维形式和实践经验相互作用后，产生的一种特殊的形式。

3. 发散思维

发散思维又称求异思维、辐射思维，是从不同的角度、不同的方向去思考和解决问题的方式。发散思维是对于事物独创性的、异想天开的想法，提供给问题多样性的答案。在思维过程中要善于从不同角度、不同方向去思考问题，从多方面寻求多样化答案的思维方式。

发散思维的这种多方向、多角度、多层次寻求多种答案问题的特点，使它在发现新事物、开拓新领域、发明新产品和新方法等方面为创造者提供了多种可供选择的方案和途径。使发现最优方案和寻求最佳途径成为可能。

例如，俄国化学家门捷列夫（Менделéев，1834—1907）利用发散思维进而另辟蹊径，通过"扑克牌理论"而不是通过化学实验进行了推理和判断，总结出了元素周期表的规律，从而推断出了一个又一个新的元素。

塞缪尔·芬利·莫尔斯（Samuel Finley Breese Morse，1791—1872）从更换马匹的驿站中得到启发，进而想到通过电报信号的中继站来放大电报信号，发明了信号强大到可以越洋的电报系统，[①]这也是发散思维的一个有力的证明。

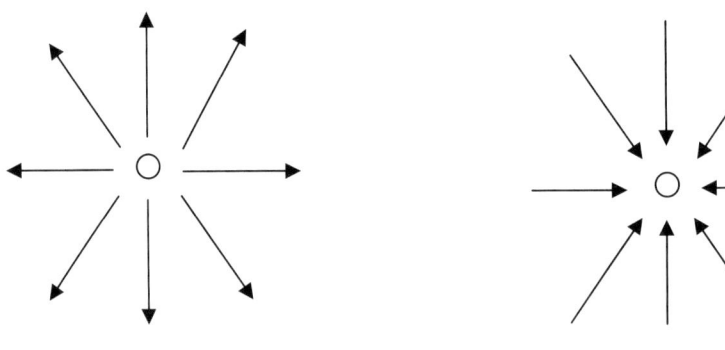

图 5.7　发散思维　　　　　　　　　图 5.8　收敛思维

4. 收敛思维

收敛思维又称求同思维、聚敛思维，是一种从现有资料当中寻找正确答案的、具有指向性的、有条理的思维方式。收敛思维是从多个方向聚向某一个点，从而得到唯一的正确

---

① 胡婉莹，王淼，康戈莉.发散思维、敛聚思维与科学创新[J].中国成人教育，2007（3）：127～128.

或可行性答案的思维方式。收敛思维的指向性与发散思维相反。收敛思维具有聚合性、深刻性和批判性的特点。

例如英国物理学家罗伯特·胡克（Robert Hooke，1635—1703）比牛顿更早提出了引力观念。但在胡克那里，引力是较模糊的概念，而未精确到一定的数学公式。而牛顿使引力成为可以证明的数学公式，得到"唯一"却"普适"的定律。

在设计的实际过程当中，往往是发散思维和收敛思维等多种思维形式交替进行，在构思阶段人们以发散思维为主，而在实际制作过程中多是以收敛思维为主。

5. 逆向思维

逆向思维，是从一种看似对立或表面上看似不可能的角度去寻找解决问题方法的一种方式。由于逆向思维是从相反的角度看问题，因此许多情况下会出现打破常规、超出惯例、反传统的解决方案。

1924年，美国菲利普－莫里斯公司生产了一种名为"万宝路"的香烟，专供女士享用。广告中强调其淡淡的口味"有如五月的温柔"。产品投放市场后，销售业绩始终不佳，被迫退出市场。第二次世界大战后，美国经济有了新的发展，烟草消费量激增，过滤嘴香烟问世。菲利普－莫里斯公司为万宝路配上过滤嘴，再次投放市场，但是依然未能打开销路。李奥·贝纳（Leo Burnett，1891—1971）经过精心策划，决定为万宝路香烟做"变性手术"，把万宝路定位为一个具有男子气概的全新形象。1954年，全新的万宝路香烟广告正式推出，粗犷、剽悍、豪爽的牛仔形象，以强烈的心理震撼力征服了无数美国人的心，并全面进入国际市场，销量骤增，创造了每年近40亿美元的神话。这种创造性的设想就是逆向思维的很好的例证。

图 5.9　万宝路香烟广告

6. 联想思维

由一事物的现象、语词、动作等,想到另一事物的现象、语词、或动作等的思维方式称为联想思维。联想越多越丰富,创造性的成功率越高。

例如人们从火柴联想到打火机的发明,从捕鱼的网联想到洗衣机中的滤毛器。日本池田博士有一次喝汤时觉得味道特别鲜美,经了解,是汤内放了海带,依靠联想,发明了味精。

人类从鸟的翅膀扇动产生向上的升力产生联想,设计了飞机,这就是联想思维在创造性思维中应用的很好的例子。

7. 模糊思维

模糊思维是思维主体根据客观世界和实践过程的模糊性,来把握思维客体的本质的一种思维形式。模糊思维使用不精确、非定量、模糊的方法来对事物的本质作出近似的、有灵活性的结论,又进而使思维更加的清晰和精确。

例如,当人们评价一个女性的美丽时,除了对其出众的外表进行赞叹外,对其内在的气质则更加看重,这种无法被人探究并很难用语言表达的潜意识行为,就是模糊思维最直观的表现。

又如,"四季如春"本是一个含义比较模糊的成语,同时还存在着同义反复或不合逻辑的语法毛病,但谁也不会考虑它的缺陷,而是对作模糊理解,使人产生理想中季节的美感;人们满足于对概念外延的模糊理解。

8. 定量思维

定量思维是使用各种数学语言和数学工具,对问题给予定量分析和精确的表述,同时还要做出相应的概略。

以上是思维的各种表现形式。而设计是一种创造性活动,在其活动的过程中,思维则是以多种形式出现的,并不仅限于某一种思维形式。

托马斯·阿尔瓦·爱迪生(Thomas Alva Edison,1847—1931)是迄今为止世界上拥有发明专利最多的一位科学家,他的记录至今仍无人能够打破。他每天给自己规定了必须完成的新想法的数量,是每十天至少一项小发明,每半年一项大的发明。

图 5.10 爱迪生发明的留声机

莫扎特也是一位非常盛产的作曲家，他的一生曾创作了数百首乐曲，其中不乏传世的不朽之作。巴赫即使在他生病或疲倦的时候也不忘坚持每周创作一首曲子。因此要想得到不断创新的成果，就要通过不断的创造来激活人的思维，从而打破传统的思维定式，从量变达到质变。

5.1.4 思维的训练

思维训练是目前世界上运用最广泛也最有效的智力开发方法，它是指在专业人士的指导下，有步骤、有计划、系统地、循序渐进地形成和发展各项思维技能。

思维训练可以强化对信息的敏锐洞察力和对事物本质的分析能力。思维训练要求训练者从现实需要出发，针对生活中的具体问题加以思考，从而找到解决问题的多种途径。20世纪中后期，创造性思维的研究越来越受到各国心理学家的重视，研究方法也越来越多。国外关于创造性思维的研究，有的注重过程，有的关注结果，从格式塔学派最早研究创造性思维到现在的认知心理学、创造学及人工智能和计算机的相关学科研究，已积累了大量的研究成果。现在常用的思维训练方法包括自由联想法、案例导航法、信息交合法、头脑风暴法、5W2H法（5W指Why，What，When，Where，Who；2H指How，How much）等。

有研究者对初中一年级学生进行了为时一年的有意识思维训练，最后发现，发散性思维、创造性思维和创造性人格都得到了显著提高。值得注意的是，思维训练不是一件简单容易的事情，更不是一蹴而就的，而需要目标明确、持之以恒、善于随机应变，并根据实际情况，选择正确的思维、假设、方法的训练方式。

思维训练的一般程序包括以下三方面。

（1）动机激发。利用多种方式创设新颖、有趣的问题情境来激发训练者的学习动机，唤起学生的有意注意，这是学生能否进行积极主动思维的前提。

（2）方法训练。提供用以解决问题的程序或具体步骤，普通的思维训练方法可分为分析性思维训练、创造性思维训练和实用性思维训练三种。这就要求我们在进行日常的思维训练时，要有目的的培养对于客观事物的理解和分析能力，提高自身的创新能力，并将自己的思维训练成果应用于实际的使用环境之中，才能真正达到思维训练的目的。

（3）品质培养，通过思维训练培养思维的深刻性、敏捷性、灵活性、批判性和独创性等品质。在锻炼日常的思维能力时，应着重培养敏锐的直觉能力和深刻的抽象思维能力，以及广阔的联想和丰富的想象能力，并运用科学理论指导和通过对日常生活中的资料分析，多培养、锻炼和提高对事物掌握的敏锐性。同时，尽量丰富掌握的知识体系，让思维更加缜密、全面。

5.2 工业设计的构思

造型设计的构思，是指在物品的造型时，产生新的创造性想法。造型设计的构思必须找到可以满足各种条件的解决方法。因此，可以根据造型设计实现的可能性，把它们分为四个阶段。

5.2.1 想象阶段(第一阶段)

该阶段是在做好前期分析及市场调研的基础上,发挥设计师的想象力,对事物进行判断,推理等形成较为抽象思维形象,这种思维形象不受现实的束缚,设计师可以放飞思维,大胆地去构思方案,而不用去考虑工程技术及经济等现实中的因素。

在这一阶段,可能会得到多样性的构思,并产生多种可选方案的结果。有些构思看似比较模糊,甚至初看起来很荒唐,然而经过反复的考虑与深入的设计,很可能成为一个很成功的设计。

这一阶段常常要求设计师突破想象力的限制,超越常识发挥想象。这时就要求设计师应该具备良好的艺术鉴赏力和审美判断力,同时能够将文化艺术融入进设计中去,在这一阶段的想象可依照以下的方法来进行:

1. 知识与经验的积累与提炼

设计师通过日常的设计实践与学习,将得到的知识与经验将与问题相关的知识体系进行整合,归纳、提炼,找出所需的部分,如产品的实用功能、美学功能、象征功能等相关知识等,从而合理的划分,产生正确的、有用的整合信息,继而产生合理的想象。

2. 造型想象

运用创造性的思维及技法,将设计者头脑中突然想到的形象直观地表现出来,这些想象会受到近代科学技术、文化艺术多方面的影响,是设计者个人或集体共同动脑筋的结果。如图5.11是澳大利亚著名设计师马克·纽森(Marc Newson,1963—)设计的Felt椅,其超越人们想象的造型和鲜艳的色彩,博得了人们的青睐,并因此成为澳大利亚现代家具设计的经典作品。

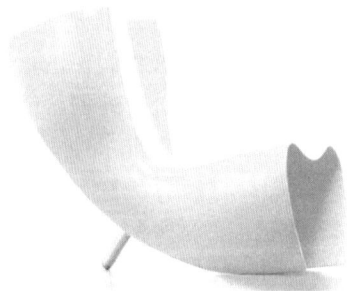
图5.11 马克·纽森设计的Felt椅

图5.12 带摄像头的手机

3. 增减法

在产品中增加或删减部分构件。在造型设计之初,必须对组成制品的各个元件加以分析。对各个元件逐一进行假设和分析,考虑哪些增加或者减少的部分,以产生新的创意。例如,在手机上增加摄像头,可使手机具备拍照功能;食盐中增加碘可制成可食用的碘盐等。

4. 逆向思维法

从常规思维的反方向来进行思考,往往会得到很多意想不到的结论,有一部分结论将会是非常有价值的。这一方法是要求从现有的方案或制品的反方向来进行思考。从反面来思考的方法，帮助人们打破思维定势，从传统的、不变的观念中解放出来，进而创造出新的、更有效的方法。进行逆向思维时，要注意不要走极端，必须从某种想法的反面进行认真彻底的观察与分析，从而发现新的有效的方法。例如，英国物理学家迈克尔·法拉第（Michael Faraday，1867—1917）在参观了丹麦哥本哈根大学（Københavns Universitet）所做的电流磁效应的研究成果后，想到既然电流能够产生磁效应，那么磁场能否产生电流呢，于是经过10年的努力，终于发现了著名的电磁感应定律。

5. 联想法

联想法是通过联想和类比的方法找到事物之间存在的共同点，从而进行比较的思维方法。一般来说，联想越多越丰富，创造性思维的成果越丰硕。在现实生活中，联想思维一直存在于人们的思维当中。

例如热气球的发明家法国造纸工人蒙戈菲尔兄弟，他们在厨房生火时看到受热气流影响而上升的碎纸产生联想，于是制作了纸袋，并将其内部装满热空气，发现纸袋很容易上升。通过这一发现，终于在1783年研制出了巨大的、装饰漂亮的热气球。

6. 类似法

类似法是将某类制品的特点或方法用到类似的物品上。只要制品之间有类似之处，就可以把想法用于设计中去尝试。但在进行类似法创新时应注意，同类制品的造型是仿造而不是类似法。

例如人们从面粉中加入发酵粉，可使面粉体积变大的现象中产生的类比，在塑料中加入发泡剂，生产省料、轻质的泡沫塑料。

7. 变更法

将某个设计的某一部分试着用另外一部分代替，会产生更好的机能。本方法适用于正在开发的新产品。例如，将常用的机床生产线改装成为具有切割激光头的新一代机床，使生产效率大幅度的提高。又如，将原有的手机按键改成触摸屏，既方便使用又节省了操作空间，还提高了使用效率。

8. 观察法

设计师的又一职责就是对现有产品进行改良，通过观察分析等方式，在原有设计的基础上进行改良，从而产生大的飞跃。

按照分析的标准可分为三类：

1）缺点列举法

缺点列举法就是通过发现、发掘事物的缺陷，把它的具体缺点一一列举出来。然后，针对这些缺点，设想改进方案的思维方法。

例如在30多年前，日本的很多篮球运动员反映篮球鞋底过于平滑，打球时经常打滑，并且影响投篮的准确性。于是日本人鬼冢喜八郎针对篮球鞋的这一缺陷，制作出带有凹底的运动鞋，就此解决了篮球鞋底容易打滑的问题。他还成立了运动鞋的生产公司，并且发展成为独树一帜的新品牌。

图 5.13 带底纹的阿斯克斯运动鞋

2）优点列记法

这是一种逐一列出事物优点，进而探求扩大和提高此类优点的创新方法。优点列举法与缺点列举法的思维方向正好相反，是通过找到和扩大事物的优点，来提高产品设计效率与成功率的一种方法。

3）希望点列记法

上述两种方法都是分析现有的产品从而得到的设计、改进的方法。而本方法是可以使设计师自由发挥，根据自己的意愿提出各种设想，可以不受现有制品的束缚，是一种更为积极，主动型的创造技法。

例如列奥纳多·达·芬奇（Leonardo da Vinci，1452—1519）在 15 世纪时就曾希望自己能够借助机械的力量飞上天。于是，他绘制了大量飞行器的预想草图。尽管他的这个设想在当时并未成功。但人们希望能够在天空翱翔的愿望，经过人们几百年的努力，终于成功了。

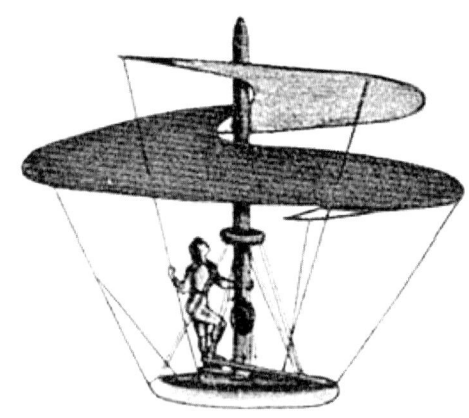

图 5.14 达·芬奇设计的直升机草图

5.2.2 初步设计阶段（第二阶段）

该阶段是从想象阶段向现实迈进一步。在这一阶段，设计师要考虑如何满足消费者的各种需求，明确设计的核心内容是什么，已有哪些形式和功能，设计的表现手法是什么。因此，该阶段的方案是比早期更加具体。设计师不仅要从初步的产品造型、色彩、材料、结构、表面加工工艺等进行思考，还要对产品的市场进行预测、可行性分析等，在各个方面做出相应的市场调研，并制定出相应的设计任务书，作为以后设计、评价和决策的依据。

在这一阶段，人与物的关系、物与物的关系以及物与环境之间的关系对于设计也至关重要。现代设计由于可利用的生产设备、方法、技术、材料和加工方法等日渐增多，产品的形态亦渐趋复杂。因此，现代设计较过去更为复杂，要考虑的问题和涉及的因素也越来越多，这也是现代造型设计所必须重点考虑的问题。造型设计师必须将设计置于"人－机－环境－社会"这个大系统中，将产品与使用者及使用环境的关系做了充分的分析后，产生更适合人的生活方式的设计和想法。

5.2.3 再设计阶段（第三阶段）

这一阶段是将创意想象具体化的过程，是一个特别接触实际的阶段。在这一阶段应更多的考虑产品的生产与销售因素，并同时根据研究的结果，绘制产品的效果图及零件图、结构图。为了将研究结果具体化，写出改进部分的研究报告，绘制草图以及进行样机的试制。该阶段中相对工作内容量较大，范较广。在进行该阶段时，应从以下几个方面进行思考：

1. 产品分析

对于该类产品近两年内的生产，销售及市场情况进行充分的市场调研及分析。主要的分析因素如下：

（1）社会条件。产品的档次及其针对的市场人群，一定程度上受社会环境的变化及同类产品竞争者的出现而出现相应的变化。

（2）经济条件。产品的价值因素会随着社会经济发展水平、产品的生产成本和价格变动而变化。优秀的设计可以提高产品的附加价值，提高企业的经济效益。

（3）技术条件。生产条件、设备技术等的变化也会影响产品效果的变化。技术越先进，能生产的产品的档次和复杂程度越高。

（4）政策条件。对于以往的经营活动的得失进行研究，围绕市场和目标消费者需求，制定出新的经营政策。这种经营政策的制定一般要提前2～3年完成。

2. 以人为中心的设计

"设计的目的是人而不是产品"，任何一件产品都是从人的需要为出发点而进行设计的。因此，产品设计应以人为本，从人的需求角度去设计。这时，设计师应从产品的易操作性，美学因素、文化因素以及产品与人的关系等因素入手，通过分析研究，深入到产品的使用环境中去设计。总之，在进行造型设计时，必须对现有制品进行人与物的关系的研究。

3. 材料选择

在产品设计时，应根据产品的功能及使用环境选择适宜的材料。由于现代社会大量新材料的不断涌现，使得设计师有更多的选择范围。在选择材料时，应根据它们的不同特性及组合方式进行选择。如图 5.15 所示，用各种新型材料制造完成的具有后现代主义风格的坐椅，其造型优美，并实现了以前家具设计很难完成的造型形态。

4. 结构设计

结构设计也是造型设计师所必须了解到的知识，解决设计中出现的各种与结构有关的问题，经常与结构设计师进行交流，是设计师重要的任务之一。根据产品的需要选择适当的结构，同时考虑到产品的耐用性，成本，及操作的适用性。

5. 成型工艺

多数产品材料都具有相应的成型工艺，造型设计师应根据产品的功能、结构和材料，选择适当的成型工艺，这一点是非常重要的。设计师还必须了解成型工艺的特点及其对产品造型产生的重大影响。图 5.16 所示是由美国著名设计师埃罗·沙里宁（Eero Saarinen，1910—1961）设计的郁金香椅，其外形线条流畅，造型完美，犹如一朵绽开的郁金香花。特别是采用了整体玻璃纤维挤压成型技术，外形好似一件雕塑，产生出现代美感。这种椅子一经问世，引起了美国巨大的轰动，成为使用新型材料和工艺的经典作品。

图 5.15　新型材料制作的后现代主义的坐椅

图 5.16　郁金香坐椅

6. 造型

伊利诺伊大学（University of Illinois at Urbana-Champaign）的达布林教授曾将工业设计的造型分为矩形、几何形、曲线形、复杂形四种基本形态。其中，他认为矩形是建筑基础的代表，几何型代表了产品的抽象形态及对于其功能的提示，曲线形代表了自由形状，复杂形是无法用数值表示的形状，只能用于工业造型设计的特殊部分，例如表面、花纹等。

在设计复杂的造型形态时，可以将上述的形态组合运用，以扩大设计造型的各种可能性。图 5.17 中的 PH 灯具，由丹麦著名设计师保尔·汉宁森（Poul Henningsen，1894—1967）设计的，其优美的造型一直得到世人的青睐，销售业绩也一直居高不下。直到现在，PH 灯具在欧洲的售价仍然昂贵，是高档和舒适生活的享受象征。

图 5.17　PH 灯具

7. 色彩

色彩的处理应根据产品的类型，以及外部环境等进行有计划、统一的色彩设计，产生具有系统化的色彩方案，切忌无计划的对色彩进行设计。否则，则会显得杂乱无章。

对一个产品的固有色，应尽量使其能够融入一个和谐环境，应尽量采取较统一的色彩计划。并从其装饰性、统一性、重量等几个方面来考虑。单独对产品的色彩进行研究意义并不大。另一方面，产品色彩设计应该能够提示出产品的功能，这样才能够与消费者之间形成心理上的共鸣，并与产品的使用环境相一致。如图 5.18 所示是意大利设计师设计的 VALENTINE 便携式打印机，就具有统一的色彩方案。

图 5.18　色彩统一的 VALENTINE 便携式打印机

8. 成本

在评价一个设计是否合理时，成本是一个设计师需要特别掌握的内容。这是一项重要的经济指标，关系到产品的竞争力及利润水平。在达到同样产品设计效果的情况下，成本越低越好。

5.2.4 改进设计阶段(第四阶段)

对于前一阶段的设计成果,经过与有关专业人员的讨论,决定对产品是否进行改进,哪些地方需要改进,直到最后绘制零件工作图,施工图纸,完成全部图纸以及设计说明书的编制。

同时根据使用者的需求,有计划地对产品进行开发管理活动。有效地积极调动设计师的创造力,以新的更合理、更科学的方式影响和改变人们的生活方式。

造型设计的四个阶段相互交错,很难严格地区分开来。在设计的各个阶段需要设计师具备不同的思维方式,前期的感性、跳跃式的形象思维能力和后期的理性、渐进式逻辑思维,都对设计的制作完善起着重要的作用。只有把这些流程全部走完,所有的设计才能真正意义上转化为产品,完成整个的造型设计的过程。

思考与练习

5-1 创造性思维作图题

请将下图分成大小形状都相同的图形(6种方法)。

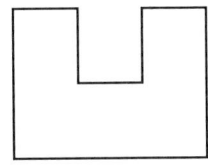

5-2 名词解释

(1) 逻辑思维
(2) 发散思维
(3) 逆向思维
(4) 缺点列举法
(5) 希望点列举法

5-3 思考题

(1) 请用发散思维法为自己使用过的某款手机设计改进方案。
(2) 请用缺点列举法进行改进电梯的设计(要求列举出10条缺点并一一改进)。
(3) 任选一种产品,进行仿生设计。
(4) 列举10种成功的异类组合案例以及5种不成功的异类组合案例。
(5) 请运用希望点列举法对电脑的音箱进行创新设计。

第6章 工业产品造型设计方法及程序

教学提示：工业产品造型设计的基本形式，是由节约、便利、高效及集成等目的和要求决定的。产品预想效果图则是把设计师头脑中的概念、构思和设想转化为可视形象最为快捷的设计方法之一，是工业产品设计的重要手段。

教学要求：要求学生了解工业产品的形式，特别要熟练掌握产品预想效果图的绘制技法，正确而快速地把设计中的概念、构思和方案用可视的图形表现出来，这是设计师重要的基本功之一。了解工业产品造型设计程序的工作内容和步骤。

6.1 工业产品造型设计的基本形式

工业设计的核心就是产品造型设计，就是解决设计、产品与人的关系，只是这种关系在不断地随着社会的发展变迁而改变着。因此对于工业产品的造型设计而言，应与时代的发展同步，系统地解决以产品为核心的设计问题，才能真正做到以人为本，满足社会的多元化需求。面对日益恶化的生存环境和消耗过度的能源，节约能源的小型化设计成为了工业造型设计的基本形式之一。随着人类科学、技术及文化的发展，影响产品的因素日益复杂，因此，系列化设计和组合式设计等系统设计方法更是设计方法理论与实践发展的必然选择。

6.1.1 小型化设计

人类进入21世纪，许多产品都在不断地缩小尺寸，这是从有效运用地球有限资源和环境保护方面考虑的。小型化减少了材料的使用，制造和运转的能量小，而效用、灵敏度、活性度和可靠度都有大幅增高。

设计师们利用高、精、尖的科技手段，设计中不断突破"轻、薄、短、小"的极限，产品结构不断地趋向小型化和简洁化。这种通过物品总量减少、面积减少、数量减少等量的缩减而实现生产与流通过程的节能化，达到经济的目的，实质就是以形式的最小化实现产品功能的最大化。图6.1所示为2008年丰田城市小车Concept car IQ，大胆革新了车辆的外观，在强调尽可能紧凑的前提下创造出宽敞的空间。图6.2所示为丰田个人移动概念车i—REAL，其驱动轮由两个前轮和一个后轮组成，当在人行道行驶时，驾驶者就可以选择二轮直立行"步行模式"，使得占地空间相对减少，而且驾驶员视线可以与步行者保持平行，能够很自然地与步行者进行交流；而在车行道行驶时，可以切换至三轮行驶"驾驶模式"，通过降低重心，从而进一步提升车辆的操控性能。

图 6.1　丰田 Concept car IQ　　　　　图 6.2　丰田 i—REAL

小型化设计是在保证产品的使用功能的前提下，尽量减小产品体积的设计，它有下列几种情况。

1. 便携式设计

便携式设计的对象，主要针对某些需要经常改变使用场所的较大型的产品。所以在便携式设计中，要在不影响产品的使用功能的条件下，尽量使机构或其中的大部件小型化、轻量化，使原来难于经常挪动的产品成为可以方便地单手携带的产品。

对于便携型的产品，一般不能期望缩小太多的体积，不然就要影响到它的功能和性能。便携式设计的关键，就是能方便携带。在保证实现功能的要求的前提下，一些产品可以通过缩小体形来实现；而一些产品，则是通过折叠，把原来大的整体尺寸变成一些小尺寸的部件组合。一些便携式产品如图 6.3、图 6.4、图 6.5、图 6.6 所示。

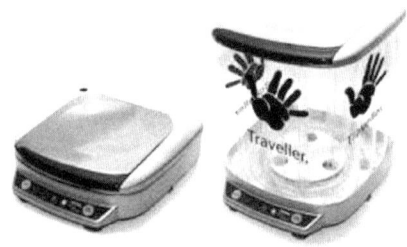

图 6.3　便携式 DVD　　　　　　　　图 6.4　便携式洗衣机

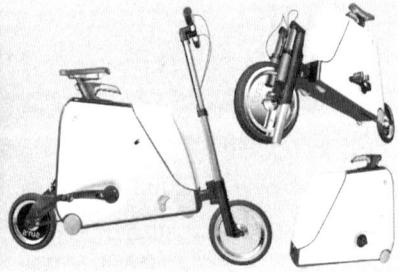

图 6.5　折叠式自行车

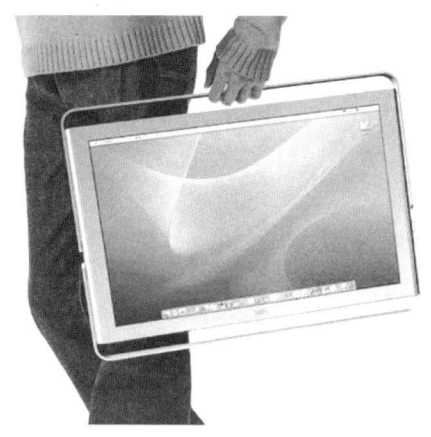

图 6.6　便携式显示器

2. 超小型设计

超小型化的设计是在保证产品原有的功能和技术指标的基础上，尽量缩小部件的体积，减小间隙来实现的。在进行超小型设计时，新技术的应用是首要的条件。但是超小型的设计也并不是所有的产品都能采用的形式。例如高品质的音频再生系统就无法采用这一形式。超小型的概念是在原有产品形态的尺寸上，尽量做得很小。但是，有的产品，由于功能的要求，是无法做得很小的。一些超小型设计如图 6.7、图 6.8 和图 6.9 所示。

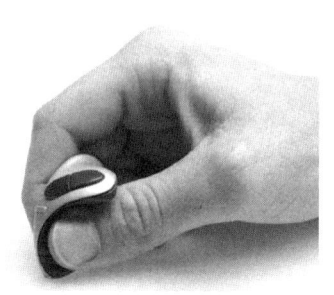
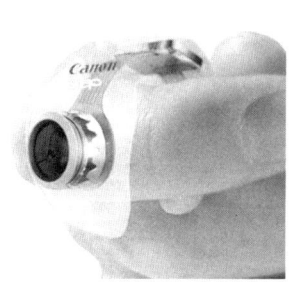

图 6.7　超小型鼠标　　　图 6.8　佳能超小型摄像机　　　图 6.9　View Sonic 超小型主机

3. 袖珍式设计

袖珍式设计是对那些随时随地需要，并且使用时操作较为频繁的产品所提出的设计要求。一般而言，所谓袖珍指物体的大小，能够满足装在衣服口袋里的要求。比如，对于常用的电脑，如果做成袖珍的，就可以装在口袋里；对于常用的鼠标，本来尺寸就不大，属于袖珍式，但还可以做成更小的超小型；但对超小型汽车而言，由于它必须能载人或者载物，是无法做成袖珍式的。袖珍型一定是超小型的，而超小型的就并非都是袖珍型的。袖珍式摄像机如图 6.10 所示。

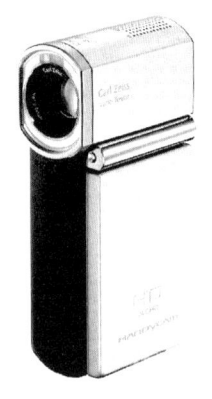

图 6.10　袖珍式摄像机

4. 简约型设计

简约型设计是实现小型化设计的主要手段之一，通过对产品简化，降低材料和加工程序。简约设计或称简约主义（Minimalism），在设计中强调"小就是美"、"少就是多"，将产品的造型简化到极致。

简约设计结合技术层面的创新，通过观念的变革，放弃那种过分强调产品造型在外观上标新立异的做法，而将重点放在使用的高效和创新上。图 6.11 所示为一款声称是目前世界上最轻、最小的收银机。其简洁的外形设计，节约了材料，简化了制造工艺，降低了能耗，节省了制造成本，结合先进的科技，最大化地实现了产品的功能。造型简洁的设计非常适合工业化批量生产。

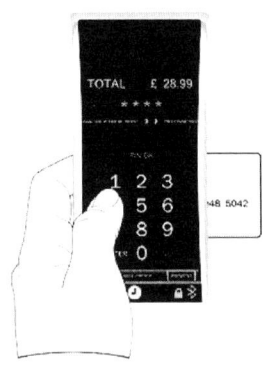

图 6.11　小巧收银机

5. 集成化设计

集成是实现小型化的必要手段。集成化是指把某些要素（或功能）集成在一起，形成一种或多种功能。在集成化中尽可能地用一个单体产品完成多项工作，以最少的造型投入，实现最多的功能产出。

集成化的设计着眼点在于考虑如何实现产品的零部件共享。在集成化的产品结构中，组成产品的各个部件间存在复杂的交互关系，各部件相互影响、相互依存，共同完成产品功能。在这样的产品结构中，产品的各个功能部件的界限比较模糊，对产品某一局部的改动，往往会影响到产品的其他部分和产品整体。当要增加产品的功能，或改变产品的形态时，一般都需要重新设计产品。图 6.12 所示的厨房产品为集成化设计，产品的各个部分与整体的关系密不可分，任何局部的改变或缺失，都会影响产品的整体完整性，导致对产品的重新设计。集成化产品的设计着重考虑产品整体的效果，造型结构通常比较简洁紧凑，如图 6.13 所示。

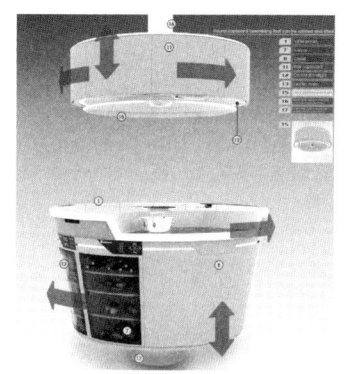
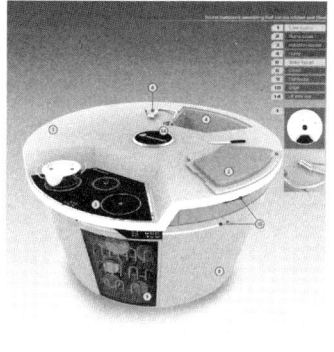

图 6.12　厨房的集成化设计　　　　　　图 6.13　Cooka 桌面电子烹调设备

6.1.2　系列化设计

系列化是将同一品种或者同一形式的产品，按照使用要求、规格等进行分组，以尽量少的品种数满足最广泛的需要，它是标准化的一种重要形式。系列化的作用有以下 3 个方面。

（1）合理简化产品的品种，提高零部件的通用化程度。

（2）使生产批量相对增大，便于采用新技术、新材料、新工艺。

（3）提高劳动生产率，降低成本。

1. 产品系列化的主要工作内容

1）制定产品基本参数系列

产品基本参数分为性能参数与几何参数两种，前者为表征基本技术特性的参数，如载荷、功率、转速、压力等，后者为表征产品重要几何尺寸的参数。

在选择参数系列时应注意以下原则。

（1）参数系列的选择既满足当前大多数需要，又考虑到长远的发展。

（2）参数系列要考虑同类产品和配套产品的协调。

（3）参数系列的选择要有合理的分档密度，并尽量选用优先数和优先数系。

同样，在选择产品参数系列的过程中，需要按照一定的步骤进行。

（1）选择产品的主参数。在基本参数中起主导作用的参数称作主参数。一般情况下，主参数为一个，有时也有两个，如电动机的功率、车床的最大加工直径和长度。

（2）确定主参数的上、下限值。

（3）在上、下限间合理地分档，以形成系列方案，同时满足功能目标和经济目标，选出最佳系列。

（4）主参数按照一定的规律进行分档、分级后，形成有规律的数列，又会导致有关的参数分级，此即形成了参数系列。

2）编制产品系列型谱

在产品系列确定之后，用技术经济比较的方法，从系列中选出最先进、最合理、最有代表性的产品结构，作为基本型产品，并在此基础上派生出各种变型产品，用图表的形式把基本型系列和派生系列之间的关系表达出来，称为产品系列型谱。它将作为产品系列设计和远景规划的依据。

3）产品系列设计

根据系列型谱的安排，在基本型产品的基础上充分运用结构典型化、零部件标准化、通用化等方法进行系列产品设计，尽量做到仅增加少数专用件就可以发展一个变型产品或变型系列，使变型和基本型产品最大限度的通用。

系列化产品根据不同的对象形成一个系列，色彩、形态等方面有强烈的统一感。不仅有共同的标准，还有相互合理匹配的参数与指标。

系列化设计中虽强调个体功能的实现及设计的个性，但任何单体的设计首先必须符合系列产品设计的整体目标，即产品功能逻辑上的统一性要求。以整体观念来协调系统中的诸多单体。在设计中要注意系统中各单元及其组合要服从系列产品整体目标的要求。同时又兼顾个体的独立性，实现其特定功能。如 YAMAHA 静音系列乐器产品（图 6.14），这些乐器有各自独特的演奏技巧和音质特点，同时，它们又共同组成了完整的演奏系统，满足人们的音乐欣赏需求。此外，作为静音系列，它们可以在同一场地进行互不干涉的训练。

图 6.14 YAMAHA 静音乐器

2. 系列化设计中的造型典型——家族化设计

在系列化设计中，要最大限度实现通用化、标准化，在技术参数和尺寸参数等方面形成一个合理的系列，同类产品的零部件互换程度高，在技术的层面上就形成了产品族的概念。

家族化产品也是为了某一共同使用目的而设计的产品族。但家族化设计的最大特点，是同一家族的产品在外观造型设计上，具有相同的"遗传基因"。这就和人相似，同一家族的人在外貌体形上具有非常显著的相似特征。同样，产品的家族化设计也在产品的外貌上表现出同一家族所具有的典型特征，如汽车、摄影器材这一类产品。在汽车的造型设计中，特别是汽车前脸，很多品牌都保持着其家族相貌特征。如宝马的"双肾型"格栅，已经成为宝马品牌最具标志性的识别特征，以及吉普的七孔进气格栅、凯迪拉克的网状格栅和奔驰的横幅格栅等。宝马、吉普、凯迪拉克、奔驰的前脸分别如图 6.15、图 6.16、图 6.17、图 6.18 所示。

图 6.15　宝马的前脸

图 6.16　吉普的前脸

图 6.17　凯迪拉克的前脸

图 6.18　奔驰的前脸

6.1.3　组合式设计

组合式设计就是将产品分成若干个独立的单元，并按照不同的需要进行组合。组合式设计也叫模块化设计（Modular Design），它属于标准化的范畴，是标准化发展的一种形式，是标准化原理的具体应用。它其实就是将产品的某些要素组合在一起，构成一个具有特定功能的子系统，并将该子系统作为通用模块，必要时可以进行标准替换。子系统中的要素与其他产品要素进行多种组合，构成新的系统，产生多种不同功能的产品。

目前市场上的组合式家具、组合式灯具、组合式音响，甚至组合式文具等组合类设计产品在生活中随处可见。人们对于组合式产品最深刻的印象就是组合式产品可以拆分成很多具有独立体系的组合单元，这些体系作为个体可以根据不同的需要和爱好，灵活地组合成不同风格的成套产品。这种模块化的组合设计方式，为每一位用户提供了更加灵活和方便的产品组合空间，由此产生的多样的效果，可以使生活变得更加丰富多彩。

1. 组合式设计的优点

组合式设计中的个体模块，作为构成产品的单元，具有独立运作性、一致的几何连接口或一致的输入、输出接口。相同种类的模块在产品系统中可以互换和重用，相关模块的排列组合就可以形成不同的最终产品，这使得组合式产品设计具有以下优点。

（1）实现模块的组合配置。可以创建适合不同需求的产品，满足客户的个性需求。

（2）实现相似性的重用。既可以重用已有零部件和已有设计经验，也可以重用整个产品生命周期中的采购、物流、制造和服务资源。

（3）减少产品工程复杂程度。因为模块是产品部分功能的封装，产品设计人员在使用某一具体模块时根本不用关心其内部的结构、原理以及功能，这就有利于提高功能模块的质量，降低工程复杂性，使研发人员更加关注实现产品主要功能，提高产品工程的管理质量和整体的可靠性，也有利于维修。

（4）提高产品的运输量以及运输的便捷性。因为组合的叠加或者单体的拆放能够减少运输空间的浪费，同时也会方便产品的搬运程度，所以只要有简单的运输工具，顾客就能自己方便带走并能够自己拆装。

由于组合式设计具有以上优点，它已成为企业在产品设计和生产制造领域的规范和所追求的目标。但在运用中也要注意，模块间的独立性可能带来结构上的冗余，从而增加产品成本。模块之间的连接问题，也可能造成产品性能及可靠性的降低。

2. 组合式设计分类

基于形式和功能要求的组合式设计可以划分成 4 种：装配式设计、成套化设计、集约化设计、组配式设计。每种形式都体现出了从个体元素到其功能的一一对应关系。

1）装配式设计

装配式产品在使用时，可以很容易地装配成完整的形式，不用时，肢解成若干部件。这是装配式产品的特点。装配式产品是以产品系统中的某个基本设备单元作为结构母体，通过连接其他的功能单元来执行不同的任务。

通过设计固定的主体式模块，整个产品体系中的所有个体产品中均有相同的主体模块单元连接口，而主体模块只承担具体的一种功能。以图 6.19 所示沙发的设计为例，把沙发的坐面体当作一个主体模块，靠背、扶手则可设计成个体模块与之采用一致的接口方式连接，当要改变坐姿时，通过改变靠背或者扶手等个体模块就可以方便的实现，从而打破了沙发靠背与坐面一体化的常规设计，使之更加灵活多变。

图 6.19　沙发的设计

一般装配式产品的现场装配不需要太多的专业技能，用户都能容易地装配成形。这与某些复杂机构的工业产品在销售中的组装是完全不同的概念，那只是将属于整机组装的工序运至销售点进行，并且组装后一般就不再拆卸。

图 6.20 是典型的主体式模块的例子，椅子的左右侧板是主体模块，通过插入不同的子模块来形成不同高度和使用功能的坐椅。

图 6.20　Metha Sitachit 产品设计

2）成套化设计

成套化设计主要是把一些经常在一起使用，或搭配在一起才能满足生活或工作上某些特定的需要的物件组合在一起的设计。对这类产品设计应充分考虑如何给使用或收藏带来最大方便，这是成套化设计的出发点。按照使用要求和习惯等，要成套使用的物件，在形态、造型或者纹样等方面要有联系，如餐具或者卧室里的家具——床、床头柜、衣橱等，造型风格一致。

图 6.21 所示餐具，虽然碗、碟、杯、盘形态各异，在形态上用同一的纹样进行装饰，加强了产品系列的统一感。图 6.22 所示的儿童系列家具，床、衣柜、书架、书桌等彼此相对较为独立，但因为属于同一功能空间而成为一个系列，通过相似的色彩、材料和形态要素来增强统一感。

图 6.21　成套化设计的餐具

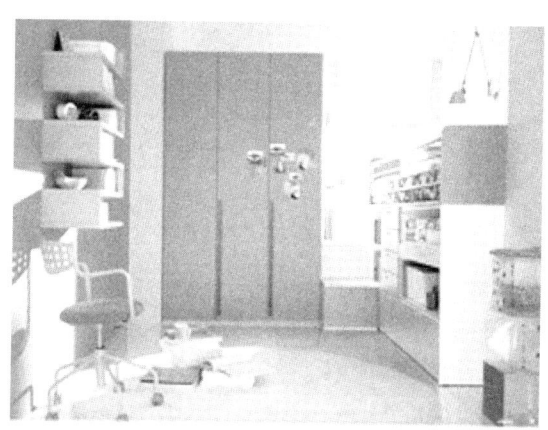

图 6.22　儿童系列家具

另外，成套化设计中，功能组合方面分为两种：相同功能的组合体以及不同功能的组合叠加（图6.23）。

图6.23　成套化设计

3）集约化设计

集约化设计的单体，都能相互套叠在一起。最常见的是如家庭中使用的水杯、茶具等；公共场所的椅子、凳子等；超级市场的购物篮、手推车等。集约化设计的特点是成组出现，使用过程中单独个体的功能相同但不相互影响，使用前和使用后要易于收纳。所以在设计单个产品时，要考虑到产品收纳的方式。

集约化设计有利于产品的管理和使用。当产品是用于公共场所为大量人群使用时，设计的材料要耐用，造型相对比较简单，如图6.24所示。而在图6.25中，折叠的汽车在停放时，互相叠靠在一起，节约了大量的空间。

图6.24　椅子（Metha Sitachit 产品设计）　　　图6.25　折叠汽车

4）组配式设计

组配式设计的主要特点是各个单元可以任意的组合与搭配，各个单元形成的是网状的交织结构，每个单元至少必须提供两个独立的连接点，这样才能与其他单元形成完整的联结方式。

图6.26中的书架，就是通过搭配组合成各式的造型，甚至可以组合成富有创意的形态，随心所欲，给予消费者再次创造的空间。

工业产品造型设计方法及程序 第6章

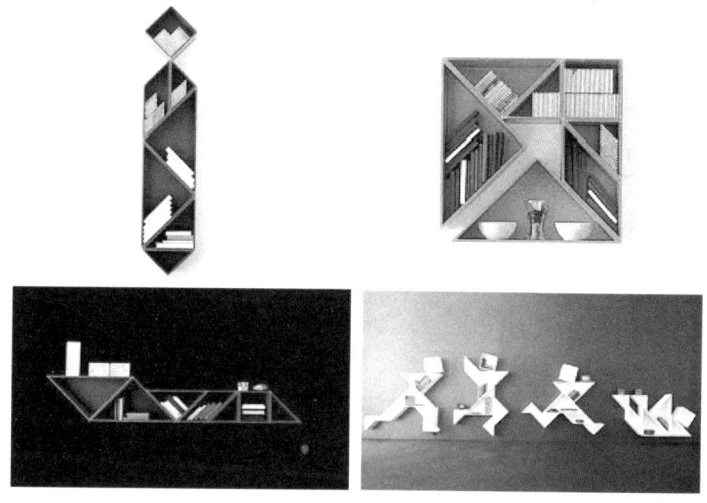

图 6.26 组配式书架

6.2 工业产品设计表现

工业产品设计表现是设计师在产品造型设计过程中，运用各种媒介、技巧和手段来说明设计构想、传递设计信息、交流设计方案并藉此征询评审意见的工作，是整个设计活动中将构想转化为可视形象的重要环节，产品预想效果图是其中较重要的设计表现形式。在设计过程中，效果图以透视图法为基础，对新产品的形态、构造、材质、色彩、光影乃至环境气氛等预想效果进行综合表现。工业生产的投入是巨大的，在产品投入生产之前要经过反复的论证和修改，预想效果图就肩负着最初的这种评价重任（后期的评价还有模型、样机、虚拟现实等），所以效果图就应该具有能充分体现出新产品的设计理念的说明性，体现出新产品在使用功能上的创新性和在满足精神功能上的审美性。效果图承载着产品的审美主体角色，也肩负着形态创造、工程分析乃至市场前景的重任。

6.2.1 产品预想效果图的特征

预想效果图是设计师最常采用传达设计信息、研究设计方案、交流创作意见的专业语言之一。设计师除了具有广博的工程和科学技术知识以及对社会、经济、文化和人类需求的深刻理解之外，应掌握包括效果图绘制在内的各种设计技能，才能充分施展其创造潜力。效果图绘制是设计师必备的专业能力和素质，也是体现其创造能力的重要标志之一。

作为一种专业性很强的应用绘画，效果图技法是设计人员必备的基本功，也是区别于其他工程技术人员而独有的造型语言，比较其他设计表现手段，产品预想效果图具有以下特征。

（1）说明性。预想效果图能对产品造型的形、色、质作全面而深入的表现，较之草图、透视图、三视图等能更真切、更具体、更完整地说明设计创意。在视觉感受上建立起设计者与他人进行沟通和交流的渠道。从图形学的层面考虑，简单的图形比单纯的语言文字更富有直观的说明性。因此，预想效果图具有高度的说明性。

（2）启发性。描绘尚未存在的新产品形态，可使人们联想到未来的使用状况，进而激发设计者完善新产品的创造美感和对观者的直观性的启发。

（3）广泛性。效果图是根据人的视觉规律在平面上再现立体物象的图形，因而比工程图更直观和具象。观看者不受职业的限制，皆可一目了然地了解设计物的状况和特点，因而设计师的设计理念可获得更加广泛的传达范围，获得更多的反馈信息，有助于进一步完善新产品的设计。

（4）快速性。在设计过程中，设计师往往要在短时间内提出多种设计方案以供选择和进一步扩展。准确、迅速而美观的效果图比费时费工的模型制作要经济、简捷，具有更高的效率。

（5）准确性。预想效果图要求尽可能忠实于设计方案，对画面形象的准确性和真实感要求较高，不能随意作主观的变形或夸张，因而在画法上要求工整细致。在客观地表现设计的完整造型、结构、色彩、工艺精度基础上，建立起设计者与观者之间的准确媒介。

（6）审美性。预想效果图虽不是纯艺术品，但也有一定的艺术魅力，优秀的效果图融艺术与技术为一体。一幅表现力强的设计作品，在带来审美享受的同时，也反映出设计师的设计实力和创作个性，对新产品具有更直接的说服力。

（7）程式化的表现技法。相对于传统绘画而言，效果图更注重简洁提炼的表现技法，对光影、色彩、质感的表现也更为概括和程式化，更强调共性而非个性。创作的步骤和技法较为理性化和公式化。

6.2.2 产品快速设计与表现

为了提高效率，预想效果图应在最短的时间内呈献给观者。绘制产品预想效果图时，凭借于绘画的表现规律和原理来描绘想象中的产品形象。因此，掌握和熟悉快速表现预想效果的基本规律和原理是十分重要的，即使对于没有绘画基础的设计人员或工程技术人员，只要学习和掌握了这些原理，通过一定的练习和实践，也可以画出满足传达要求的设计效果图。反之，要是不了解这些基本规律，即使是具有一定绘画经验的人，未必就能得心应手地画出具有说服力的效果图来。

1. 确定设计主题

主题的建立，有助于风格、线型、结构、造型的形成。即以主题为目标，便能准确地对设计定位，随之线型的确定、结构造型的形式和风格的形成，也会有的放矢，使设计者有了明确的设计定向。

1）设计草图

设计草图是设计师将自己的想法由抽象变为具象的一个十分重要的创造过程。它实现了由抽象思考到图解思考的过渡。它是设计师对其设计的对象进行推敲理解的过程，也是综合、展开、决定设计、综合结果阶段有效的设计手段，如图6.27～图6.30所示。

在设计草图的画面上往往会出现文字的注释、尺寸的标定、颜色的推敲、结构的展示等。这种理解和推敲的过程是设计草图的主要功能。

优秀的设计师都有很强的图面表达能力和图解思考能力。构思会稍纵即逝,所以必须有十分快速和准确的速写能力。

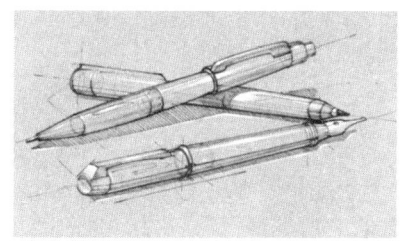
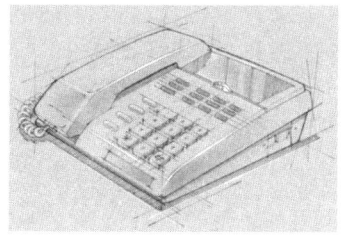
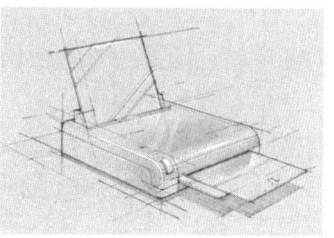

图 6.27 速写草图(线条肯定,造型严谨)

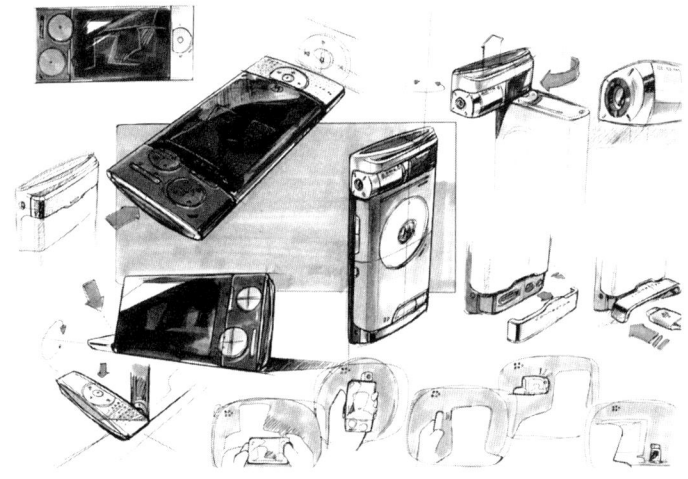

图 6.28 手机方案草图(刘建业)

图 6.29 汽车手绘草图步骤(刘建业)　　　图 6.30 汽车手绘草图(刘建业)

从草图的功能上可分为记录草图和思考类草图。

（1）记录草图。草图作为设计师收集资料和进行构思整理用的。草图一般十分清楚翔实，而且往往画一些局部的放大图，以记录一些比较特殊和复杂的结构或形态。这类草图对拓宽设计师的思路和积累设计经验也有着不可低估的作用。

（2）思考类草图。利用草图进行结构和形象的推敲，并将思考的过程表达出来，以便对设计师的构想进行再推敲和再构思。

思考类草图更偏重于思考过程，一个形态的过渡和一个小小的结构，往往都要经过一系列的构思和推敲。而这种推敲靠抽象的思维往往是不够的，要通过一系列的画面辅助思考，如图 6.33 所示。

设计草图是设计者同设计伙伴和设计委托人之间交流信息的手段。设计草图的绘制无论在方法还是尺度上都是多种多样的。往往同一画面里既有透视图、平面图、剖面图，又有细部图，甚至结构图。构思草图的表达大都是片断式的，显得轻松而随意。

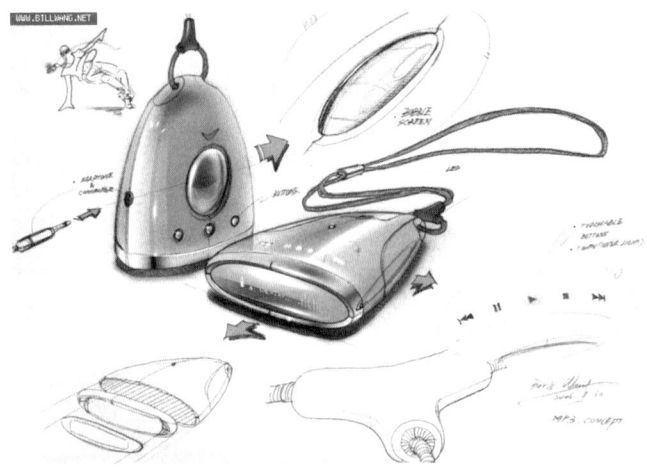

图 6.31　MP3 方案设计草图

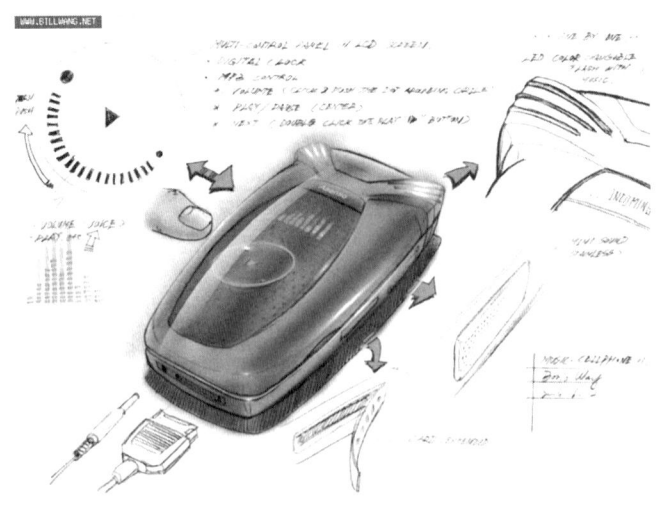

图 6.32　手机方案设计草图

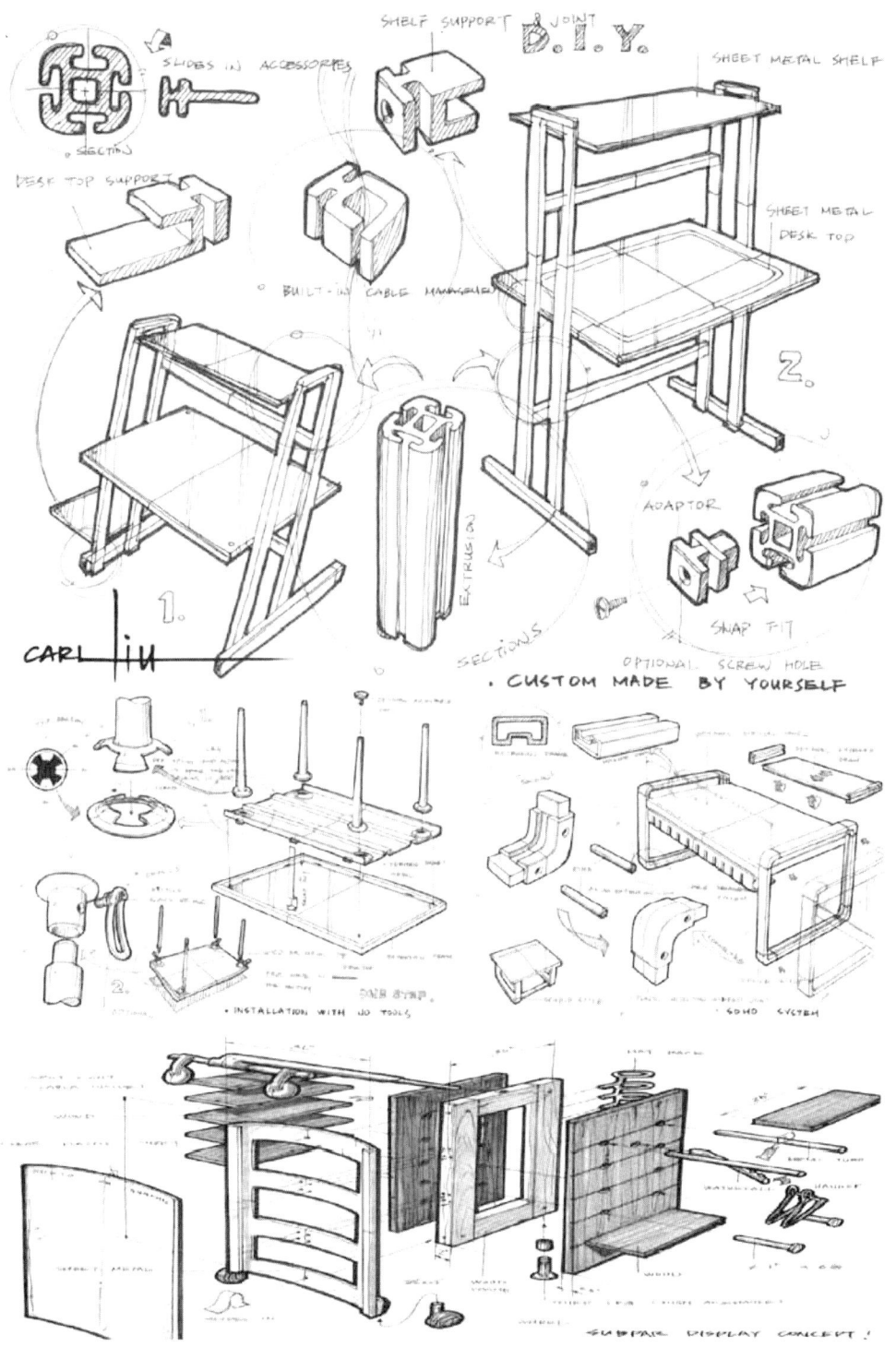

图 6.33 手绘作品（CARI LIU）

2）效果图

效果图根据大致类别和设计要求可分为展示性效果图和投影图法效果图。

（1）展示性效果图。当设计已经较为成熟、完善时，作图的目的大多在于提供决策者审定，作为实施生产时的依据，同时也可用于新产品的宣传、介绍、推广。这类图对表现技巧要求较高，对设计的内容要做较为全面、细致的表现。有时还需描绘出特定的环境，以加强真实感和感染力，如图6.34～图6.36所示。

图6.34　奥迪汽车设计效果图

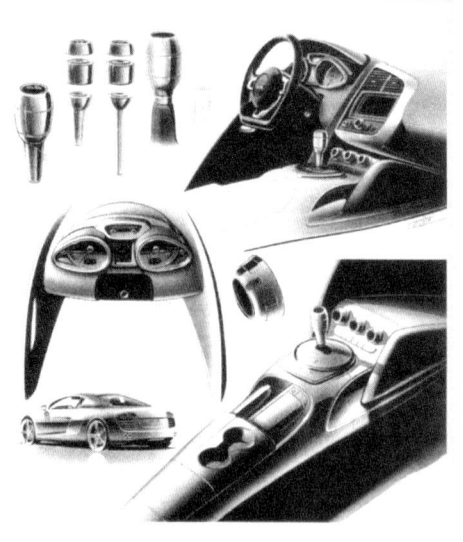

图6.35　奥迪汽车内饰设计效果图　　　图6.36　mini cooper 汽车设计效果图

计算机辅助设计（CAD）系统正逐渐成为设计过程中不可缺少的角色。随着三维软件功能的不断强大，展示性效果图也从传统的手绘方式转变为电脑绘制。这些三维软件不仅给设计者提供了更为灵活的设计空间，也提供了强大的材质、灯光等渲染系统，使设计者能充分发挥自己的想象力，丰富了表现手段，如图6.37～图6.43所示。

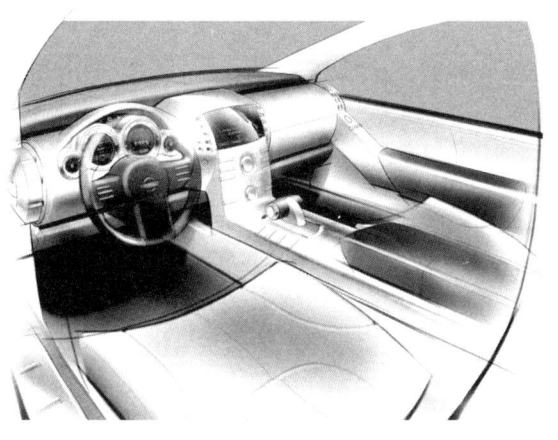

图 6.37　结合计算机渲染技术的汽车内饰设计

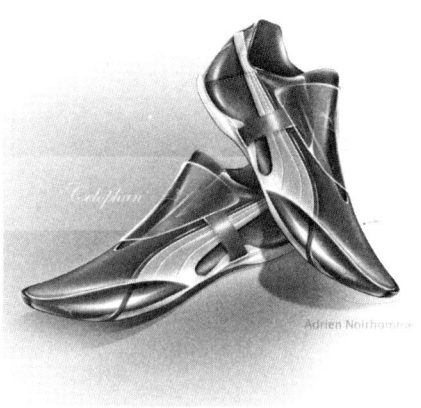

图 6.38　彪马运动鞋设计

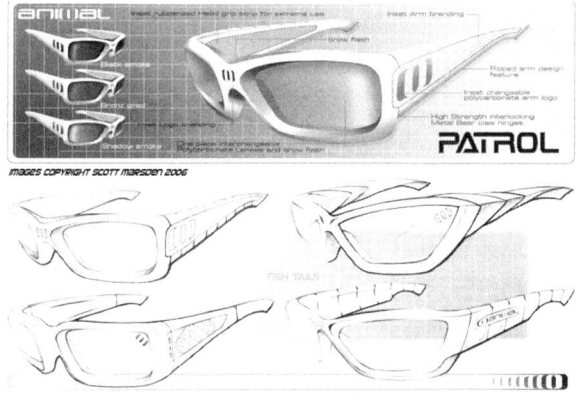

图 6.39　PATROL 眼镜设计效果图

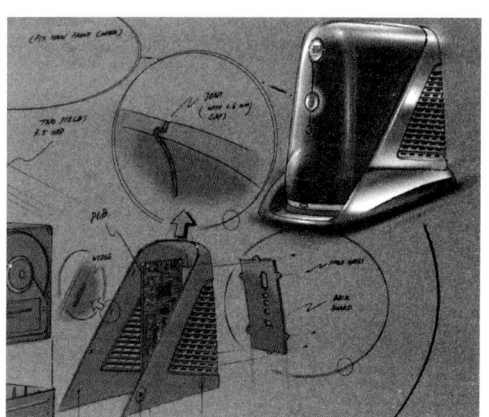

图 6.40　机箱设计效果图

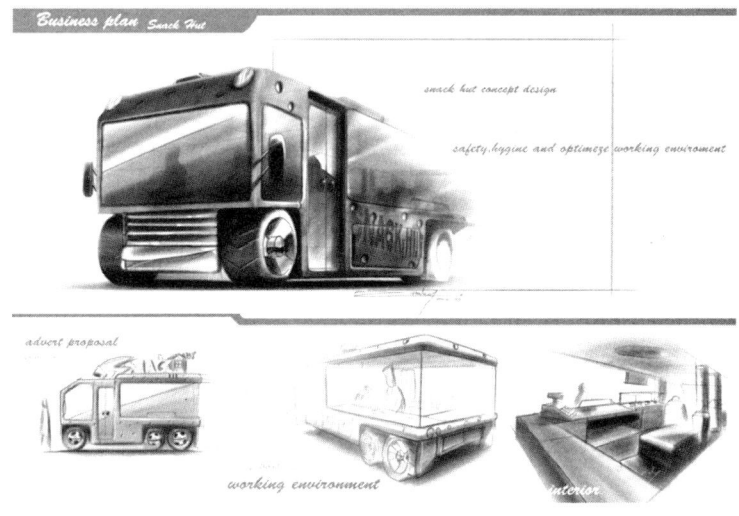

图 6.41　房车设计电脑效果结合手绘效果

图 6.42　现代汽车设计电脑效果图　　　图 6.43　摩托车效果图（展现车型和色彩材质效果）

（2）投影图法效果图。工程图是利用正投影法绘制的，表示机件结构与尺寸的图形称为视图。产品形体的难易程度不同，需要的视图数量也会发生变化。一般用 3 个视图就基本可以清楚地表现产品的形态。但有时，3 个视图还不能全面地表现出产品的形态，这时，就需要四视图、五视图或者六视图，甚至更多的视图。投影图法效果图是直接利用工程图（或选择其中的几个视图）来制作的。特点是作图较为简便，尺寸、比例没有任何透视误差、变形。缺点是表现范围较窄，难以显示立体感和空间视觉形态，如图 6.44 和图 6.45 所示。

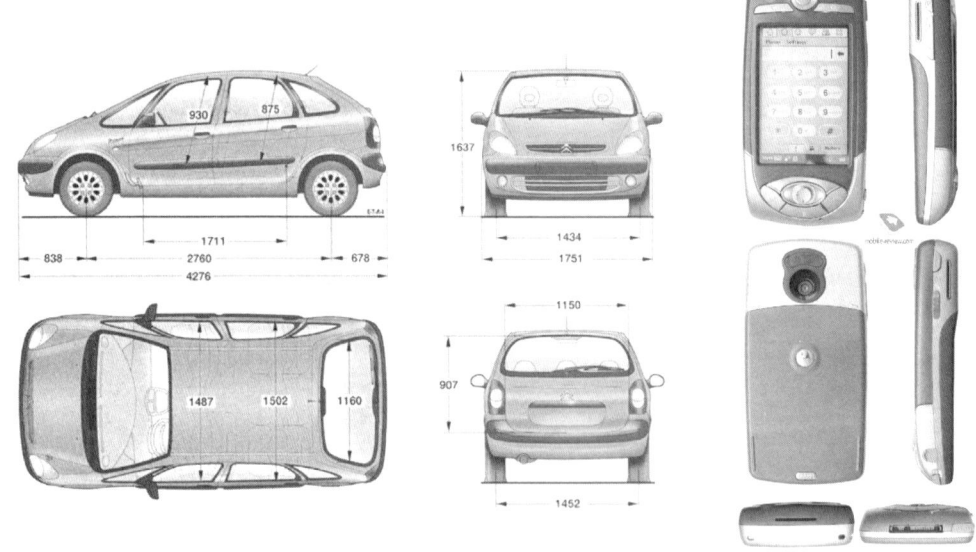

图 6.44　雪铁龙汽车四视图　　　　　　图 6.45　摩托罗拉手机六视图

3）透视图

透视图是绘制效果图的基础。只有能正确地运用透视原理和方法，才能准确绘制出产品外形的立体轮廓，符合人的视觉所看到的空间立体形象。

在现实空间中观察一个三维物体时，它是具有透视变化的。所以要想使效果图真实而准确，就必须正确地将这种透视关系表达出来。大部分产品都有较固定的使用状态，并和人的视线形成稳定关系。因此，在表现这类产品时，应尽可能选用和实际使用状态类似的视平线位置，这样才能使表现出来的产品具有很强的真实感。

（1）透视的基本概念。人们生活中所看到的物体都是以立体空间关系存在的，在设计表达的过程中，通常需要将空间三维的产品通过二维的平面加以表达，也就是通过平面表现出立体的形象。

当人们凝视一件物体时，会站在一个固定的点，就如同照相机的镜头，这时眼睛的位置成为视点。当观察者和物体之间放一块玻璃（透视图所在的画面），如图6.46所示，从观察者的视线出发与物体的各点连线，每一条连线都会与画面有一个焦点，顺序连接这些焦点所形成的图形就是物体在平面上所成的透视图。

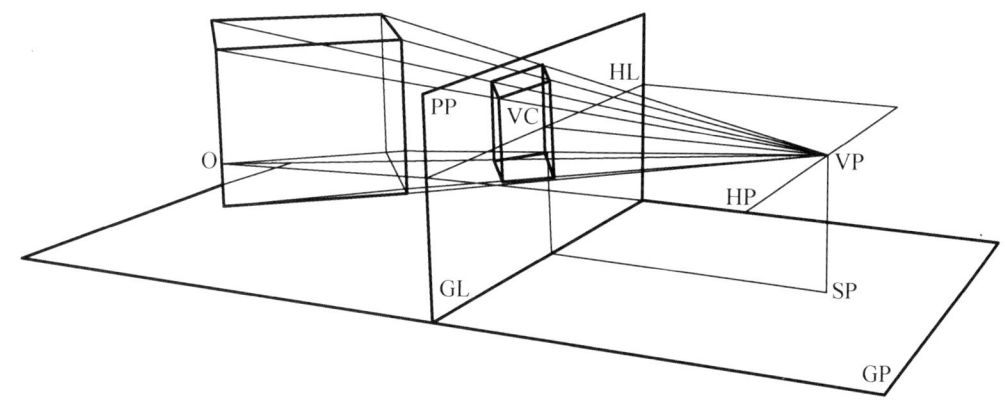

图 6.46　透视图

（2）透视术语。结合图6.46，介绍透视图的有关术语。

画面（Picture Plane，PP）：绘画透视图的直立面，透视图就是绘制在这个平面上的。

基面（Ground Plane，GP）：也称物面，放置对象物的水平面。

基线（Ground Line，GL）：水平基面与画面相交的线。

视点（Visual Point，VP，）：眼睛的位置，即投影中心。

驻点（Stand Point，SP）：视点在基面的正投影，即画者立足之点。

视心（Visual Center，VC）：也称心点，视点在画面的正投影，也是主视线与画面的焦点。

视平线（Horizontal Line，HL）：过视点的水平面与画面相交的交线。

物体（Object）：绘画的对象物。

主视线（Main Visual Line，MVL）：过视点画垂直于画面的视线。

视线（Visual Line，VL）：视点与物体上任一点的连线。

透视投影（Perspective Projection）：视线与画面的交点。把画面上的若干交点连接起来，就形成透视图。

灭点（Vanishing Point，VP）：又称消失点，空间直线上无穷远点的透视。凡平行于基面的直线其灭点必处于视平线上某一点。

视高（Visual High，VH）：视点到基面的距离，即 VP 至 SP 的距离。

视距（Visual Distance，VD）：视点到画面的距离，即 VP 至 VC 的距离。

（3）常用的透视图。一般透视画法皆以立方体的画法为基准进行分类。

① 平行透视。平行透视亦称为一点透视，在平行透视的透视图中，仅进深方向的线与

画面相垂直，形成一个灭点，灭点即为视心。而与画面平行的各边保持原方向不变，没有灭点。

平行透视是一种简易透视图法，特别是表现形体的正立面状态比较复杂的物体更为方便。做图时视平线应设在稍高于产品的上方，这样，可以更集中展示产品的正立面功能及细部结构（图6.47）。

② 成角透视。成角透视亦称两点透视，成角透视的透视图中，构成立方体的三维坐标系与画面的三坐标系仅一个轴相平行，而其他两轴分别成某一倾斜角。两个倾斜角的轴线方向两边分别存在灭点，两个灭点在与之等高的视平线上视心的两侧。它们与视心的距离根据各自与画面所成夹角的大小而定，但一般应使主要表现面与画面的角度小一些（图6.48）。

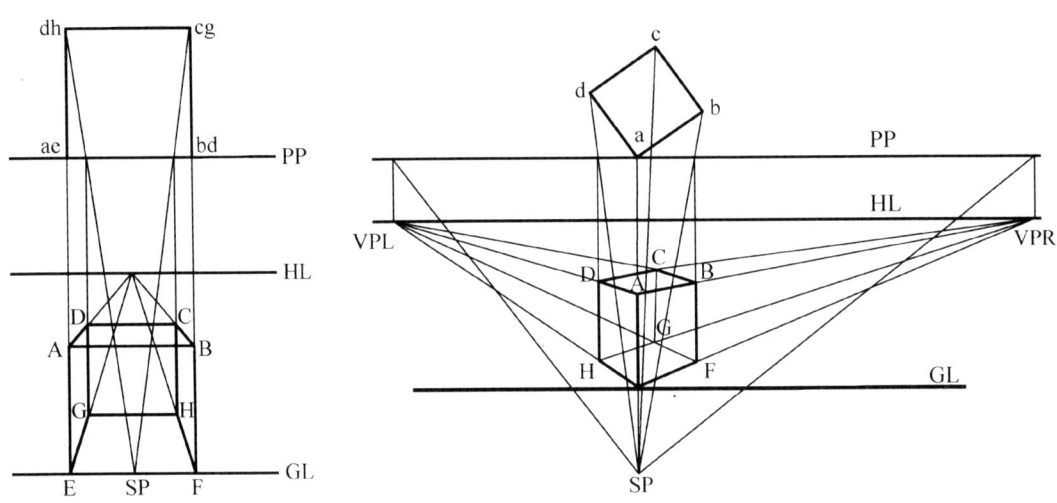

图6.47　平行透视作图法　　　　图6.48　成角透视作图法

对于外形复杂的产品，可先将其抽象归纳为长方体，确定长、宽、高的尺寸，然后再按程序画出产品的透视形态。

掌握透视图的绘制方法是为了绘制预想效果图作准备的，而具体透视图的绘制方法和内容比较多，可参阅绘制透视图的资料和书籍，这里不再赘述。

2. 色彩的运用

1）形体的明暗

效果图中色彩关系的处理，以及运用色彩来表现不同材质和肌理效果是效果图的基本任务之一。

工业产品多为几何形体的组合，表面因受光情况不同形成了明暗层次的变化，这种明暗与光影关系的变化，反映在色彩效果图中则以色彩的明度和冷暖对比关系表现出来。因此，对形体不同的面进行色彩关系的分面处理十分重要。色彩分面的基本规律如下。

主要受光面：亮面，其色彩明度较高，色彩倾向以光源色为主，加物体固有色构成。

次要受光面：次亮面或中间色，其明度较亮面稍低。与亮面相比，它的光源色成分减弱，固有色成分增强并占主导地位，环境色对其亦略有影响。

高光：明度最高，其色彩主要成分是光源色。若高光面积较大，则略带有固有色成分。

背光面：包括暗面和影子两部分。暗面的色彩明度大大低于亮面和次亮面。其色彩构成主要是强调固有色＋环境色＋光源色的对比色。暗面的明暗交界线和投影部分的明度最低，并带有光源色的互衬色倾向。例如，效果图中一般设黄白色倾向的阳光为标准光色，而阴影部分应稍带有蓝紫色的倾向。

在效果图中，有意识地运用这些色彩的规律，可以有效地增强效果图画面的立体感、空间进深感，同时增加画面真实感和趣味性。但效果图用色情况不同于绘画中的色彩表现，并不需要考虑太多的色彩关系，也不用研究色彩的微妙变化，适当地使用颜色，以求达到对观者的视觉刺激和信息传递就足够了。

2）正确处理明暗光影

在物体的透视轮廓确定之后，还需依靠光影和明暗的对比规律和画法来进一步表现产品造型的立体感及其外表面的凹凸起伏的变化。

在掌握绘画的三面五调的明暗表现法则的基础上，设定光源方向，根据不同光照角度，用深浅不同的色调来区别和确定物体的受光面和背光面，划分物体的明暗层次，如图6.49所示。在效果图中，阴影对表现物体的立体感十分重要。

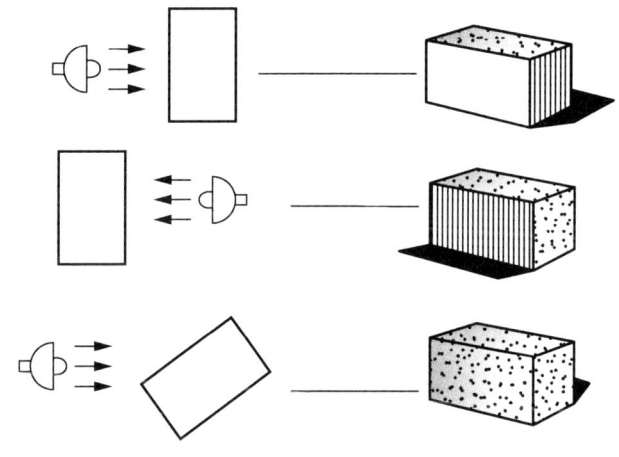

图6.49 不同光照角度的明暗光影表现

要快速绘制效果图，夸张色调的明暗，减少没有视觉作用的线条细节十分重要。例如由玻璃或镀铬材料制成的物体，加强边缘双线的对比，最终使物体能够较好地从背景中突出出来。

在透视学中，透视阴影有严格而复杂的几何画法。而在效果图绘制中，没有必要采用繁琐的几何学方法绘制阴影，一般根据原理和经验用模拟阴影的画法绘出近似的阴影即可。很多时候，阴影的作用是最大限度地突出产品，因此在画面中，不惜忽略其前后的浓淡变化，甚至是全黑，以求得较好地衬托产品。图6.50所示为日本著名马克笔绘画大师清水吉治绘制的产品效果图，其中对明暗关系的处理采用了快速设计中的夸张手法。

图 6.50　产品效果图（清水吉治）

3. 质感的表现

效果图着色还要取得质感效果。质感指产品材质及表面工艺处理所形成的视觉特征，如材质的坚硬或柔软、表面肌理的粗糙或细腻、光洁度的高或低、透明感的强或弱、质地的松或紧乃至材质的轻或重等。质感的处理是产品造型设计的重要因素，因此，表现质感特征是效果图的基本要求，如图 6.51 所示。

现实中产品的材质种类繁多，其质感特征千差万别，即使是同一种材料，不同的加工处理和肌理设计也会产生不同的视觉效果。究其原因，各种质感的效果都是由于不同材质的表面对光的吸收和反射的结果。因此，将材质归纳起来，可大致分为如下4类。

（1）反光而不透光的材料——这类材料在产品设计中运用最广。如金属、陶瓷、不透明塑料、镜面材、油漆涂饰表面等。这类产品由于工艺精密，质地细腻，一般表面比较光洁，明暗过渡比较柔和，但对比强烈。高光处可以不画而留白，同时加重暗部的处理，笔触应整齐平行，宜用直尺来画。其中电镀表面略有所区别，用徒手画的办法画出略带曲折的反射影就显得很自然。

（2）反光且透光的材料——透明玻璃、透明或半透明塑料等。这类产品可直接借助环境底色画出产品形状和厚度，注意处理好反光部分。有色透明材料也是在底色的基础上稍施加本色即可恰当地表现。

（3）不反光也不透光的材料——未经涂饰的木材、橡胶、纺织物，如呢、毛、绒织物等。这类物体质感表现注意力应放在强调其纹路与质地的感觉，而不去特别表现光影明暗的情况。

（4）不反光而透光的材料——如纱网、纱巾等网状编织物，这类产品成型工艺方法很多，染色自由。

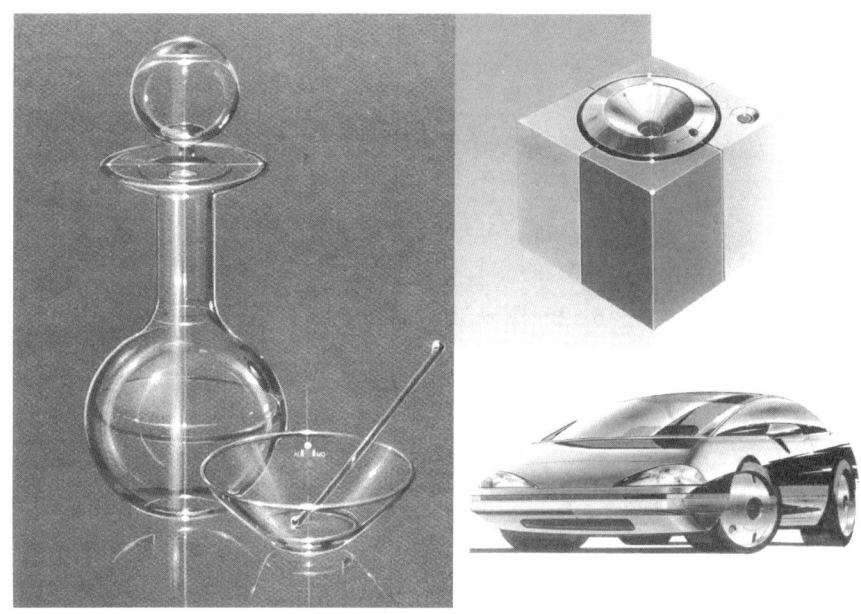

图 6.51　产品质感表现（清水吉治）

对于材料质地的粗细、硬软、透光、反光等区别，在绘制过程中可以运用纸张的质地，加上材料本身的色彩，表现出它们的个性。设计师要想有效地表现材质之间的区别，必须精通表现技法，不断地进行精密的描写。通过不断地细心观察，比较分析各种质感的视觉特征，在实践中提炼出一些简练而有效的质感表现方法或程式。这些方法或程序或许不是对自然物象的绝对写实，但必须有说服力地表现出人们通常对某种材质的感觉和印象。

4. 综合协调画面效果

画面构图、色彩配置、背景及画面装饰处理，是决定画面总体质量和视觉效果的重要因素。在效果图的快速表现技法中最常使用的是马克笔，但为了使画面达到理想的效果，在效果图的绘制中，往往运用综合表现手法，采用各种表现手段，运用各种颜料、工具、纸张等，以达到较为理想的表现效果。

设计师为了取得最佳的表现效果，往往不满足于某种特定的表现手法，而在努力探求新的表现方法。随之而来就出现了许多更复杂的表现手段。例如水彩、粉笔、蜡笔的结合应用；马克笔与水彩、水粉颜料的应用；水粉与有色铅笔的应用；等等，都各具特点。为了特殊效果还要研究一些表现上的特技以弥补绘画能力的不足。例如：喷笔的应用，还有利用油和水性原料的不溶性，在纸面上创造出微妙的偶然变化；运用化学溶剂与色粉混合，表现出一种特殊的痕迹，而达到一种特殊的效果；在诸多的油性原料中，加上不同的溶剂去稀释，可得到不同的肌理表现；采用拼贴，或者剪辑背景等手法。总之，方法是多种多样的。

随着计算机绘图的普及，运用二维和三维绘图软件以及手写板绘制效果图成为趋势。特别是手写板的出现，完全改变了传统的手绘效果图的形式，借助软件提供的各种画笔工具，结合手绘的技法基础，设计者可以只用一支笔就能轻而易举地绘制出多种技法结合的效果图。计算机为设计者提供了更加灵活的设计空间,使设计者能充分发挥自己的想象力,大大丰富了效果图的表现手段。

1)绘制效果图的用具和材料

(1)笔类:铅笔、签字笔、原子笔、彩色铅笔、马克笔、毛笔、底纹笔。

(2)尺:直尺、界尺、曲线尺、圆模板、椭圆模板。

(3)颜料:水粉、水彩等。

(4)纸张:选择表面较细腻、吸水性能较好的纸张。

2)效果图表现实例(图 6.52~图 6.55)

- 壳体的明亮反光部位可以用橡皮擦出,用白色粉或高光笔画出反光线条、高光点、设计线条及细部。
- 后面的颜色适当减弱,并稍微亮一些可以加强车体的深度和空间虚实感。
- 用各种深浅不同的灰由亮到暗逐层画出主题的亮面、中间色以及暗面色调,亮面用冷灰偏蓝画出。
- 在车体的曲面和转折部位留白。
- 轮胎下面虚掉,使视觉注意力放在车的整体形态上,突出重点。

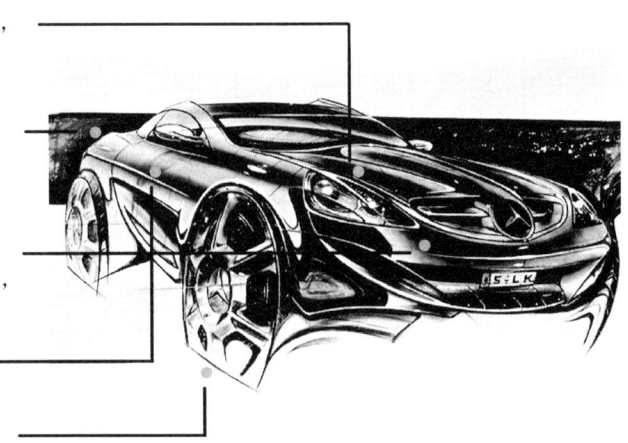

图 6.52 效果图一

- 同样用不同深浅的灰色马克笔逐层画出车体的亮面、中间色以及暗面。
- 用深色的灰沿车体的亮面画出背景,用以突出车的亮部和空间。
- 车窗部分玻璃质感用马克笔和色粉结合,笔触快而有变化,由重到轻。考虑明暗和虚实的变化。
- 车轮的部分刻画简练、概括,只需形成一个总的映像不需刻画太详细。在必须的部分用白色粉画上高光,并用黑色签字笔画出轮廓线,以强调形体的结实和质量感。

图 6.53 效果图二

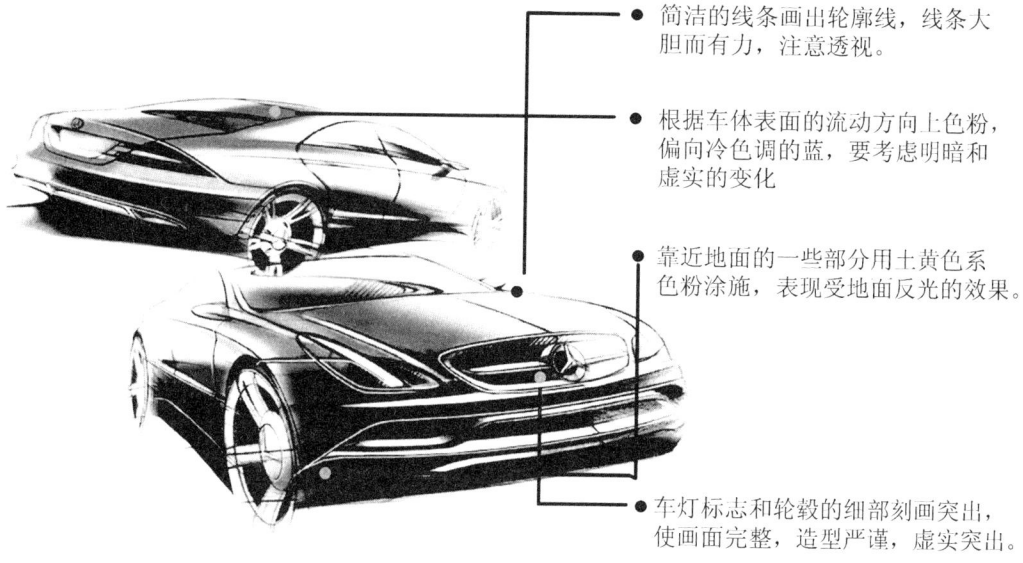

图 6.54 效果图三

- 简洁的线条画出轮廓线,线条大胆而有力,注意透视。
- 根据车体表面的流动方向上色粉,偏向冷色调的蓝,要考虑明暗和虚实的变化
- 靠近地面的一些部分用土黄色系色粉涂施,表现受地面反光的效果。
- 车灯标志和轮毂的细部刻画突出,使画面完整,造型严谨,虚实突出。

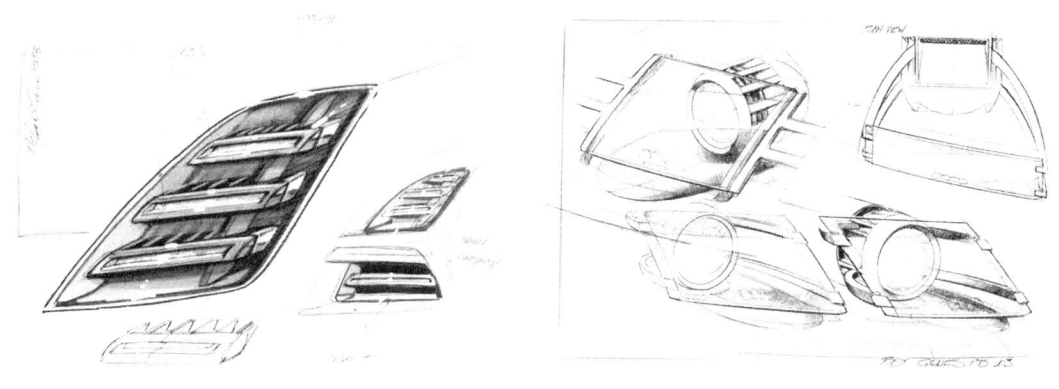

图 6.55 效果图四(车灯细节)

6.3 工业产品造型设计程序

工业产品设计的行为对象主要为批量生产的工业产品,由于工业产品的门类较多并呈现不同的特点,所以在具体的设计实践中设计活动会有不同的偏重点和针对点。但设计过程归根到底是一个有计划、有目的的创造性解决问题的过程。所以解决问题的设计实践在步骤上也必然具有同一性。随着设计的不断发展和深入,以及相关理论的充实和完善逐渐形成了一套成形的设计实践的程序。

设计程序是指在设计实践中有目的地实施设计计划的行为次序,是一个具体的、依照一定的科学规律合理安排的、有序的工作步骤。由于设计程序是针对首要的设计问题而拟

定的步骤，每一个步骤的设立也必然是针对主要的设计问题而定的，且每一个步骤也都有各自要达到的目的。各个步骤的目的集合起来即可实现整体的目的。当然各个工作步骤的划分并不是绝对的，有时会相互交错，有时会出现反复与循环。工业设计活动的范围及与企业部门的关系如图 6.56 所示。

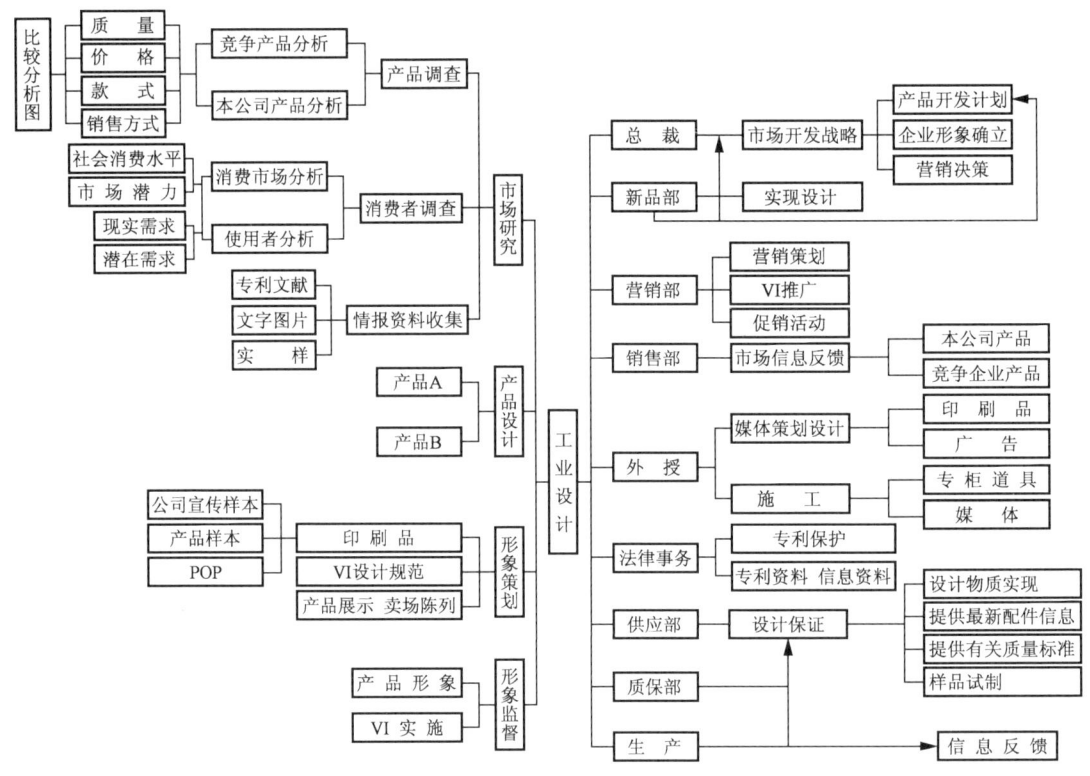

图 6.56　工业设计活动的范围及与企业部门的关系

　　这里提出的设计程序是用于指导产品造型设计的一种宏观的顺序，是一个适用于多数工业产品的设计步骤。虽然由于产品间的差异，设计程序在微观运作上会出现个体差异，呈现多样性。对于程序运用者而言，要客观全面地理解产品造型设计的程序，用它来指导产品的开发设计。在处理实际问题时，灵活调整程序的相关环节，站在制高点上统筹、驾驭和规划设计，切忌顾此失彼。美国通用电气公司产品开发工作程序如图 6.57 所示。

　　随着工业设计实践和理论研究的不断深入与发展，逐步归纳出了几种比较典型的产品设计程序模式，即线型模式、循环模式、螺旋形模式。这 3 种不同的设计程序尽管在内容上有差异，但就基本完成过程及每个阶段包括的内容来看，有着很多相似之处，可以归纳为 4 个相互关联的阶段：前期筹备阶段、设计创意构思阶段、创意具体化阶段、设计反馈与评价阶段。下面就对这 4 个阶段进行分别论述。

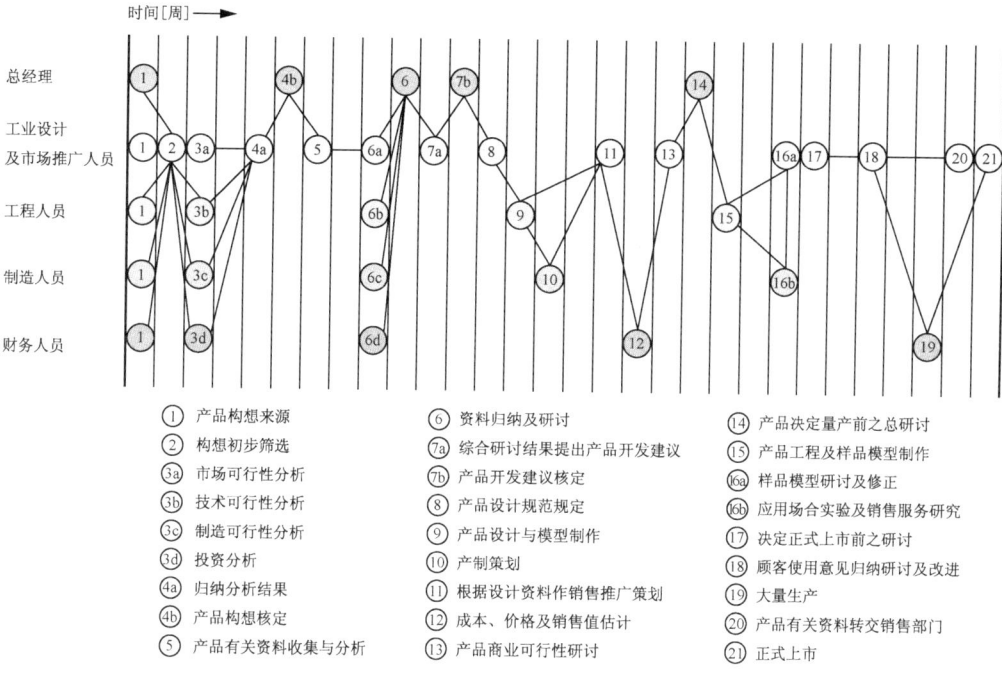

图 6.57 美国通用电气公司产品开发工作程序

6.3.1 前期筹备阶段

1. 设计立项

一般情况下设计任务有两种基本形式：一种是根据现有产品的问题提出的改良性设计，另一种是全新的开发性和概念性的产品设计。不论哪种设计任务，首先要做的都是与委托方进行充分的沟通，明确设计任务的细节。

绝大多数情况下，委托方对自己的产品有着自己的理解和思考，并有自己的产品策略。而作为设计方来说，接触到的委托方成分比较复杂，除有专业上的隔阂外，还有看问题的角度等的差异。但对委托方的要求既要充分地尊重，也要耐心地引导，使其思路逐步进入合理的轨道。这一点非常重要，为以后的顺利工作奠定了沟通的基础。

在初步与委托方接洽的阶段，需要设计师在与委托方的交流中，一同分析产品改良设计或新产品开发设计的方向，明确设计任务和目的，明确设计各个阶段所需要的环节，估算每个环节所需要的时间，明确设计的重点和难点，预测设计项目的前景及可能达到的市场占有率，还有实施方案时可能承担的风险等。

由于工业设计的工作程序和特点不一定被委托方所了解。因此，在前期的接洽中，设计师要向委托方详细介绍自己的工作原则和工作程序，以征求委托方的意见，有时候还要向委托方展示过去的设计成果和设计文件，以及设计工作室的环境、设备以及模型工作室等。借以坚定委托方的委托信心，增进彼此之间的信任，提高委托方在以后设计活动中的配合度。设计方通过这样的交流也可以借此了解委托方的实力、技术设备状况以及该产品现在的生产销售状况及问题。

通过初步的接洽，商定设计任务的基本方向目标与策略之后，设计师要根据具体商洽过程编制设计任务立项报告：一方面通过文字的准确描述，将设计目标条理化、明确化，使设计工作有的放矢，有步骤的展开；另一方面使企业明确和强化自身的诉求，并使其可以明确设计的步骤，配合设计师进行市场调研、生产材料的准备、员工及资金的管理与分配、生产及销售计划的制订等工作。总之，设计立项报告是整个设计任务启动的首要一环，通过立项阶段委托方和设计方明确了彼此的任务，在基本问题上达成了共识，为随后整个设计过程的顺利进行奠定了基础。

设计立项报告主要包括两部分：项目可行性报告和设计进程计划表。

（1）项目可行性报告。根据委托方的要求，明确产品设计的方向、潜在的市场因素、要达到的目的、项目的前景及可能达到的市场占有率、实施设计方案应具备的风险承受能力等。这部分的目的是使设计方案深入了解委托方的需求，以便明确设计任务。

（2）设计进程计划表。根据委托方对时间的要求，把整个设计活动按照步骤制订时间进程计划。这部分的目的是有效控制和合理安排设计活动的进度，也有助于委托方据此安排生产和销售，并确定生产投入规模与资金的阶段分配。设计进程计划表见表6-1。

2. 设计调研

任何一个好的工业产品设计方案都不是凭空想象出来的，而是以实际需要为根据确定的。因此为了保证产品设计的质量，使产品开发与设计有充分的客观依据，必须对产品的消费者需求、市场经济、社会文化、审美趋势、技术材料等多方面问题进行相关资料的收集和整理。全面了解设计对象的目的、功能、用途、规格、设计依据及有关的技术参数、经济指标等方面的内容，掌握大量可靠信息。

只有全面科学地调查研究，才是正确决策的前提和基础。产品调查的具体内容涉及很广泛，大体分为以下几类。

1）市场调查

包括市场的明显需求，潜在需求及发展趋势，产品的销售对象及可能销售量，用户对产品的功能、用途、形态、色彩、使用、维护、包装及价格等方面的要求，竞争产品的种类、优缺点和市场占有情况，竞争企业的生产经营实力和状况等。

2）消费者调查

主要包括对消费市场、消费者购买动机与行为、消费者购买方式与习惯等方面进行调查研究。尤其应重视对消费者的性别、年龄、民族、风俗、时尚、教育程度、兴趣、嗜好、经济状况、需求层次和消费者对产品的造型、色彩、装饰、包装的意见，以及在使用、保存、维修、折旧等方面的问题。

3）环境调查

产品所涉及的自然环境以及家居生活环境，主要面向企业生产的社会环境及目标市场所处的社会环境，包括有关技术经济政策（如产业发展政策、环境保护政策及安全法规等），产品的种类、规模及分布，社会风俗习惯，消费水平消费心理，购买能力等。

4）技术调查

运用科技成果，新材料、新工艺、新技术状况，专利情报，行业技术，经济情报，有关技术标准与法规，竞争产品的技术特点分析，生产企业的技术水平、生产工艺、包装水平、制造精度、生产成本等情况调查，竞争企业的新产品开发动向等。

表 6-1 设计进程计划表

内容 \ 时间	6月 19	20	21	22	23	24	25	26	27	28	29	30	7月 1	2	3	4	5	6	7	8	9	10	11	12	13	14
课题拟定	■																									
调查标准 – 绘制调研表		■																								
调查标准 – 人物、地点			■																							
调查标准 – 用具、方法				■																						
市场调研 – 市场研究					■																					
市场调研 – 需求研究					■																					
市场调研 – 现有产品研究						■																				
市场调研 – 行为习惯分析							■																			
市场调研 – 技术生产条件								■																		
市场调研 – 综合分析									■																	
初步构思 – 构思草图 – 基本功能										■																
初步构思 – 构思草图 – 基本结构											■															
初步构思 – 构思草图 – 基本造型												■														
展开设计 – 草图展开													■													
展开设计 – 草模制作															■											
展开设计 – 色彩设计																	■									
展开设计 – 可行性研究																		■								
实施设计 – 效果图																			■							
实施设计 – 模型 – 绘制模型																				■						
实施设计 – 模型 – 制造加工																					■					
深化设计 – 色彩定位																						■				
深化设计 – 视觉表现																						■				
深化设计 – 完善模型																							■			
深化设计 – 表面处理																							■			
深化设计 – 生产工艺研究																								■		
完成报告 – 报告书																									■	
完成报告 – 版面																										■

产品开发设计调查内容范围如图 6.58 所示。

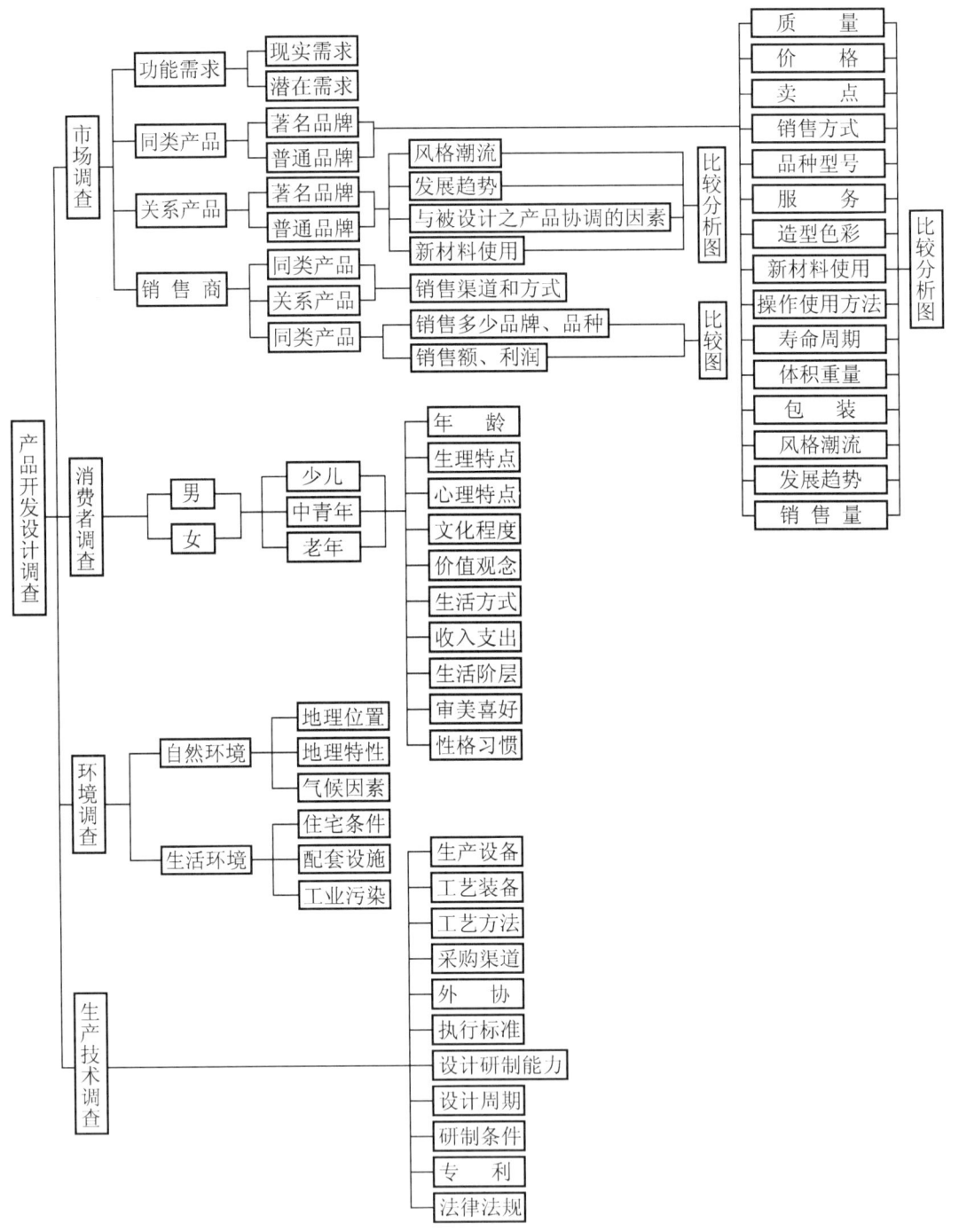

图 6.58　产品开发设计调查内容范围

产品调研方法也很多,一般根据调研的内容采用不同的方法,最常见的有以下几种方法。

（1）询问法。即以询问的方式去搜集情报资料。询问的方式一般有面谈、电话询问、书面询问、网络询问。运用询问的方法进行调研时，要抓住询问问题的要点，把握提出问题的形式，找对询问的目标对象。

（2）查阅法。通过查阅各种书籍、刊物、专利、样本、目录、广告、报纸、录音、论文、网络等，来寻找与调查内容有联系的相关情报资料。

（3）观察法。通过派遣调查人员到现场直接观察搜集情报资料。这要求调查人员十分熟悉各种情况，并要求他们具备较敏锐的洞察力和观察问题、分析问题的能力。运用这种方法可以搜集到一些第一手资料。

（4）购买法。直接购买同类产品进行拆装分析，以获取有关的情报资料。

（5）实验法。在产品开发或正式投产以前，做一些实验和测试（比如消费者动机实验等），从中获得必要的技术数据或了解消费者的反馈情况。应用实验法调研时，其所用的资料必须具有代表性和典型性。对一些重要的数据需进行多次反复的实验才能达到预期的目标。

（6）抽样法。是根据一定的原则，从被调查的对象总体中，抽出一部分样本进行调查，并以调查结果而推断总体效果的方法。抽样调查可以在较短的时间内，以较少的人力、财力获得较准确的调查资料，是市场调查通常采用的调查方法。

在产品调研前要制订调研计划，确定调研对象和调研范围，设计好调查问卷，同时设计师还要在整个过程中虚心向市场学习、向生产学习、向生活学习，与工程师、企业和销售人员充分协作，使调研工作更加方便、快捷、有效、明确。并形成一套有针对性的调研体系。

从调研中获取的大量资料，大都是些原始的现象和数据，设计师要对其进行详细的比较、分类、归纳、整理、取舍与评价，最终形成报告书的形式，以图、表格及文字详细描述调研的过程和重要结论。这些成果将成为重要的依据，为设计师随后分析问题、确立设计创意方向奠定基础。如果最初的立项比较仓促而含糊，则通过调研可以使其得到修正。

6.3.2 设计创意构思阶段

1. 设计定位

设计师在设计调研的过程中会发现许多新问题，通过整理，将自己的切身体会及调研的结论上升为抽象的观念。这时设计师就要动用自己的知识、经验和灵感，充分发挥创造性去发现问题的所在。爱因斯坦说过："提出一个问题往往比解决一个问题更重要，因为解决问题也许仅是一个数学上或实验上的技能而已，而提出新的问题、新的可能性，从新的角度去看旧的问题，却是创造性的想象力，而且标志着科学的真正进步。"

提出问题之前首先要能发现问题，问题的发掘是设计过程的动机和起点。工业设计师第一个任务就是认清问题所在。一般问题来自各式各样的因素，设计师要把握问题的构成，这一能力对设计师来说是非常重要的。设计师要不断学习和实践，加强自身的设计意识。

（1）要不断有规律地观察事物，并站在不同的位置和角度来分析这些事物。

（2）要不断学习各领域的知识，丰富自己的知识储备，提高理论修养。

（3）要不断打破旧的传统观念和旧的习惯，用全新的观点来思考遇到的问题。

（4）还可以通过交谈、观看、提问、拍摄、模型制造等活动的实践经验和切身体会，提升对设计对象的全方位的认识，发现问题。

明确了问题的所在，随后就应该分析问题的构成要素。只有明晰了这些不同的要素，才能使得解决问题的过程更科学。这个解析问题的过程按范畴分类，可以围绕下列几点进行展开。

（1）表明产生问题的背景根源（怎样产生问题，为什么产生这个问题，问题的结果如何）。

（2）表明问题的性质（该问题属于技术方面、经济方面还是社会方面）。

（3）对问题进行比较（发现相同之处和不同之处）。

（4）表明问题的重要程度（发掘出关键性的问题）。

（5）分析解决问题内部和外部的各种制约因素，提出简化问题的各种可行方案。

对问题的解析是在问题提出的基础上进行的。分析问题之后要将问题进行综合比较，找出其中相关需要首先考虑解决的主要问题。产品设计要解决所有的问题是不可能的，也是没有必要的，因为一个符合所有要求的产品必然会失去它的个性。因此，在产品设计中要突出解决产品存在的几个关键问题。问题的分析就是在形形色色的问题中发掘出影响产品发展的关键因素。通过对这些关键因素的发掘与分析，就能对设计的目标有一个比较正确的把握，从而对产品造型设计所涉及的各方面问题进行具体目标和方向的确定。这一过程也就是通常所说的设计定位。

设计定位的内容主要包括产品的形象特征，产品的基本组成，产品的档次，产品的工作原理、材料、制造工艺，产品的生命周期和销售方式，产品的包装等。

产品设计定位是在设计调研的基础之上，提出分析解决设计问题的成果，其目的是要为设计活动确定一个适合自己的产品设计方向。对产品设计进行定位可以保障产品设计活动按照预想的方向推进，能很好地消除任意发散，甚至混乱无序的设计行为，保证产品设计方案评价有理有据、有章可循。按照设计定位来检验产品设计存在的问题，还可以促成生产和销售的紧密结合，确保产品生产流程同生产目标的一致。可以想象如果没有产品设计定位，设计活动很容易陷入混乱的局面，既浪费人力、物力和财力，又会延误时间，使企业失去商机。

2. 草图创意构思

草图创意构思阶段是创造性的发散思维与构思设想阶段。对所设计的产品进行调查，明确设计方向，占有了大量可靠资料之后，设计人员运用所有的经验、知识、智能、创新能力、洞察力、天资以及想象力，在充分利用调研资料及各种信息的基础上，运用发散思维去寻找与思索创造性解决问题的方法，进行创新构思。

创意构思是对既有问题所作的许多可能的解决方案的思考。这时思维应该任意驰骋，可以天马行空，不必过分注意限制因素，因为顾虑太多反而会影响构思的产生。可以针对问题提出各种各样的设想，想法越多，获得好的设计方案的可能性就越大。构思的过程往往是较为模糊的，这时为保持思维的连贯性，在画草图时要求手、脑、心并用。设计构思时应放下羁绊，全面调用自己的知识领域，使设计构思多样而丰富。

在思考的过程中，各类因素之间的冲突与交融使得设计灵感不断闪现。此刻人的思维处于最为活跃的阶段，层出不穷的灵感稍纵即逝。因此，当一个新的形象构思出现时，要迅速地用草图把其快速记录下来，这时的想法可能不太完整，不太具体，但这个初步的想法又可使得构思进一步深化。这样的反复，就会使较为模糊的不太具体的形象轮廓逐步清晰起来，这就是设计中的草图阶段。草图分为构思草图和设计草图两种。

草图是一个把设计构思转化为现实图形的有效手段。可以根据产品设计的初期的需要，对要设计的产品进行概括，依据产品的功能对产品的表现形式进行初加工，体现产品的大致容貌。这一阶段可以大量地进行构思草图绘制。通过构思草图获得尽可能多的创意，完成设计构思，帮助工业设计师把头脑中记忆的和创造的产品用二维的表现方式挖掘出来。构思草图的创意主要依据既定产品的基本要素条件，但也可以是随意的发现，如设计师在散步、逛街、休息时，通过外界事物的刺激产生的瞬间灵感。这时就应及时把自己的想法随意记录下来，不必去寻求某种规则，也不要对其中的细节做过多的装饰。等构思阶段完成后，将这些想法逐一地进行修正和完善，保留有用的创意，淘汰其中不可行的想法，如图 6.59 和图 6.60 所示。

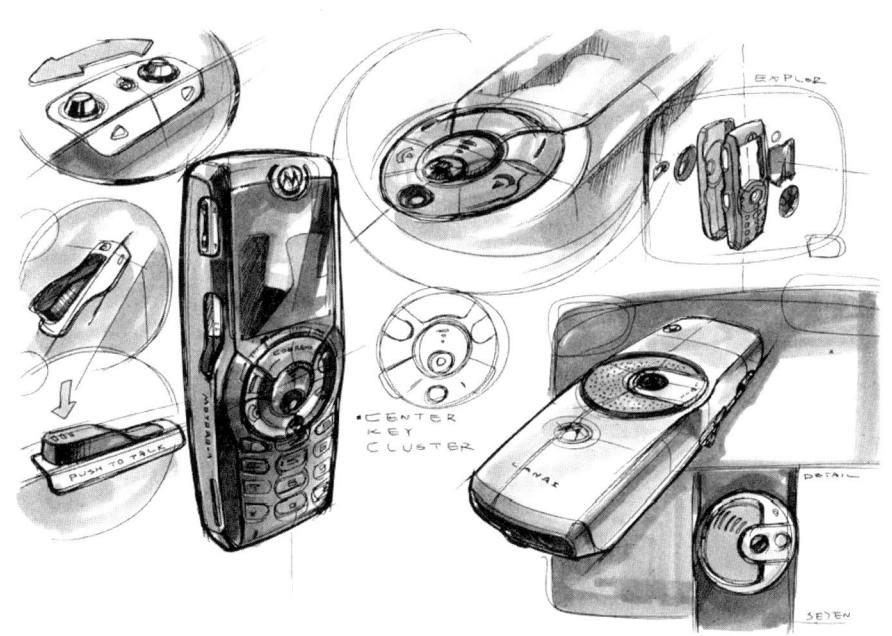

图 6.59　手绘草图一（CARI LIU）

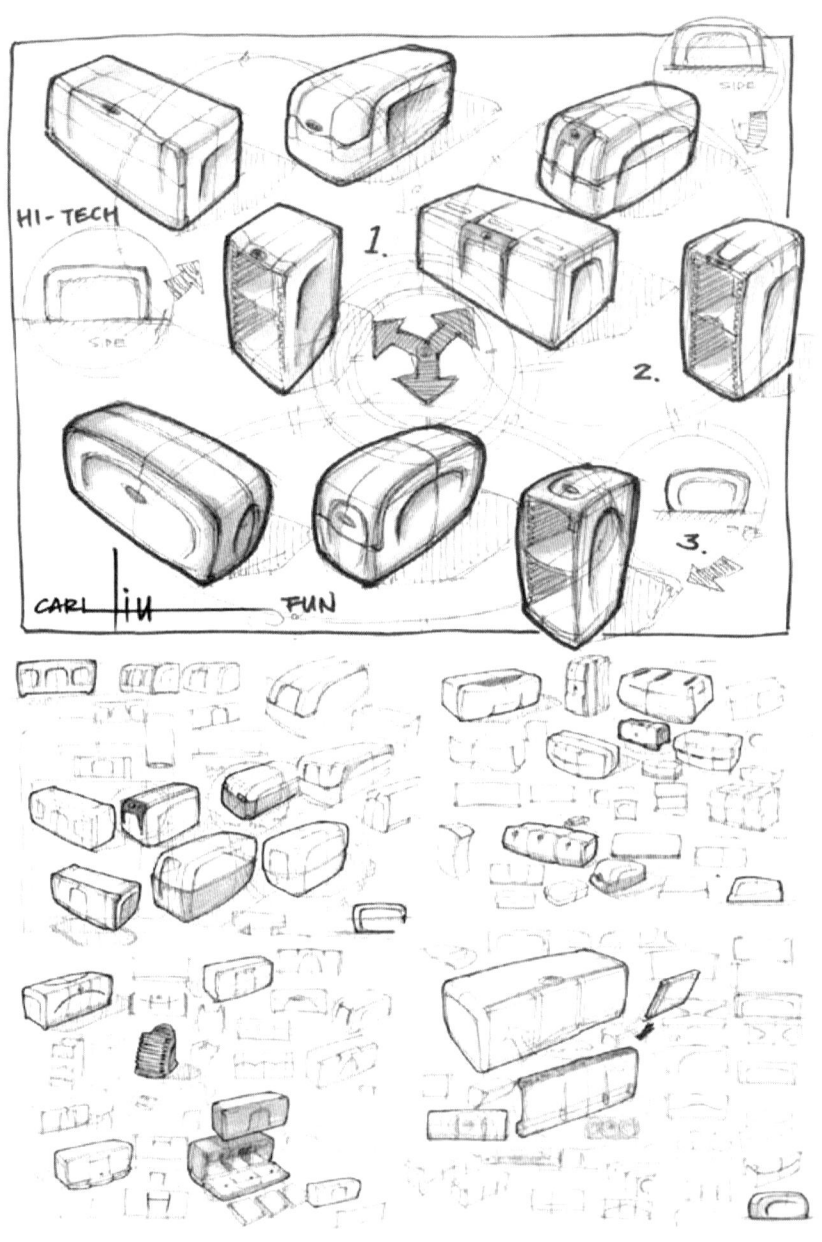

图 6.60 手绘草图二（CARI LIU）

在草图创意构思阶段，应注意把握产品设计方案的创新性、真实性、可行性，同时还要注意草图的表现形式，要能说明构思设计每个阶段的任务。

草图构思方案的完成至此可能是一个，也可能是若干个，此时设计师要进行比较、分析、优选工作，从多个方面进行筛选、调整，从而得出一两个比较满意的方案，进入具体的设计程序之中。这个过程也就是方案优化和设计展开的过程。

3. 方案优化

设计方案优化是将构思方案转换为具体形象的收敛阶段，也是初步确定方案的阶段。在这一阶段，要竭力排除创造性探索中不切实际和实用价值不大的方案。在多个设计构思中把问题收敛到给定条件下可以实现的最佳解决方案。

通常方案优化阶段，初步确定产品造型的总体方案包括以下内容。

（1）确定产品的基本经济指标。

（2）推敲产品的线性风格、造型比例、色彩装饰。

（3）考虑产品的功能构思、结构布置、尺寸要求。

（4）材料工艺选择以及对产品创造方法和原理的构想。

（5）对人机交互性、安全性、舒适性的关注。

通过这个过程，对草图创意构思方案进行探讨、比较、分析、淘汰、归纳、修正，使得产品设计方案基本定型，完成了具体设计的第一步。这一步是从造型角度入手，渗透了设计第一阶段各种因素的一种形象思维的具体化，使想象思维在纸上形成了三度空间的形象，确定设计定位的设计方向，使问题得到了初步解决。

6.3.3 创意具体化阶段

1. 效果图表达

在设计基本定型以后，用较为正式的产品效果图对设计方案进行表达，主要是为了直观地表达产品设计结果。设计师要对设计的产品进行细部设计，全面细致地对构成产品的形态、色彩、材质及有关因素综合考虑，通过效果图的形式表达出来。

产品效果图按其表现形式来划分，主要分为手绘效果图和电脑效果图两种形式。每一种形式都有各自的优势和作用。

（1）手绘效果图。表达快速，容易表现设计方案的各种想法。但是对于产品的细节表现与真实性不如电脑效果图。手绘效果图的作用主要是启发和研讨设计方案，给各部门之间提供交流平台。

（2）电脑效果图。能够较为真实地表现产品各组成部分之间的关系，虚拟产品的色彩、材质及使用环境，表现方式比较直观，容易让人们接受认可。电脑效果图的作用主要是能够模拟复杂的三维实体造型，给工程师进行产品结构设计提供参考样本，作为产品评价的一个依据。一些产品的电脑效果图如图 6.61、图 6.62 所示。

图 6.61 索尼数码相机电脑效果图

图 6.62 人机工程学耳机电脑效果图

2. 模型制作

效果图虽然可以表现出立体的形象,但毕竟只是在平面上的推敲。而实体模型则是将产品可触可感地再现出来,任何细节都表露无遗。在平面上发现不了的问题能在模型中反映出来。所以,当产品的基本形态已经确定,需要对细节进行推敲与调整,检验构思设计、产品造型设计、结构设计和各部分之间的装配关系,进行实体模型的制作。

模型按在设计的各个阶段中的作用,可以划分为草模型、展示模型、样机模型3种。

(1) 草模型在构思设计阶段就可以考虑进行创建,主要作用是为了形成设计草案的三维概念,推敲产品的形态关系。对于汽车设计,草模型[①]可按照 1∶5 的比例制作。对其基本的结构进行造型,帮助理解、分析和构思设计方案。草模型的制作比较容易实现,使用简单。可以是雕塑泥、纸板、石膏、软木、泡沫等容易加工制作的各种成形材料。设计师可以制作多个草模型,对构思设计方案进行检验,以利于发现可深入加工的可行性强的设计方案,如图 6.63 所示。

图 6.63　概念车油泥模型　　　　　图 6.64　概念车模型

(2) 展示模型在外观上比较接近最终的产品,可按 1∶1 制作。它为研究产品的人机关系、结构处理、制造工艺等提供了实体形象,但它一般不包括内部结构。它可以用于设计师对产品细部的分析,对企业各部门之间进行沟通、交流,对造型进行分析与评价,保证产品造型设计符合产品生产工艺流程的要求,如图 6.61 所示。

(3) 样机模型是工业设计师和工程师推敲和检验设计的重要手段。它是严格按照设计要求制造出来的实际产品样机,完全体现产品的物理性能、力学性能、使用功能、各种结构关系。通过产品样机模型可以对产品进行必要的试验和检测,得到更多的设计参数,进一步分析和完善产品的功能和造型要求,提高产品质量。

综上所述,模型制作是产品设计过程中的一个重要环节,是推敲和改进设计的有效方法。通过产品模型的制作,对设计图样是一个很好的检验。当样机模型制作完成后,产品的设计图样一般来讲要进行调整,模型为最后的设计定型提供了重要的依据。模型既可为以后的模具设计提供参考,又可以为市场提供一个展示产品的良好机会,为企业探求市场需求与消费者的反映提供了一个真实的检验体。

3. 工程制图,编制报告

设计师在制作模型之前,会有一些比较简单的模型制作图。而当模型制作完毕,所有

---

① 草模型一般是指在设计的初期阶段对形态进行初步推敲,或对设计局部的结构、工艺等设计进行制作的初步实体形态。

的尺寸都被确定之后，设计师必须严格遵照国家制定的绘图标准，规范地进行工程制图，主要包括外形尺寸图、零件详图、组合装配图（图 6.65、图 6.66）等。这些图样用工程语言，详细地说明了各部件的尺寸，准确表达出产品的内部结构和部件之间的装配关系，包括所有螺钉、垫圈等的数量。同时也明确了材料成型工艺的要求规范，如塑料制品表面的光洁度、内部加强筋的脱模斜度等。这些图样为生产部门进行相关生产活动做好了准备。

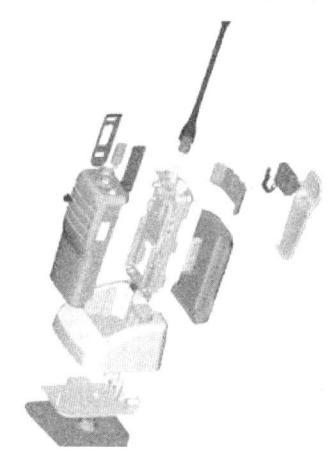

图 6.65　对讲机组合装配图

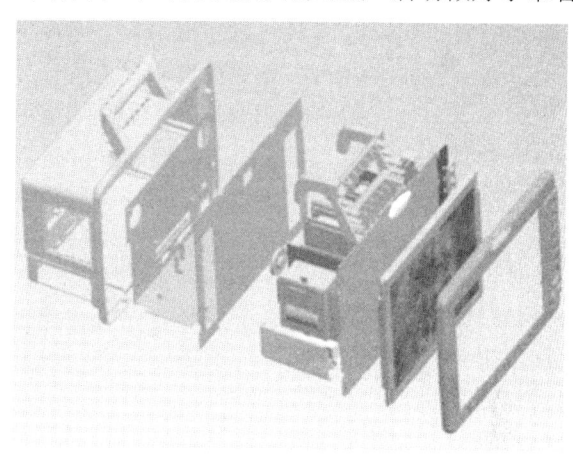

图 6.66　电视机组合装配图

工程制图是工业生产的依据，是设计师与工程师相互沟通的桥梁，它决定了产品能否最终顺利生产与组装，因此每个尺寸的确定都至关重要。对于一些专业的数据和参数，设计师必须与工程技术人员协商，避免在生产过程中出现问题。至此，设计方案经过创意和具体化过程，不断丰富细化和完善，终于产生了最终的定稿。为了把设计过程和设计方案详细准确地呈现，需要在最后进行设计报告书的编制。

设计报告书是由文字、图表、草图、效果图及模型照片等形式组成的综合性报告，是交由企业高层管理者最后决策的重要文件。设计报告书的编制既要全面又要精炼，不可拖泥带水。为了给决策者一目了然的说明，并争取更多的对设计方案的理解和认同，设计报告的编制和排版要进行专门的精心设计。特别要注意说清楚设计的意图，规范操作步骤，使设计趋于科学化和系统化。

设计报告书的形式根据不同的设计实践情况，也相应有不同的要求。而一般来讲，可按下列项目进行编制。

（1）封面：封面要标明设计标题、设计委托方全名、设计方全名、设计的时间和地点等。如果该产品已经有标志或是标准的 VI（Visual Identity，企业视觉设计），在封面上还可以做一些专门的版式设计。

（2）目录：目录排版要一目了然，体现设计过程的逻辑脉络，并标明页码。

（3）设计立项报告：包括项目可行性报告和设计计划进程表等，显示设计立项的条目和设计计划的具体时间安排。

（4）设计调研报告：主要包括对市场现有产品、国内外同类产品以及销售与需求的调查，可采用文字、照片、图表等形式来表现，是设计创新突破的基础。

（5）设计定位：对以上设计调研进行市场分析、材料分析、使用功能分析、结构分析、操作分析等，从而提出设计概念，确定该产品的设计方向。

（6）设计构思：呈现设计过程中几个较重要的方案，以文字、草图、草模型的形式为主要内容，反映出这些方案设计想法的深层内涵。

（7）设计展开：主要以图示与文字说明的形式来表现。其中包括分析与决定设计条件、展开设计构思、设计效果图、人机工程学研究、色彩计划、模型制作等。

（8）方案定稿：描述最终确定的方案，包括按制图规范绘制的详细结构图、外形图、部件图、精致的模型以及产品使用说明等内容。

（9）综合评价：对设计成果从各方面进行评估，审核其是否考虑了委托方的诉求和设计定位的要求，以及是否符合产品设计的原则。在评价中要特别注意说明该设计方案的优越之处和有所突破的亮点，使得设计成果很好地显现出来。

6.3.4 设计反馈与评价阶段

设计方案定稿以后，以工程制图的形式提交到生产部门，进行实际的生产。在这过程中还会出现一些问题，需要设计师、工程师和生产工人一起协作解决。比如模型的曲线、圆弧的过渡线和各种棱线的处理与现有的大规模生产工艺相脱节；产品所用的材料的艺术效果达不到原本设计的要求；细部的结构设计不合理造成生产成本的提高；等等。这些问题需要设计者同试制人员进行充分的共同研究和试验，进行适当的调整来解决。

而产品生产出来以后，也不意味着设计工作的结束。设计师应该会同各个相关部门共同对产品重新进行评估，检验设计成果。并通过进入市场后产品的销售情况、使用情况等反馈信息，发现实际问题和总结经验教训，为随后的设计活动提供很好的借鉴。

1. 产品造型设计评价原则

对设计方案的评价有三大基本原则："创造性、科学性和社会性"。设计评价不能简单地理解为对方案的科学分析和评定，在评价中还包括了针对技术层面和经济层面的问题所进行的改进和完善。

（1）创造性：必须具有独特的设计特征，无论是产品的功能结构方面，或是造型色彩方面，还是在产品的制造方面都应有新的突破，这样产品才能提高自身的价值。

（2）科学性：完善的功能、合理的结构、优良的造型，都是基于先进科学技术的采用。

（3）社会性：产品符合社会性因素的条件一般应包括对民族文化的弘扬、社会道德的提高、时代潮流的体现以及产生的经济效益等方面。

此外，产品的生产过程是否符合环境保护以及防止污染的有关法律法规和条例的规定，交通运输与能源供应是否有保证等，所有这些对产品的造型设计亦有深远的影响。

2. 产品造型设计评价体系

评定产品造型设计的设计质量，应遵循产品设计准则及特征要求，建立一套完整的评价体系。由于产品的功能、结构和形态有差异，描述的重点也不相同，在评价体系的形式上也有所区别。但总的要求和内容应包括实用、经济和美观。

1) 按评价目标建立评价体系

（1）技术评价目标：评价设计方案技术上的先进性与可靠性，评价目标再细化。

（2）经济评价目标：评价设计方案的经济效益，包括成本、利润、实施方案的措施、费用及投资的回收期等。

（3）社会评价目标：评价设计方案实施后的社会效益和影响，其中包括是否符合国家科学技术发展的政策和规划，是否有利于改善环境，降低污染和噪声，是否有利于资源开发和新能源的利用等。

2）按产品造型设计要求与特征建立评价体系

（1）实用性：使用功能的先进性和可靠性，具有宜人性，符合高效、准确和舒适的要求。

（2）科学性：体现先进的加工工艺，反映自动化及系统化、标准化、通用化程度。

（3）艺术性：表现形态构成的原理及造型美学原则，符合审美观念与时代潮流。

以上3点不是孤立分开的，而是相互联系、相互制约的。

3）按创造性、科学性和社会性建立评价体系

一个优良的产品必然是创造性、科学性及社会性3方面的结晶，其评价体系的具体内容如下。

（1）创造性：包括产品的功能、结构、造型、色彩、价值等的评估。

（2）科学性：主要指产品的多用途、宜人性、安全性的机能评价，以及材料质感、标准化程度、包装运输、制造方法优化等及生产制造有关的评估。

（3）社会性：涵盖产品的成本预算、市场环境调研、投入产出权衡等的经济性考察，以及产品的精神意义和产生的审美价值的评估。

通过设计评价，找出设计遗留的问题，反馈到具体的生产实践中，并在产品生产过程中尽量调整，合理地解决相关问题，以使产品更趋于完美。

设计的过程是综合调动各方面积极因素，经过系统分析，解决现有与潜在问题的系统化设计的过程。它必须在确定开发目标的前提下，通过功能分析与分解、方案综合与优化的基本设计步骤，来实现新产品开发的最终目的。以上程序与方法是一套在系统理论指导下的较为完善和常用的程序，由于设计流派与风格的多样化，其使用的设计程序也存在差异，这需要设计师在实践中不断总结。

思考与练习

6-1 归纳小型化设计的特点，列举3个产品案例并加以分析产品特性。

6-2 区分超小型设计与袖珍设计的异同？

6-3 收集整理30个简约化设计案例，并对作品做简要分析。

6-4 根据成套化设计原理，设计10款成套化家具，注意功能和造型的结合。

6-5 产品预想效果图具有哪些特点？

6-6 从功能上可将草图分为哪几种？

6-7 根据设计要求，效果图如何分类？

6-8 什么是透视？常用的透视图有哪些？

6-9 在效果图中，色彩分面的基本规律有哪些？

6-10 在绘制效果图中，如何表现各种材质质感特征？

6-11 试设计一把椅子，运用 3～4 种绘画工具来表现其不同质感。

6-12 试设计一款 LED 照明灯，用草图的形式画出设计方案，注意透视关系。

6-13 试设计一款家用空气清新器，用设计速写的形式画出四款不同的创意风格的方案。

6-14 在实际设计活动中，虽然不同的产品造型设计各有侧重，但设计的程序具有共同之处，请用尽可能简短的语言加以概括共同之处。

6-15 市场调研的方法很多，且贵在有针对性，说说你所知道的市场调研的具体方法，及其各个方法的优缺点。

6-16 设计定位是设计问题的提出过程，在很大程度上决定了整个设计过程的成败。同样一个经典的设计之所以能得到推崇，也一定是因为其创造性的发现和提出了问题。试着举出几个例子来，并说明在这些设计中是怎样创造性地解决问题的。

6-17 设计草图是设计师灵感的记录，是设计师之间交流的语言。而读者在学习设计草图的时候，往往注重练习透视的正确和线条的个性，却忽略了手眼心脑的结合。笔随心动、意在笔先。请根据本书设计草图部分的图例，开动脑筋绘制出至少 100 份创意草图，注意思维过程和线条绘制的互相结合。

6-18 一个设计方案要转化为实际的产品，需要经过不断反复的修改和论证，而模型的制作在这个过程中起到了关键作用。建议读者到产品的样机车间进行实地参观考察，注意了解单件样机模型的制作和大规模的批量生产之间的区别，更加真切地体会设计方案与实际生产之间的关系。

6-19 设计方案最终定稿以后，需要按照规范格式编制设计报告书，便于生产制造和日后对设计方案的考察。请整理一份设计报告书的标准格式，培养规范意识。

6-20 本书中介绍了产品设计的评价原则和评价体系，请根据书中所提到的方法对自己以往的一些作品进行评价，找出问题，重新进行改进设计。

第7章 设计应关注的方法与理论

教学提示：从设计理论和方法的角度，上升到尊重生命的平等与价值的层面，关爱弱势群体，理解无障碍性设计和障碍性设计的理念，产品语义学、产品符号学的设计方法。针对不同的需求进行相应的设计，使设计的工业产品成为宜人性的用品。

教学要求：要求学生掌握无障碍性设计和障碍性设计的理念与设计方法，了解产品语义学、产品符号学的基本理论，会进行一定的产品造型分析，提高解决具体问题的能力。

随着人类社会由以机械化为特征的工业社会走向以信息化为特色的"后工业社会"，工业设计的内涵更加丰富了。

在现代社会中，设计已渗透到生活的方方面面。设计不仅是设计师的个人行为，更重要的是设计师的社会行为。设计必须改善人们的生存条件和环境。"为人类的利益设计"，是社会对设计师的要求，也是设计师的社会职责。

在这一章中，所涉及的设计方法与理论，是工业设计师必须关注的。工业设计师应具有人文精神、平等的价值观和尊重人性的观念，除了为社会生活的需求和发展进行创造性工作，还应该注意关爱一些特殊人群，使他们能享受到与普通人们同样的生活乐趣和生活空间，使社会中的每一个人都生活得有尊严。而且，设计师能够灵活应用产品语义学、符号学等理论和方法，赋予产品一定的语义和象征性，让产品能够"自我表达"，使用者能够便捷和正确的使用。并通过对产品造型的分析，找到产品的创新点，改进设计，创造宜人性的产品。

7.1 无障碍性设计和障碍性设计

7.1.1 人类的障碍

所谓人类的障碍是指各类行为不便的人的行为障碍。人类的障碍包括了视听觉、语言机能、肢体机能、智能障碍、多重障碍以及其他不便。它们的成因主要是先天、疾病、外伤、年龄、知识以及特殊的生理变化（如怀孕）和特殊工作状态（如潜水作业、太空作业等）。主要可以归纳为三种行为障碍。

（1）移动障碍：不能行走、行走困难、依靠别人或器械行走，体力不支，在特殊工作状态下的移动不便者。

(2)复杂动作障碍:四肢不能协调活动,五指不全,戴假肢,神经麻痹,特殊工作状态,甚至在特殊条件下必须使用非习惯动作等。

(3)信息障碍:失明、深度近视,聋哑、五音不全,无思考能力,无记忆能力,智力不全(包括年龄、知识造成的理解障碍等)。

由于人类障碍产生的原因是多方面的,有先天的缺陷和残疾以及后天的伤病和事故等因素造成的障碍,这些障碍将是终身性的;还有因为年龄、生理、知识和特殊状况等因素造成的不便,则是在一定时间内存在的。所以,人们把由于肢体等的残缺与在特殊状态下产生的障碍的人群统称为残障人群,即包括了残疾人员和老人、小孩和孕妇等人群。

7.1.2 无障碍性设计

无障碍性设计(barrier free design)指在设计中消除或者减小由于各种行为不便所带来的种种使用中存在的障碍(barrier),而这种无障碍方法是通过非生理医疗性①的手段来达到消除或减弱人类行为障碍的。从这个意义上讲,无障碍性设计是针对有行为障碍的人群所进行的消除或减弱障碍的设计。

无障碍性设计为消除或者减弱残障人群在行为上的不便,主要是通过设计一些辅助器材或者设施。对于行走不便的人员而言,一是设计乘坐的轮椅,二是消除上行的台阶而用缓慢上升(下降)的通道;专供轮椅上下的提升装置(方便上下汽车);专设的卫生间、公用电话等,解决出行中的问题。对于视力不好或者盲人朋友,在步行道上修建与其他普通路面相区别的"盲道"(其表面是由有指向性的卵石或者凸凹材料制成)、触觉指示地图、兼有视听双重操作向导的银行自助存取款机等,利用盲人敏锐的触觉,给其带来便利。再如为老年人、婴幼儿、孕妇和各种残障人员设计各种不同用途的器械、设备、生活用具等等。无障碍性设计主张从关爱弱势群体的视角出发,以更高层次的理想目标推动着设计的发展与进步,使人类创造的产品更趋于合理、亲切和人性化,如图7.1~图7.3所示。

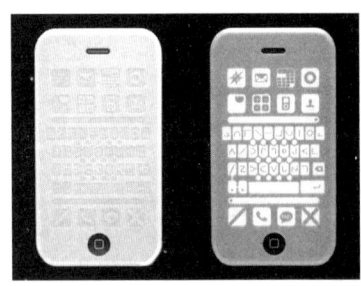

图 7.1 无障碍公交车　　图 7.2 带扶手的坐便器　　图 7.3 苹果 iPhone 盲人手机

无障碍性设计强调在科学技术高度发展的现代社会,一切有关人类衣食住行的公共空间环境以及各类建筑设施、设备的规划设计和相关产品,都必须充分考虑具有不同程度生理伤残缺陷者和正常活动能力衰退者(如孕妇、病人、老年人等)的使用需求,配备能够应答、满足这些需求的服务功能与装置,营造一个充满爱与关怀、切实保障人类安全、方

---

① 指不是通过医疗手术等手段来消除和减弱障碍。

便、舒适的现代生活环境。

无障碍性设计的理想目标是"无障碍"。基于对人类行为、意识与动作反应的细致研究，致力于优化一切为人所用的物与环境的设计，在使用操作界面上清除那些让使用者感到困惑、困难的"障碍"，尽可能为使用者提供方便，这就是无障碍性设计的基本思想。

虽然无障碍性设计由来已久，但主要是解决一些作为个体或局部的问题，比如眼镜、拐杖等。但真正把它作为一种设计理念和方法，为解决有障碍的人员在生活和工作中的不便，在整个社会生活中的各个领域被广泛地重视，是在20世纪初。

20世纪初，由于人道主义的呼唤，建筑学界产生了一种新的建筑设计方法——无障碍设计。它运用现代技术建设和改造环境，为广大残疾人提供行动方便和安全空间，创造一个"平等、参与"的环境。国际上对于物质环境无障碍的研究可以追溯到20世纪30年代初，当时在瑞典、丹麦等国家就建有专供残疾人使用的设施。1961年，美国制定了世界上第一个《无障碍标准》。此后，英国、加拿大、日本等几十个国家和地区相继制定了有关法规。

我国无障碍设施的建设是从无障碍设计规范的提出与制定开始的。1985年3月，在"残疾人与社会环境研讨会"上，中国残疾人福利基金会、北京市残疾人协会、北京市建筑设计院联合发出了"为残疾人创造便利的生活环境"的倡议。北京市政府决定将西单至西四等四条街道作为无障碍改造试点。1985年4月，在全国人大六届三次会议和全国政协六届三次会议上，部分人大代表、政协委员提出"在建筑设计规范和市政设计规范中考虑残疾人需要的特殊设置"的建议和提案。1986年7月，建设部、民政部、中国残疾人福利基金会共同编制了我国第一部《方便残疾人使用的城市道路和建筑物设计规范（试行）》，于1989年4月1日颁布实施。

多年来，随着经济发展和社会进步，我国的无障碍设施建设取得了一定的成绩，北京、上海、天津、广州、深圳、沈阳、青岛等大中城市比较突出。在城市道路中，为方便盲人行走修建了盲道，建筑物方面，大型公共建筑中修建了许多方便乘轮椅残疾人和老年人从室外进入到室内的坡道，以及方便使用的无障碍设施（楼梯、电梯、电话、洗手间、扶手、轮椅位、客房等）。但总的来看，设计规范没有得到较好执行，同残疾人的需求及发达国家和地区的情况相比，我国的无障碍设施建设还较为落后，有较大差距。

目前，在建筑设计方面，制定了针对无障碍环境的相关规范与标准。无障碍环境包括物质环境、信息和交流的无障碍。物质环境无障碍主要是要求：城市道路、公共建筑物和居住区的规划、设计、建设应方便残疾人通行和使用，如城市道路应满足坐轮椅者、挂拐杖者通行和方便视力残疾者通行，建筑物应考虑出入口、地面、电梯、扶手、厕所、房间、柜台等设置残疾人可使用的相应设施和方便残疾人通行等。信息和交流的无障碍主要是要求：公共传媒应使听力言语和视力残疾者能够无障碍地获得信息，进行交流，如影视作品、电视节目的字幕和解说、电视手语、盲人有声读物等。

国际通用的无障碍设计标准大致有六个方面。

（1）在一切公共建筑的入口处设置取代台阶的坡道，其坡度应不大于1/12。

（2）在盲人经常出入处设置盲道，在十字路口设置利于盲人辨认方向的音响设施。

（3）门的净空廊宽度要在0.8m以上，采用旋转门的需另设残疾人入口。

（4）所有建筑物走廊的净空宽度应在1.3m以上。

（5）公厕应设有带扶手的坐式便器，门隔断应做成外开式或推拉式，以保证内部空间便于轮椅进入。

（6）电梯的入口净宽均应在 0.8m 以上。

以上是在建筑设计中，制定了相关的无障碍环境设计的规范。而在产品的设计上，虽然没有相关的硬性规定，但作为设计师来说，必须具有这种为弱势群体服务的思想和社会责任。

老年人由于生理原因，各种机能随着年龄的增长，不断退化。例如，美国对年龄在 65—79 岁之间的老年人所作的调查，大部分老年人的身高比他们年轻时矮了 5%。其他与衰老有关的特征如下：

（1）手部力量下降约 16%～40%。

（2）臂力下降约 50%。

（3）腿部力量下降约 50%。

（4）肺活量下降约 35%。

（5）随年龄增长体形变小。

（6）鼻和耳朵的尺寸变大。

（7）体重每十年增加 2 千克。

（8）随着年龄的增长，眼睛反应时间加倍。

（9）为了看清物体，40 岁人需要亮度是 20 岁人的 2 倍，而 60 岁人则需要的亮度是 20 岁人的 5 或 6 倍。

（10）随着年龄的增长，听不到高频的声音，需要戴助听器才能听到。[②]

……

所以老年人使用的产品，应根据其特点，进行适应性设计。如设计为老年人使用的手机，要满足"三大"：声音大、按键（字母）大和屏幕（显示的字）大。而且，功能单一，主要就是进行通话。随着老年人的机能下降，记忆力和表达能力衰退，手机（包括所有老年人的用品）的操作要简单方便。另外可增加 GPS 定位功能，当老年人出门，忘记了回家的路，子女很容易找到他（她）。

而儿童正好相反，随着年龄的增长，智能和体能迅速增加。特别是在幼儿（0—6岁）阶段，年龄在相差 1 岁之间，能力的差别都是很大的。所以要根据不同的年龄，给他们设计适合的产品。这需要设计师作详细周密的调查。在一些特殊方面，幼儿与老年人的使用要求相似。比如，对幼儿使用的产品，操作更为简捷，按键少，仅有父母的电话号码键，手机上也应有 GPS 定位功能等，如图 7.4 和图 7.5 所示。

图 7.6 是公共电话亭，左边的电话机悬挂的高度较低，主要是方便乘坐轮椅的人和儿童使用。

无障碍性设计就是要解除或减弱存在于社会生活中的各种使用障碍，使得残障人群乐意而方便参与各种社会活动。

[②] [美]阿尔文·R.蒂利，亨利·德赖弗斯事务所. 人体工程学图解——设计中的人体因素[M]. 朱涛译，北京：中国建筑工业出版社，1998，第 33 页。

图 7.4　老年人手机　　　　　图 7.5　儿童手机　　　　图 7.6　公共电话

据国家统计局等机构 2006 年 12 月 1 日公布的调查数据，截至 2006 年 4 月 1 日，中国各类残疾人总数达 8296 万人，残疾人占全国总人口的比例为 6.34%；60 岁以上的老年人口达到 1.43 亿，预计到 2010 年，在 100 个人中有 16 个是老年人，这是一组非常庞大的数字。随着物质条件的改善和生活质量的提高，人口老龄化已成为全世界关注的问题。在美国，大概每 4 个人中就有一个人有着某种程度的行动不便或者视力、听力方面的障碍，65 岁以上，有某种能力障碍的人两个人中就有一个。因此，无障碍性设计在社会生活中，维护社会的安宁与和谐，创造平等和尊重，有着举足轻重的作用。

7.1.3　障碍性设计

障碍性设计或称有障碍性设计，是相对无障碍性设计而言的。障碍性设计与无障碍性设计其目的是一样的，实质都是增强可及性的设计。严格地讲，障碍性设计是无障碍性设计的特殊部分。因为，障碍的设置，根本上是提高行为的无障碍性。一般而言，当无障碍性设计在观念上被认为主要为残障人群等提供方便时，障碍性设计就有必要与之分开论述。

障碍性设计指在设计中，人为地在产品上设置一些障碍，使活动受到适当的限制，从而使人的生理、心理行为更加合理和规范。对群体而言，可以使一部分人的行为具有可及性，而限制另一部分人的行为；对个体而言，可以限制一部分行为或动作，而使另一部分的行为或动作具有可及性。

活动的自由化要建立在高度合理化的基础之上，因此人为的障碍制定是必要的。障碍性设计除了在私密性设计（门锁、密码箱等）之外，还广泛用于公共生活中。这方面的例子是很多的。如道路上机动车与非机动车之间的栅栏、路口的斑马线、公共设置的防护栏等。再如公共汽车候车亭内的长凳，设计者有意把它设计成有一定倾斜的角度，使坐上去的人感觉不舒服，就不愿意在上面久坐。然而这正符合了候车亭坐椅是用来歇脚，而非悠闲静坐的功能特征。为久坐设置障碍，却使更多的人有歇脚的机会，增加了使用"人次"。2010 年 3 月在成都人民南路沿线公交站台新增的候车椅，形体太窄太滑，这样的"独特"形状就是基于这个原因，如图 7.7 所示。[③]

图 7.8 中是新西兰基督城公交车站的靠凳，这种倾斜的凳子设计很有意思，解决了背

---

③ 华西都市报 2010 年 3 月 26 日报道，记者亲身体验，刚坐上去就慢慢开始往下滑，椅子只是一个"支撑点"。市民普遍反映，椅子的斜面太陡，屁股待不住。椅子的形状是专门设计的，"脚踩地就坐得稳，脚一离地就要往下滑"，是这椅子的特点。公交站台的椅子只是满足人们的暂时休息，为更多的人所用。

包族卸下背囊的麻烦，既可以让人休息，也不需要放下行李。

图 7.7　公交站台的候车椅　　　　图 7.8　新西兰基督城公交车站的靠凳

障碍性设计的实施，还得有公共道德等约束，否则所设计的障碍就不一定起作用。如银行里为使顾客取款安全、方便所设立的一米线，街道中心设置的隔离栏，过街的斑马线等。

2010 年 4 月在苏州出现的盲人斑马线，对盲人而言，是无障碍性设计；而对正常人来说，则是障碍性设计（图 7.9）。虽然该设计，被认为是中国的第一条盲人斑马线，对盲人通过街道提供了便利，但通过该斑马线的车辆，就必须减速行驶。由于开车人在驾车通过盲人斑马线时，未能按照规定降低车速，而是快速通行造成了巨大的噪声，引起周围居民的反对。最终该斑马线由于"噪声扰民"被拆除了[④]。第一条盲人斑马线从诞生到消亡，只存在了短短半个月的时间。这里面有很多东西值得我们深思。[⑤]

（a）　　　　　　　　　　　　（b）

图 7.9　苏州设置首条盲人斑马线（图片来源：苏州新闻网，朱桂根摄）

---

④ 《苏州拆除首条盲人斑马线引发争议》http://mindiao.cntv.cn/20100517/102406.shtml.

⑤ 这里有两个方面的问题：一、提高市民和驾车者的素质；二、改进盲人斑马线的设计。把原来棱角分明、制作粗糙的凸出物，改成圆滑的半圆形突起，以减小车轮的冲击力，减轻噪声。

7.1.4 共用性设计

无障碍性设计关注、重视残疾人、妇幼和老年人等的特殊需求,但它的目的并非只是专为残障群体的设计,而是要着力于开发人类"共用"的产品——能够应答、满足所有使用者需求的产品。

共用性设计(Universal Design,UD,又翻译为"通用性"或"普适"设计)的概念,就是超越年龄、性别、国籍以及身体状况等界限,为尽可能多的人提供可以利用的产品和服务。

如对开门的冰箱的高度一般在180cm左右,所以冰箱的拉手就采用长条状。这样,既方便大人使用,也不会给小孩使用带来困难,如图7.10所示。

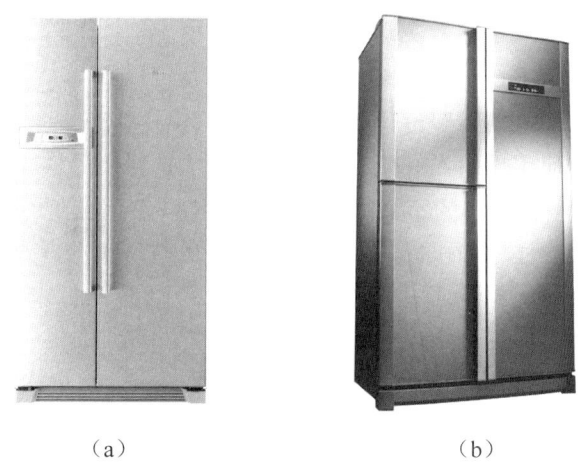

(a)　　　　　　　　(b)

图 7.10　对开门冰箱

1. 共用性设计的要点

共用性设计的要点,是在设计中增加使用时的感知"通道",我们知道,人类对外部的知觉可以通过多种感知通道获取信息。当某个通道出现故障,其余的通道就是变得敏感起来,弥补通道故障的损失。所以,我们在设计中,多增加感知的通道,是一个行之有效的方法。如手机的键盘,5字按键左右边缘上的两个小小的凸点[6]、计算机键盘中F和J按键下部的小凸线[7],具有定位的作用。它既能帮助正常人使用,更能提示盲人在操作中正确、快速找到相应的按键。这样的设计就具有"共用性",如图7.11和图7.12所示。

再如,一组匹配使用的洗发液与护发素,两个造型相同的容器,仅只是在其中的一个添加了一排线形凸起的触觉感知记号,就能使人一触便知是洗发液还是护发素。这个小小的设计,不仅消除了盲人使用的障碍,对于一般使用者来说,也是一种令人感激的亲切设

---

[6] 在固定话机和手机上,号码"5"字上的点或者凸起,是为方便盲人打电话而特别设计的,而且这个标准已作为国家标准。

[7] 按照指法要求,这两个键是放左右手食指的,为盲打做好定位。剩下的手指分别放在字母F的左边和字母J的右边,两个大拇指放在空格键上。

计——洗发的时候不用睁眼就能辨别。这看起来极为普通的设计，却体现出"共用性"设计理念的温暖。

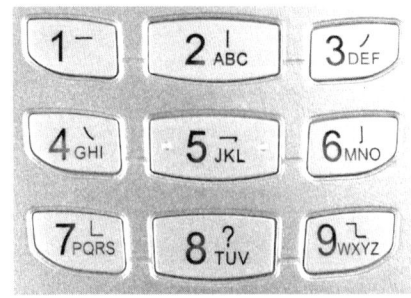

图7.11 手机键盘中的5字键

图7.12 计算机键盘中F与J键

类似的设计还有立体声耳机，利用凸起和凹陷的珠点来区分左右声道，既是外观造型上精巧的装饰，又是实现"共用"设计的"触知觉信息"。

由此可见，在产品使用界面设计中对于知觉方式的选择，是决定该产品能否实现"共用"的关键。因为人类具有诸多的感知"通道"，如视觉、听觉、触觉等，而残疾人所欠缺的仅只是其中的某个"通道"而已。因此，具有"多通道"知觉方式的设计，就是共用性设计的要点，产品就具有无障碍使用的优越性能。

再者，人类的使用习惯也是千差万别的。从用手的习惯而言，虽然大多数人是"右撇子"，但也有很多"左撇子"，所以在设计产品时，同时考虑到不同用手的习惯，增加产品的宜人性。

2. 共用性设计的原则

（1）公平使用。设计的用品应该适合拥有不同能力的人使用。

（2）弹性使用。设计品的使用"包络面"尽量地宽泛，考虑到不同使用的要求，使用的方法具有弹性。例如，产品既能方便右撇子使用，也能给左撇子提供便利。

（3）简单使用。设计品必须易于理解。普通人依靠最基本的生活经验、知识就可以操作；

（4）耐错使用。应该将设计中的错误影响降低到最低，而且用品在操作中出现错误时，也不会带来严重的后果，即要经得起错误的使用。

（5）充足使用。在设计中考虑到使用者的身体状态，不论他们是站着还是坐着，都能容易地活动和操作。例如冰箱的拉手，应考虑不同年龄的身高和手的尺度。

3. 共用性设计的局限

"共用性"设计与"个性化"设计的理念是相悖的。因为不同的民族，不同的文化，其生理和心理需求差异是很大的。所以说，"共用性"设计又是一个悖论⑧，人们在身体上的差别需要"共用性"；而人们在心理上的差别则需要"个性化"。这也是"共用性"设计主

---

⑧ 悖论指在逻辑上可以推导出互相矛盾之结论，但表面上又能自圆其说的命题或理论体系。所谓似是而非，似非而是的理论。

要关注公共空间与公共用具范围的原因。而在那些私人用品和私人环境中，人们更加注意设计给个人带来的精神享受。

7.2 产品语义学的运用

产品语义学（Product Semantics）是20世纪80年代工业设计领域将研究语言的构想运用到产品设计上的一种设计方法，是研究产品语言（Product Language）意义的学问。其理论架构始于1950年德国乌尔姆造型大学的"符号运用研究"，更远可追溯至芝加哥新包豪斯学校的查理斯·莫理斯（Charles Morris）的记号论。这一概念于1983年由美国宾夕法尼亚大学教授克拉斯·克利本道夫（Klaus Krippendorff）和俄亥俄州立大学教授莱因哈特·布特（Reinhart Butter）提出，并在1984年美国克兰布鲁克艺术学院（Cranbrook Academy of Art）由美国工业设计师协会（IDSA）所举办的"产品语义学研讨会"中予以明确定义：所谓产品语义学，是研究人造物体在使用环境中的象征特性，并将其知识应用于工业设计上。这不仅指物理性、生理性的功能，而且也包含心理、社会、文化等被称为象征环境的方面。[⑨] 它突破了传统设计理论将人的因素都归入人机工程学的简单做法，扩宽了人机工程学的范畴；突破了传统人机工程学仅对人的物理及生理机能的考虑，将设计因素深入至人的心理、精神因素。随着社会发展与进步、物质的极大丰富、消费层次进一步细化，人们对产品的精神功能需求不断提高，产品造型除表达其功能性目的以外，还要透过其语义特征来传达产品的文化内涵，体现特定社会的时代感和价值取向。正如法国著名符号学家皮埃尔·杰罗所说的，在很多情况下，人们并不是购买具体的物品，而是在寻求潮流、青春和成功的象征。

产品语义学是产品进入电子化时代后，提出的一个新的概念。一方面，由于电子产品的"黑箱"化使产品失去了机械时代的产品外形结构对操作的指示性；另一方面，随着社会发展与进步、物质的极大丰富、消费层次进一步细化，人们对产品的精神功能需求不断提高，这些都给产品设计提出了新的要求。

语义的原意是语言的意义，语义学研究对象是文字语言。语义学是研究语言的意义的学科，它主要研究语义的各种性质、类型、语义关系、语义的结构和功能，以及语义的形成和演变等。语义学不仅仅是语言学的分支学科，许多其他学科，如哲学、逻辑学、心理学、人类学、符号学等，也涉及语义问题。设计界将研究语言的构想运用到产品设计上，因而有了"产品语义学"。

产品语义学实际上是借用了语言学的概念，主要研究对象是视觉图形、图像与形态。与文字语言相对的可称为图形语言。人们知道产品的形态、构造、色彩、材料等要素构成了它所特有的符号系统，从整体视觉感受到每个构成局部的细节。通过这个记号系统，设计师传达出设计意图和设计思想，赋予产品以新的生命；通过这套符号系统消费者了解产

---

⑨ http://wiki.mbalib.com/wiki/%E4%BA%A7%E5%93%81%E8%AF%AD%E4%B9%89%E5%AD%A6.

品的属性和它的使用操作方法，它是设计师与使用者之间沟通的媒介。

语义由于使用在不同的场所，不同的使用对象方面，会有一定的差异。所以对语义正确的传达和理解是非常重要的。产品语义学也要考虑使用的产品和使用对象的问题。有一些相同的符号，在不同的产品上使用时，意义也是有差别的。

由于对语义的理解方面存在着"歧义"，所以在符号和形态方面的设计上，有时也必须有文字加以辅助。

设计师 Morrison S. Cousins 认为产品语义学是个工具，而且它使产品能有智慧地表达思想。M. McCoy 认为，产品对使用者而言，经常是个黑盒子。因此，产品应该具有视觉的暗示，以解开黑盒子之谜。产品利用隐喻是不足的，它与产品真正的功能有关。这个功能就是要考虑使用者的社会层面、心理层面及使用等各层面。

Klaus Krippendorff 自 1989 年以来，曾经对产品语义的观念提出许多的解释，其中的一个定义是，产品语义学是一种对旧有事物的新的觉醒，产品不仅具有物理功能，并且还要能够具有以下功能：

（1）指示如何使用。
（2）具有象征功能。
（3）构成人们生活其中的象征环境。

7.2.1 形态——产品语义的表达

设计师的语言最终是通过"形"表达出来。它需要设计师不断地积累经验，增加对形的感受力，并能科学地分析人—机—环境之间的内在联系。而且，设计者必须了解使用者。因为使用者是因人而异的。同一样东西，不仅对不同设计师会有不同的意义，在使用者之间也会有极大的差异。只有充分地了解使用者和使用的经验与习惯，才能创造出虽然是抽象了的形态，却能够用它去表达功能，使之成为易于被人接收的符号。

产品通过本身的形态来表达出相关的信息，即可表达出其操作的方式。下面是三件物品，它们就是利用其形态上的特征，表达出其具体操作的方式（图 7.13）。

如图 7.13（a）所示，在形体周边上连续切割出纵向凹槽，手指握住后，向左右转动最方便，它传达出"旋"的操作方式。

如图 7.13（b）所示，在形体的侧面进行了切割，所产生的凹陷可以放入拇指；或者在顶部形成一个突起 [图 7.13（c）]，这就使得方便使劲的方向是向上。给人传达出"掀"的操作方式。

图 7.13（d）所示，在形体顶部切割了一曲面凹陷，可容纳指尖，这就使得容易使劲的方向是向下，因此传达出"按"的操作方式。注意"按键"的高度不要太高。这里有两个原因：一是按键的高度高的话，容易产生可以"拉"的歧义；二是按键高度低平，只表达出"按"的意思，这样语义表达既清晰、准确；既节约了材料，又便于清洁。所以现在的计算机键盘的设计都是低平的，如图 7.14 所示。

设计应关注的方法与理论 第7章

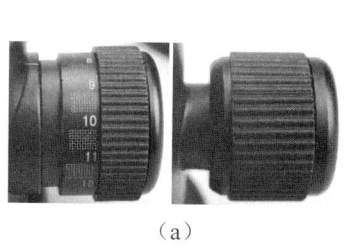
(a)

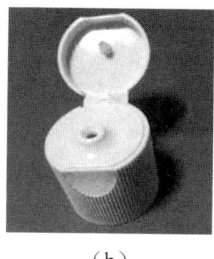
(b)

(c)

(d)

图7.13 形态表达出具体操作方式

（a）老式键盘

（b）目前使用的键盘

图7.14 键盘

以上可以看出，造型的语义传达必须建立在使用者的习惯上。而使用者的习惯又是建立在他们自身的生理特征为基础，在长期的操作实践过程中所形成的经验。因此，设计师要想向消费者传达准确、清晰的语言，必须把握消费者的生理特征和行为特征。只有这样，才能使设计者的每一笔、每一画都能准确地表达其功能含义。

7.2.2 产品语义学的法则

产品语义学运用在改善产品的"易用性"[⑩]上，可以简化成以下3个法则：

（1）它是什么？

（2）如何用它？

（3）用后的反馈。

一个产品必须要传达以上内容。设计产品时，设计师可以用这3个法则去检查一下所设计的产品是否可以被未来的使用者了解。以设计手电筒为例，试回答下列问题：

1. 它是什么

（1）它是手电筒还是小喇叭？

（2）谁是使用者？英国人、德国人、中国人？是家庭主妇、消防队员还是儿童？是男人还是女人？是健康人还是残疾人？

（3）它是用来干什么的？照明、打信号还是警告？

---

⑩ 易用性：指产品的使用简单、方便，容易掌握。其内容将在7.4小节中进行讨论。

(4)它是用在什么场所？钓鱼还是修车？

2. 如何用它

（1）握着、戴着还是放在口袋里等？
（2）它的每一个零件是做什么用的？
（3）如何操作？旋转、推拉、压？
（4）你的设计是否清楚地告诉使用者如何使用它？
（5）是否有什么任何使用经验可以告诉使用者如何使用它？
（6）你的设计是否需要说明书或其他指示？
（7）如果需要指示的话，放在哪里最有效？

3. 反馈

（1）使用后的结果，是否如使用者的预期结果一样？
（2）当操作正确时，它是否提供恰当的反馈信息？喀嚓声、闪光或顺畅的动作等。
（3）当操作错误时，它是否警告使用者？一个杂音、警笛声等。
（4）是否能够经得起使用者"尝试错误"的操作？

经过这一番考量，手电筒的设计就会呈现出多姿多态的面貌（图7.15）。

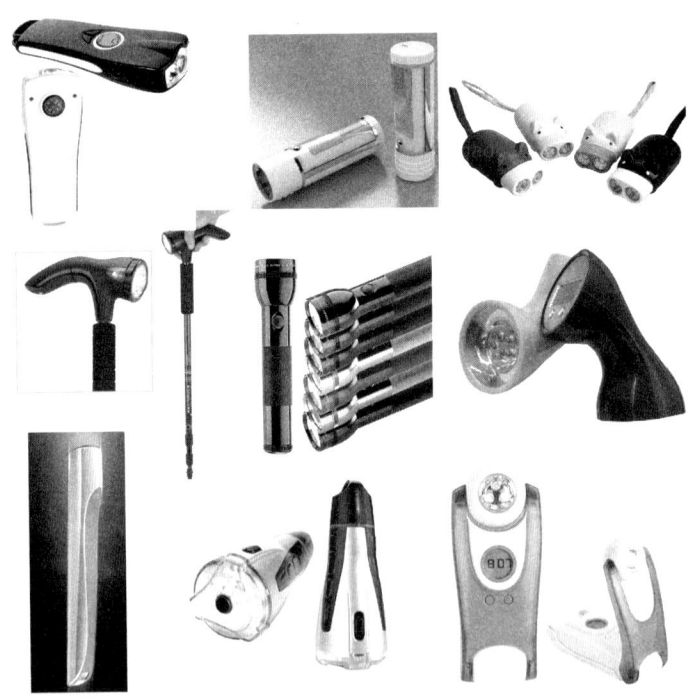

图 7.15　手电筒造型

一件新的设计代表着新的"语言"，这和人类的语言一样，是要经过学习才能通行无阻，才能被正确地认知。

随着电子产品的普及和操作越来越方便，越来越多的操作方式和按键、旋钮变为触摸式，越来越多地使用符号。符号的可识性越来越重要。

7.3 设计符号学理念

7.3.1 现代符号学的理论来源

现代符号学的理论来源主要是三个方面：瑞士语言学家索绪尔（Ferdinand de Saussure，1857—1913）[11]的现代语言学理论，美国哲学家皮尔士（Charles Sanders Peirce，1839—1914）[12]的符号论思想，现代逻辑学、德国哲学家卡西尔（Ernst Cassirer，1874－1945）[13]的符号形式哲学。符号学的研究融进了语言学、逻辑学、哲学、人类学、心理学、社会学、生物学以及传播学和信息科学的方法和研究成果，并应用于社会科学与自然科学研究的各个领域。"符号学既是一种批判研究的洞察力，又是一种方法论。在这个意义上，符号学完全可以作为检验我们的宇宙以及我们对宇宙的理解方式的一种架构。"

符号学是研究系统化符号的学问。简单地说，它是系统化地被人类利用来传达的或类似于传达的意指作用的符号。比如说语言就是这样的符号，人们可以利用语言来构成一个完整的传达系统。在符号学看来，几乎所有的传媒都包含了符号和符码两种要素。符号作为一种表现概念和情感的表象，是表达信息蕴含的基本元素。

而设计符号学，则是将符号学中的实用符号学的理念运用于设计的目的。在前一节中，已经提到产品设计中，设计符号的运用，是越来越多。这种设计符号，是一种表象符号，它能表情达意。

7.3.2 符号学在设计中的应用

符号是负载和传递信息的中介，是认识事物的一种简化手段，表现为有意义的代码和代码系统。当然，符号这一概念的外延相当广泛，设计中的符号作为一种非语言符号，与语言符号有许多共性，使得语义学对设计也有实际的指导作用。通常来说，可以把设计的元素和基本手段看作符号，通过对这些元素的加工与整合，实现传情达意的目的。

1. 设计中符号的特性

1）认知性

设计中，认知性是符号语言的生命。例如，我国的几大银行的标志都采用中国古钱币作为基本型，这正是因为古钱币作为货币与金融机构的关联，传达出银行这一信息，具有极强的认知性。如果一项设计作品不能为人认知，让人不知所云，那它就完全失去了意义，

---

[11] 索绪尔是现代语言学的重要奠基者，也是结构主义的开创者之一。被后人称为现代语言学之父，结构主义的鼻祖。《普通语言学教程》是他的代表性著作，集中体现了他的基本语言学思想，对20世纪的现代语言学研究产生了深远的影响。同时，由于其研究视角和方法论所具有的一般性和深刻性，书中的思想成为20世纪重要的哲学流派结构主义的重要思想来源。

[12] 皮尔士是数学、研究方法论、科学哲学、知识论和形而上学领域中的改革者。他发现并创建了作为记号语义学分支的逻辑学。发现逻辑运算可以用电子开关电路完成，因此预见了电子计算机的发明。

[13] 《符号形式的哲学》是卡西尔在文化哲学方面的重要著作。此外，他也撰写了一系列关于认识论、科学论、哲学史的著作。一般认为，卡西尔哲学的一大特色是新康德主义，通过其符号形式的哲学，将康德的知识论视角和马尔堡学派对自然科学的关注扩展到文化哲学的层面上去。

如图 7.16 所示。

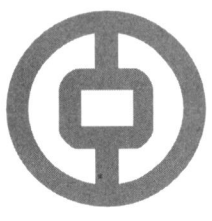   

(a) 中国银行　　　(b) 中国工商银行　　　(c) 中国建设银行　　　(d) 中国农业银行

图 7.16　银行标志

2) 普遍性

现代设计是为大工业生产服务的，设计作品会在大众中广泛传播。设计的符号语言只有具备普遍性，才能为大众所接受。设计者只有找出让自己、客户、消费者都能理解的设计语言，才能更好地完成设计任务，符号的普遍性这一特性，在许多公共场所的标牌设计中体现得尤为充分。如公共卫生间的男女标志（图 7.17），如果设计准确地传达出男女性别的信息，不论男女老幼，文化深浅，都能够清楚分辨。不然的话，就会带来认知的困难。公共标志在颜色的使用上，一般用黄色代表警告，红色代表禁止。所以在设计标志时，也要注意到颜色的选用。不要随意使用红色或者黄色来设计公共标志，因为会引起使用者的误解或者歧义。一般情况下，对于颜色在实际运用中的理解：红色——停止、等待、使用中等；绿色——通行、空置、可用等。如图 7.17（c）中，用形体和衣着的标志区别出男女卫生间，而这时男用卫生间的标志是红色的，说明卫生间正在使用中。

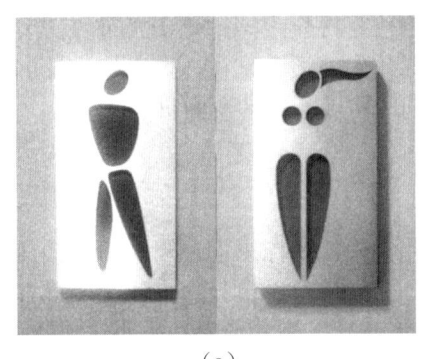  

(a)　　　　　　　　　　　(b)　　　　　　　　　　　(c)

图 7.17　厕所标志

3) 通用性

在设计中，符号一般强调"求同"，即符号的通用性，这样才容易被人们认知和理解。而且通用性也是设计师要充分考虑的因素。因为一件新产品的问世，如果操作方式采用了通用性强的符号，消费者就可根据以往的经验顺利使用。或者使用其他品牌的产品时，如果使用通用的符号，也就不会造成使用中的麻烦。所以，一些行业就制定了统一的符号图形规范，如《中华人民共和国国家标准 GBT 5465.2—1996 电气设备用图形符号》（图 7.18）。

设计应关注的方法与理论

   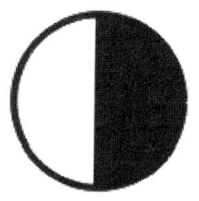

（a）通—断（开关）　　　（b）亮度　　　　　（c）色饱和度　　　　（d）对比度

图 7.18　电视机的操作图形符号

4）约束性

语言都具有民族性和地域性，设计语言也一样。任何语言都只在一定范围内被理解，只有具备相关文化背景的人才能接受到该符号所传达的信息。只有符合特定背景的符号才能在这一范围内被接受。前面讲到的中国几大银行都选择了古代钱币作为设计的基本形式。这就是民族性、地域性的表现。如果不理解中国文化的人，就不易明白这种形态的内涵，作品所表达的意思与形态之间的关联。

5）独特性

固然在设计中，通用性非常重要。但是，由于语言具有"约束性"，在设计中"求异"就成为设计成功的关键。因为比较形式和内容，前者绝对是更值得深究的。同样是针对一个主题，我们必须找出与之相关的尽可能多的表现形式，才能创作出与众不同的作品。2008年北京奥运会会徽"中国印·舞动的北京"，就是利用中国独有的书法艺术，充分表达了民族性和地域性。篆书"京"字，巧妙地幻化成一个向前奔跑、舞动的人形。字体部分采用了汉代竹简文字的风格，将字体的笔画和韵味有机地融入"Beijing 2008"之中。整体以印章作为表现形式，将中国传统的印章和书法结合起来，突出了中国特色，表明 2008 年的奥运会举办地在中国。1992 年巴塞罗那奥运会会徽由一点两线组成，蓝色代表地中海，红色和黄色是巴塞罗那市旗、加泰罗尼亚区旗和西班牙国旗的主要颜色。一点两线构成一个人的运动状态，或跑或跳，同时象征运动员欢呼和人们欢迎来自世界各地的运动员。2000 年悉尼奥运会的会徽取名为"新世纪的运动员"。由上而下：悉尼歌剧院的外形曲线被用来表示火炬，由太阳和三支土著人的传统狩猎工具"飞去来器"组成一个举着奥运会火炬奔跑的运动员形象。会徽的色彩语言极具象征意义，蓝色代表海港，黄色代表太阳和沙滩，红色代表内陆土地；文字好似沙滩上随手写出一样随意，突出了澳大利亚本土文化的独特性，如图 7.19 所示。

（a）2008 年奥运会会徽　　　（b）1992 年奥运会会徽　　　（c）2000 年奥运会会徽

图 7.19　奥运会标志

另外，公共卫生间的标志设计，又能够体现地域特点或者民族风情，在设计中具有相当大的空间。有些设计得一目了然，有些设计得晦涩难于理解。也正是由于不同的地域特色和民族风情，使得卫生间的标志设计趣味盎然，如图7.20所示。

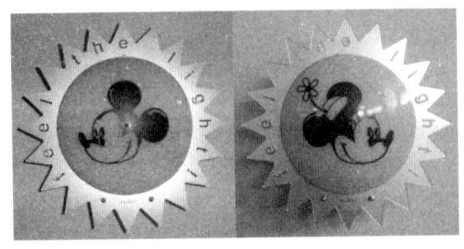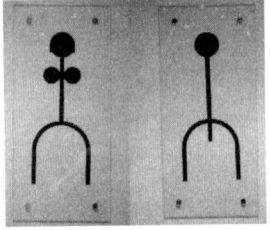

图 7.20　公共卫生间标志

2. 符号在设计中的运用

设计中对符号的运用有直接和间接之分。从某些作品中可以直接找到符号性的元素，而在另一些作品中却似乎很难发现符号的存在，但这并不意味着这些设计与符号无关。实际上符号是无处不在的，只是根据需要作用方式不同而已。这里可以分三种情况来考察这个问题：

1）对符号的直接运用

作品本身就是以符号的形式出现的。比如标志类设计，由于这类设计以图形为基础，以达意为生命，强调小而精，因此被浓缩得几乎等于符号本身。北京2008奥运会申办标志，运用奥运五环色组成五星，再利用中国传统吉祥图案"中国结"，相互环扣，整体图形好似一个打太极拳的人形，传达出中国北京奥运这一信息（图7.21）；在这类设计作品中，常常是把几个元素巧妙地组合起来，然后将其简化，得到类似符号的图形，也就是将图形符号化，形成独特的视觉语言，如图7.22所示。

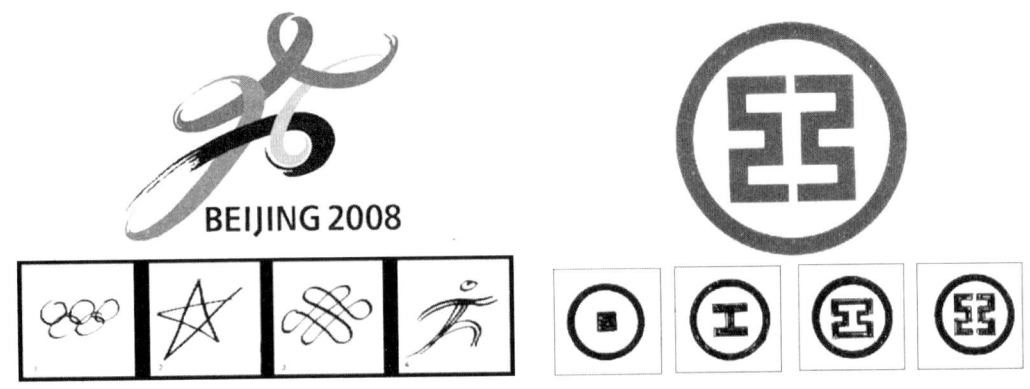

图 7.21　北京申奥标志　　　　　　　图 7.22　工商银行标志

2）以符号为基本元素的设计

这里的符号可以理解为具有既定含义的图形或实物。这种手法在地域性的徽记和标志设计中运用较多。如"杭州城标"的设计，以汉字"杭"进行演变，将杭州日常生活中常见的船、城廓、建筑、园林、拱桥等诸多要素融入其中，构成具有强烈的地域性标志，如

图 7.23 所示。

3）作品中含有符号性的因素

并非所有设计中符号都是明显存在的。相反，大多数设计会以更含蓄的方式传达信息，而符号本身则藏在幕后。换言之，符号可以是一种态度、一种行为方式、一种文化立场等等，通过有形的、有效的载体表现出来，而寻找这种载体的过程就是设计。获得 1998 年夏纳广告节金奖的奔驰车广告，图中只有停在路旁的汽车（其中色彩明快的奔驰车是诉求的主角）和刹车时轮胎与地面的擦痕。这是在"述说"这辆奔驰车实在太吸引人了，以至于那些不经意的驾车人在经过的它面前时，忍不住刹车停下来看一下，于是路面上便留下了一道道紧急刹车的印痕。这种表达含蓄而有深意，不流于表面。构图上，呈偏倚配置，把诉求的对象放在画面的一隅，而另一侧则比较空旷，充满了紧张感。为了达到整个画面的均衡，除了粗重的车轮摩擦痕迹之外，奔驰的商标和文字放到了画面的右下角，如图 7.24 所示。

图 7.23　杭州城标

图 7.24　奔驰车广告设计

设计是一门综合性的交叉学科，它是沟通和联系人—产品—环境—社会—自然的中介，直接影响人的生活方式。值得一提的是，绿色、环保、生态已经成为当今设计的共同主题。今天的设计是以节约资源和保护环境为宗旨的设计意念和方法。而其他诸多方面，如流行风格、民族特征、传统特色等文化因素也成为未来设计的一大潮流。设计工作者应该在从上述种种方面入手，发掘符号的潜能，将人文、科技、环保等主题融入设计符号中，更多的传达出设计师对社会的关注和对美的追求。

7.4　产品造型分析

7.4.1　造型分析的内容

产品造型分析的内容主要包括产品的功能、形态和色彩，是把产品的功能、形态、色彩等各种方案集中起来，进行整理后，通过综合分析的方法，找出产品组合的最佳方式的研究手段。这种方法工作量大，要通过收集同一类型的产品，对其功能、形式、色彩等进行分析，对各种方案进行分解、组合，用不同的手段，最终得到最好的方案。这种工作最适于利用计算机进行产品的分析、整理，并得到表现产品的最佳方法。

当然，在通过对产品的综合分析中，把各种方案进行重新组合，得到某种"新"产品，这是最基本、最简单的方法。而产品分析的方法，根本是在对已有的产品的分析中，找到功能更合理、形态更新颖、色彩更符合产品特征的最佳方案。

7.4.2 产品的易用性

在产品设计中，除对功能的完善与合理之外，易用性是要重点考虑的因素。易用性是人性化设计观的要求。在易用性中必须具有较强的可理解性。没有可理解性的话，很难讨论易用性。所以，往往把易用性和可理解性作为产品的两个并列的属性，并提出具备这两种属性的产品要符合两个条件：第一，要具有一个完整的理论模式，使用者可预测行为的结果，不盲目操作；第二，提高可见性，即每一个操作对应一个变化，使用者得知操作是否有效。20 世纪 90 年代初，针对计算机界面的运用日益频繁这一现象，又把对产品的使用分为可用和易用两个层次。

1. 易用性包含的内容

（1）易学性：指使用者很容易能掌握如何使用产品。
（2）高效性：使用有效，能很快实现预期目标。
（3）易记忆：隔一段时间（几天或几个月）后，再次使用，不需学习就能自如操作。
（4）少犯错：操作过程不易犯错，即使有也能及时发现并纠正。
（5）满意度：使用者对产品表示满意并乐于使用它。

当产品的功能性得到满足后，使用者往往会忽视产品功能上的优点，而对产品中带来的不便予以关注。

因此，易用性成为设计的一个重要标准，它是建立在功能性的基础之上。没有功能性的实现就没有判断产品易用与否的基础，而恰当的功能只是易用性的先决条件却非保证。

2. 易用性的实现途径

产品的易用性主要通过两种类型的设计方法来实现：
（1）人机工程学：解决人与产品之间身体的协调关系问题。
（2）产品语义学：解决人与产品之间信息的交流问题。

7.4.3 产品的趣味性

在易用性的基础上，一个更高的要求是趣味性。所谓趣味性，是指能引发人们某种感情或者注意力的因素，使人愉悦、好奇，感到有意思，能感染人、打动人，让人产生兴趣。趣味性设计更趋向于人性化，注重人的情感。产品设计中流露出趣味性倾向，正是受到大众审美趣味、大众文化影响的结果，也是设计师对现代设计理念的再认识与再丰富，是设计师巧妙地将设计信息艺术地融入大众文化的一种绝佳形式，它能带给人们更多的快乐和惊喜。

趣味性的设计，实质上是源自于人们对生活的热爱，对世界的关怀。同时也是产品人性化、艺术大众化的体现。趣味性设计富有夸张、变形、新奇等特性。产品设计的趣味性主要通过以下一些方式来达到的。

1. 幽默

幽默是人们健康的、富有人情味的心理感受。它营造轻松愉快的生活氛围，减轻沉郁烦闷的心理状况，创造豁达开朗的心境。幽默可以让人快乐。幽默的造型，具有突出的特点，或色彩绚烂，夺人眼球；或是拟态设计，模拟人们日常生活中的情趣；或是体态滑稽，非同常理。有的产品除了形体幽默外，还兼顾多样化的使用功能，其可爱多变的姿态顿时勾起人们对它的喜爱，如图 7.25 和图 7.26 所示。

图 7.25　便笺插　　　　　　　　　　　　图 7.26　挂钩

2. 新奇

新奇，就会激发人们的好奇心。其设计的原则是陌生化、超现实化和异化。它的表现为异乎寻常，出奇不意，给人更多的吸引性、奇趣性，如图 7.27～图 7.29 所示。

产品的新奇之处在于在外观、功能、材料、工艺等方面突破传统，给人以耳目一新的个性化享受。

图 7.27　带鱼缸的马桶　　图 7.28　指针和刻度都是扭曲的钟　　图 7.29　牙刷头采用人体造型

3. 游戏性

消费者不仅要求产品设计能够满足生活需要，还希望设计能够体现出独特的个性情趣，透露出一种不同的、丰富的、充满情感色彩的文化品位；不仅是被动地接受设计师设计的审美形式，而是也能主动地介入其中，进行创作。图 7.30 所示的 spindly legs 桌，四只桌腿是由若干相同的方形木块串联起来，使用中，使用者可以任意转动角度，改变桌腿的形状，营造出不同的效果。

图 7.30　spindly legs 桌

游戏性是要创造一种自由、灵活、多变的形态，打破传统约定俗成的产品形象，其独特性在于通过建立一套完善的模块组件系统，为消费者提供 DIY（Do It Yourself，自己动手）灵活组合的种种可能。消费者利用标准化、专业化的模块组件系统，可以尽情地享受随心所欲的组装、扩展、改变、延伸，像积木一样可以轻松随意组合，变、编、接、拆、拼，创造属于自己的设计空间，把灵感变成现实，充分满足人们追求变化、参与设计的愿望。图 7.31 所示的杯子里的饮料随着容量的减少，逐渐出现了一个心形。这就是杯子设计中暗藏的玄机，杯底到杯口的形状是由心形逐渐过渡为圆形。设想一下，用这样的杯子倒一杯咖啡给朋友，喝着喝着杯中出现了心形图案，他（她）会是怎样的惊喜！图 7.32 所示是一套儿童餐具，包括杯子、盘子、碗、调味瓶等，平时可以进行不同的组合，成为孩子的玩具。

图 7.31　杯底有心形图案的杯子　　　图 7.32　Metha Sitachit 产品设计

产品中趣味性设计的表达形式：
1) 材料选择

趣味性的创意也来自于对新材料的运用和把握。新材料新工艺的应用，往往是新产品形态发展的先导，新材料的拓展赋予产品设计丰富的物质基础，可以充分利用不同材料的质地特征进行设计，从而可以获得千变万化不同风格的艺术效果。如图7.33～图7.36所示。

图7.33 hayon灯具设计

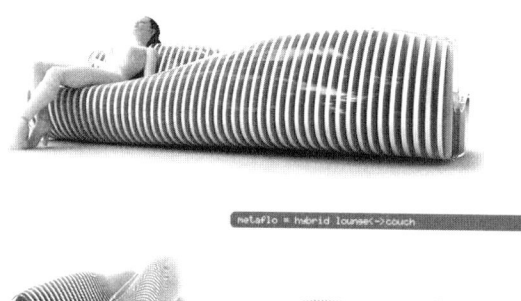

图7.34 宛转起伏的沙发

图7.35 透明的玻璃手机

图7.36 充气雨伞

2) 色彩运用

色彩具有强烈的视觉冲击力。色调明快的设计清新愉快、惹人喜爱；活泼的对比色，让人们感到原始的激情。造型丰富的产品，正是因为添入一些鲜艳亮丽的色彩而生动、跳跃起来。例如不同鲜艳度的色调产品搭配摆放，通透的材质形成根据光线变化而变化的色彩群，这样多样的色彩可以让人们在不同的搭配中享受色彩变化的游戏快乐，如图7.37所示。

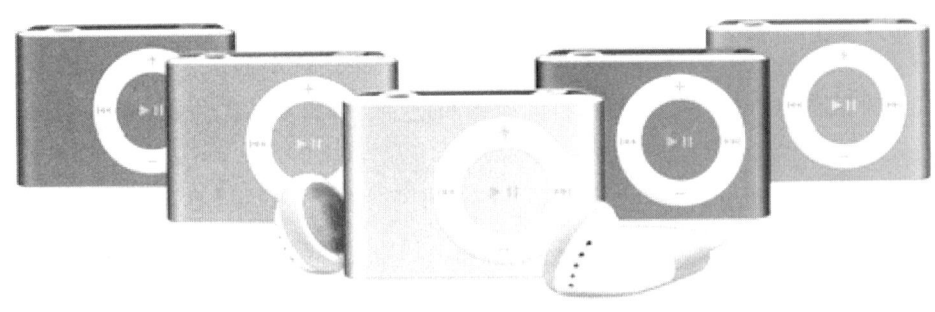

图 7.37　彩色 iPod shuffle 二代

3）造型设计

富有亲切感和趣味感的造型设计，能引起消费者的好感或好奇。在造型上，运用抽象、夸张、比喻、象征等手法，通过拟人、仿生、卡通等大众喜闻乐见的形象，运用简约明快、通俗易懂的艺术风格，增强产品的个性与吸引力。如通过对自然界生物局部或整体的仿生设计，使产品具有新奇怪异的形状，给人以强烈的视觉冲击力，如图 7.38～图 7.40 所示。

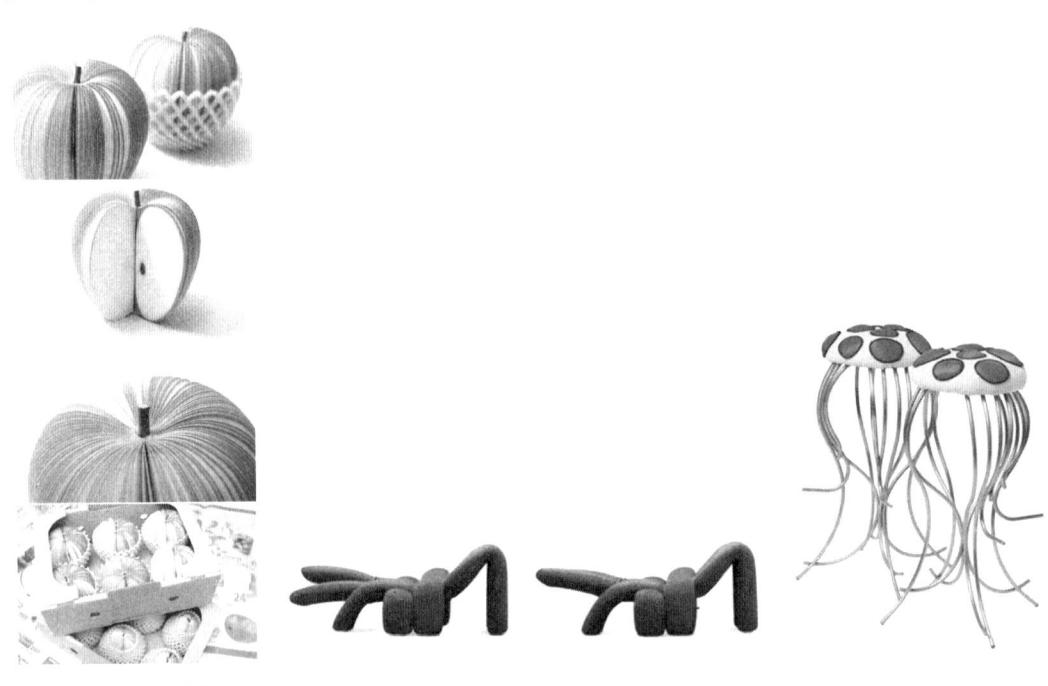

图 7.38　水果便笺纸　　　　图 7.39　蜘蛛躺椅　　　　图 7.40　水母椅

4）功能结构

产品的多功能能够满足使用者的多方需求，这在使用时就会给人造成一种愉悦舒心的心理体验，得到快感和乐趣。例如组合式家具产品本身造就的是一种多功能的形式，加上组合式本身的巧妙设计更能够表达一定的趣味，它使家具设计更多地融入了人的参与，使得互动性和沟通性增强，创造了参与的乐趣，如图 7.41 所示。

设计应关注的方法与理论 第7章

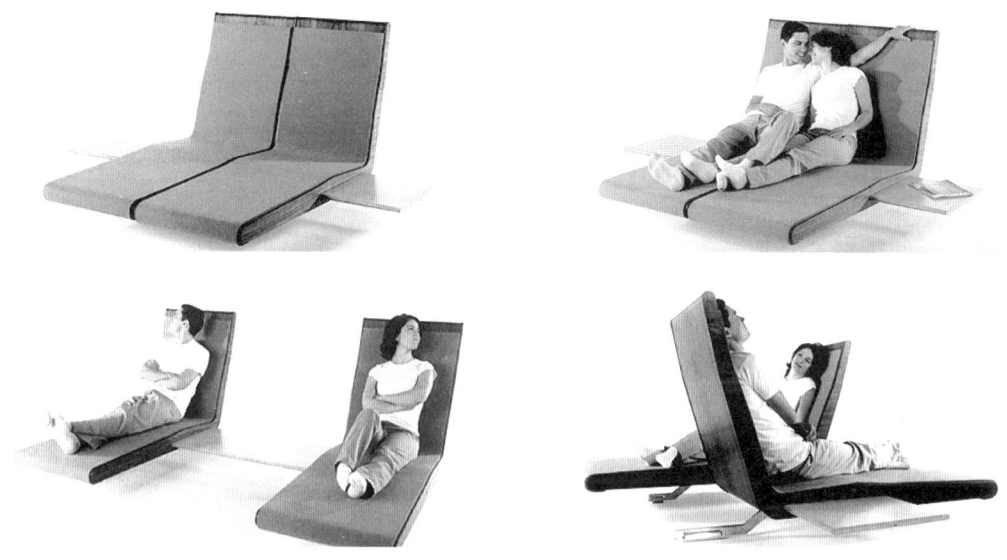

图 7.41　Protean 椅子

设计的趣味性更趋向人性化，注重人的情感。所流露出趣味性倾向，正是受到大众审美趣味、大众文化影响的结果，也是设计师对现代设计理念的再认识与再丰富，是设计师巧妙地将设计信息艺术地融入大众文化的一种绝佳形式，它能带给人们更多的快乐和惊喜，如图 7.42 所示。

图 7.42　大眼泡泡鱼造型的鼠标

7.4.4　工业产品的宜人性

如果说，功能性决定了产品是否被使用；易用性则决定了产品能否更好、更有效的使用；那么，趣味性就决定了产品会不会被使用。产品具有功能性、易用性和趣味性的有机结合，才能真正成为"宜人性"产品。宜人性应该是设计师设计产品时应努力追求的目标。

7.4.5　产品分析案例

水龙头是卫浴产品中非常重要的一员，作为出水端口，是人们日常生活中接触最频繁并且不可缺少的日用产品。本书在这里选取水龙头作为产品分析的案例进行说明。

水龙头的造型设计主要涉及出水方式、出水口造型，开关方式、开关造型，材料的选择，整体造型风格，设计的理念与构思等。

1）线型

线型在形态设计中的有着重要作用，线条是最直观与简洁地传达出形态的特征元素。在线形中，有直线型、曲线型和直线与曲线的结合型。直线与曲线的结合，又有很多的变化，如大直线小圆弧、小直线大圆弧等。

线形是各种形象的基础，任何物体的外形轮廓都是由各种线条集合而成。从美学的角度看，线条还应表现运动本身的自动——一种跃然纸上、不带模仿目的的欢乐之情。除表现动感的共性外，不同的线条可表现出不同的性格特征。直线有着男性的刚毅、硬朗的感觉，给人以直率、明确、有力的美感。曲线则有着女性优美、柔韧、流畅、丰满的视觉特征，给人以轻松、舒畅、优雅的感觉。另外，在直线与曲线中，形状及方向等特征的不同又赋予线以多种性格和不同的心理感受。

2）截面形态

在线型选择后，其形体的截面形态的不同，又会呈现不同的效果、比如长方形、方形和圆形、椭圆形、半圆形。不同形体的组合，会产生相互的对比，从而产生了轻重、缓急、节奏等的变化。矩形是以直的硬线条构成的，形体属于无机图形，具有庄重、严肃、挺拔、硬朗的感觉。圆形则由曲线构成，属有机图形，它展现的是亲切、圆转、柔和、轻快、生动、活泼的效果。所以，在形体的造型中，硬朗的直线与柔美的曲线的不同组合，产生出直中带曲，圆中带方的万千变化（图7.43）。

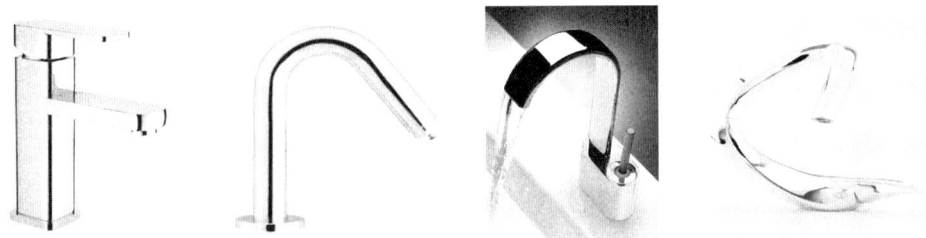

图 7.43　造型各异的水龙头

3）出水方式

水龙头作为出水的终端，其出水方式的设计就显得非常重要。造型优美再加上别致出水方式会增加使用者的兴趣（图7.44）。

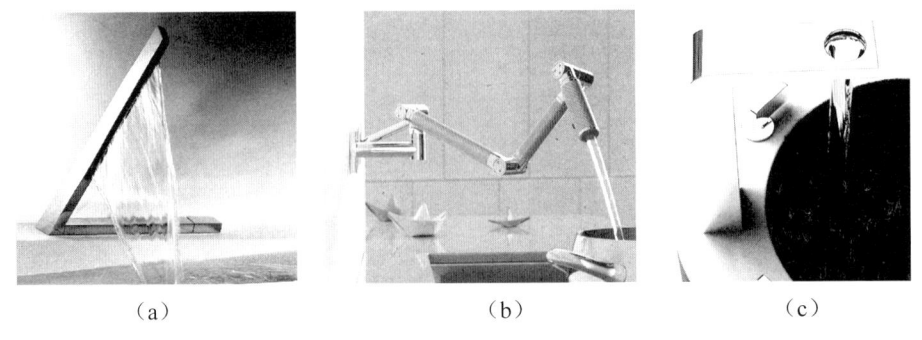

（a）　　　　　　　　　（b）　　　　　　　　　（c）

图 7.44　各种趣味盎然的出水方式水龙头

设计应关注的方法与理论 第7章

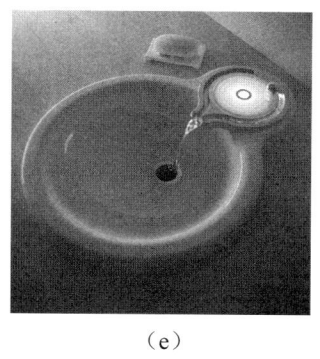

(d)　　　　　　　　　　　(e)　　　　　　　　　　(f)

图7.44　各种趣味盎然的出水方式水龙头（续）

从出水的方式，可以看出，设计者的设计理念与构思。图7.44（a）所示中（设计者：Bruno Sacco），龙头造型与水流的效果表现出刀锋的感觉——水的刚毅；图7.44（b）中，科勒Karbon水龙头可以随意折叠、伸缩自如，除了其方便、实用的功能之外，传达出水流的"千回百转"的理念；图7.44（c）水流穿孔而出，体现了"水滴石穿"的意境；图7.44（d）（设计：王晓青）则形象地诠释了"水到渠成"；图7.44（e）龙头的出水圆盘与感温变化的色彩，巧妙地表现出梦幻涟漪——水的柔美；而图7.44（f）表现了水流与瀑布的转换。这些设计无不体现出设计者的别具一格和情趣，也是产品的趣味性所在。

4）色彩

卫浴环境要求水龙头具有耐用、干净、易于清洁等特点。所以，相对于其他产品而言，水龙头的颜色基本是利用材料的本色。如银色、金色、古铜色、铁黑色，还有就是各类陶色。同时需要设计者考虑到其使用环境整体性来选色。卫浴水龙头的色彩不仅能唤起各种情绪，表达情感，甚至影响使用者的生理感受，所以在设计产品时色彩是产品情感表达的重要构成要素。

5）材料的选择

在材质上，水龙头因其的使用条件、环境，决定了它的材质主要有金属、陶瓷、塑料等。金属给人坚硬、耐用、干净、冰冷和昂贵的感觉；陶瓷是卫浴产品中使用最多的一种材质，给人干净、温暖、饱满、柔美、易碎的感觉，而塑料的材质给人简单、便宜、宜用、柔软的感觉。

近年来，在水龙头的造型设计中，出水口部分选用透明材料。透明材料一般由玻璃、塑料或水晶等材料组成。一是因这些材料具有良好的可塑性，它可以被塑造成多种形体，或曲或直；二是透明材料的通透感与不透明材料的组合，造成材质的效果对比。另外，透明体除具有通透、空灵的效果之外，还具有特别的折射性能。当它较厚时，易达到特别的折射效果，特别是在不同曲面的形体折射后，产生各种独特的视觉感。产品通过玻璃单体满足出水和承重的要求，得到充满折射的奇特效果，如图7.45所示。

图7.45（a）水龙头采用透明玻璃制成的开放式凹槽引导水源直接落入水池；⑭图（b）金属立架与透明塑料的出水口组成新颖的造型；图7.45（c）水龙头是透明圆盘造型，中心立柱

---

⑭ 中洁网 http://www.jieju.cn/

是开关控制杆。

 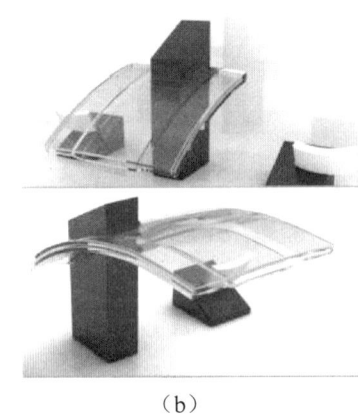 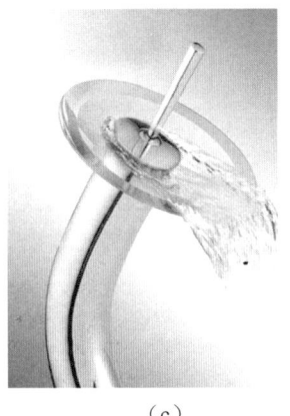

(a)　　　　　　　　　　　(b)　　　　　　　　　　　(c)

图 7.45　出水部分为透明体的水龙头

6）设计与创意

优秀的设计，往往是体现设计文化。同样，水龙头的形态造型，从整体上考量了设计师的设计思考对设计文化的诠释。获得"中国企业产品创新设计奖"金奖的"君临天下"雅鼎水龙头，图 7.46 所示。创意来源于中国古代帝王的皇冠，简洁、大气，操作方便却耐人寻味。造型形式较好地融合了传统文化与水龙头的形态和功能，传达出浓郁的"中国"味道。

SOLEX 的人水卫浴设计团队所设计的三款水龙头，由于较好地诠释了中国传统文化，获得了 2009 年 IF 产品设计奖。⑮

"梦唐"的设计灵感来自日出：一轮红日在东方地平线上缓缓升起，阳光普照大地，金碧辉煌的盛景让人仿佛梦回大唐盛世。"梦唐"的造型，线条简练，整体方中带圆，如图 7.47 所示。

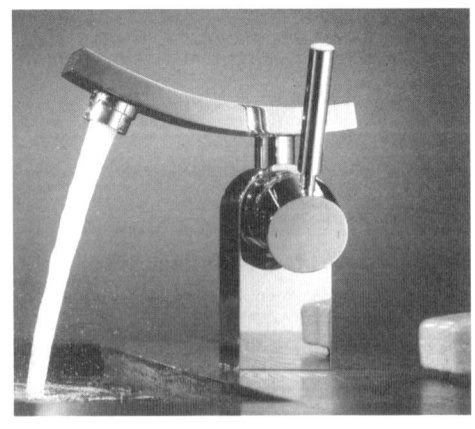 

图 7.46　"君临天下"面盆水龙头　　　　图 7.47　"梦唐"面盆水龙头

---

⑮ 资料由马佳提供。

"禅静"设计灵感源自佛家的"禅者静也"——入禅则静,静中求纯,纯则为安。汲取这一理念,"禅静"以简约的方形造型,配以控制面板及底座不对称设计,在不对称中求得平衡,静中求动。出水时水温高低会闪烁不同光晕,为使用者提供安全舒适而又不乏趣味的用水环境(图 7.48)。

"致尊"在设计上,以龙的形象特征作为设计元素,转折处外方里圆的造型,沉稳威严又不失亲和力,如图 7.49 所示。

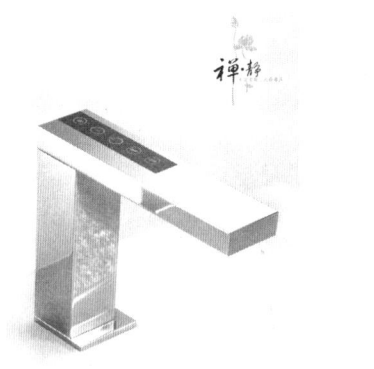 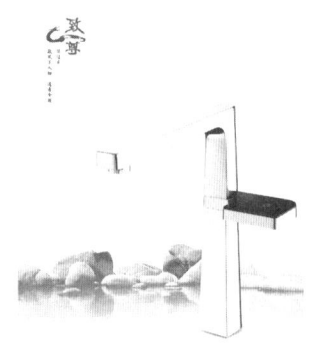

图 7.48 "禅静"面盆水龙头　　　　图 7.49 "致尊"厨房水龙头

另外,在水龙头的设计制造中,还有很多技术方面的处理,如起泡器的应用。起泡器可以减缓水流的速度,令手感柔和,减少迸溅,在一定程度上达到节水的目的。这里主要是讨论产品造型设计,对其具体的技术问题不再赘述。

总之,对于水龙头经过了对其功能、形态和色彩等方面的分析,就会找到符合使用者需求和全新的设计方式。

图 7.50(a)是"Miscea 多功能感应水龙头",中间液晶屏显示当前水的温度,左右的"+-"调节水的温度。另外,标志着 soap(洗手液)、disinfect(消毒液)和 water(水),使用方便而且操作简单;图 7.50(b)是可自动关闭的新型节水龙头;图 7.50(c)水龙头的水流从金属制成的平板狭槽中流出,金属平板可以活动,能够非常方便的调节方向。[16]

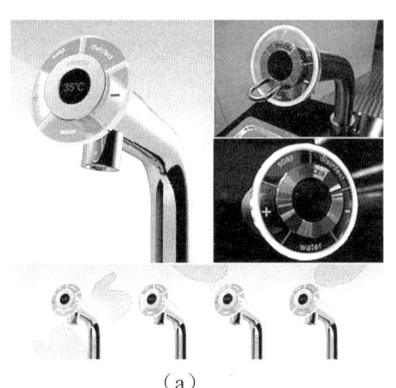 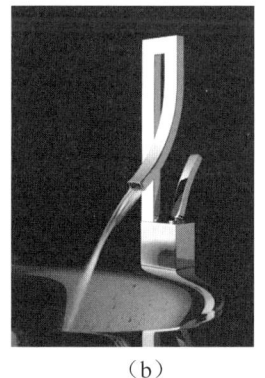 

(a)　　　　　　　　(b)　　　　　　　　(c)

图 7.50 功能、形态、色彩兼备的水龙头设计

---

[16] 中洁网 http://www.jieju.cn/.

思考与练习

7-1 残障人群是指哪些人？与残疾人群的区别？
7-2 无障碍性设计和障碍性设计的实质是什么？
7-3 哪些设计属于无障碍性设计？
7-4 哪些设计属于障碍性设计？
7-5 共用性设计的理念是什么？
7-6 共用性设计的要点是什么？
7-7 共用性设计的原则是什么？
7-8 为什么说"共用性"设计与"个性化"设计的理念是相悖的？
7-9 在产品设计中，产品的形态是怎样体现"产品语义"的？
7-10 产品语义学运用的三个法则是什么？
7-11 设计中符号表现出哪些特性？
7-12 设计中对符号的运用有哪些方法？
7-13 造型分析的内容是什么？
7-14 造型分析的目的是什么？
7-15 产品易用性包含的内容有哪些？
7-16 产品的趣味性设计的实质是什么？
7-17 产品设计的趣味性主要是通过什么方式来达到的？

第8章 工业产品设计的发展趋势

教学提示：本章主要通过对设计的思潮和流派、多元的发展前景、人性化设计、绿色设计和生态设计的阐述和分析，使学生了解工业设计发展的历史及未来发展趋势，从而对现在的设计起到一定的指导意义。

教学要求：本章要求学生掌握多元化时代的几种设计思想，理解其形成的原因及特征，了解信息时代的设计发展趋势，对未来的设计领域有一个清晰的认识。

8.1 设计的思潮和流派

工业产品设计是一门交叉学科，其设计思想、设计原则、设计规律、设计方法等方面将随着社会的发展、科技的进步和社会文化的繁荣而发展和完善。例如，工业设计在接受社会学的影响和渗透后，在设计中将更多地融入对人与人、人与自然、人与社会等因素的思考，社会学的新成果将在工业产品设计中得到更广泛的应用。

从18世纪工业革命开始至今，工业产品设计观念从萌芽到当代社会发生了很大的变革，随着人类文明与科技的不断进步，设计思想经历了由低级向高级的变迁，在这个过程中出现了很多的设计思潮和流派。如果按照时间为轴把它们排列起来，几乎能够反映出工业设计史发展的整个过程。人类到底应该以什么作为工业设计的主导思想，是一个值得探讨的话题。

1. 工艺美术运动

工艺美术运动诞生于19世纪中期的英国，代表人物约翰·拉斯金（John Ruskin，1819—1900）和威廉·莫里斯（William Morris，1834—1896）主张恢复手工艺传统，反对工业化和大批量生产方式，尝试采用中世纪的淳朴风格，学习日本民间装饰手法，吸取自然主义的装饰动机，以期创造出一种新设计风格。

2. 新艺术运动

新艺术运动源自产业革命后的英伦三岛，是工艺美术运动在法国、荷兰、德国、比利时等国的继续深化和发展。它打破了19世纪弥漫于整个欧洲的矫饰的维多利亚风格的束缚，努力向自然界学习并加以大胆创新，试图以自然主义的风格开创设计新鲜气息的先河。与"工艺美术"运动相似，"新艺术"运动同样企图在艺术、手工艺之间找到一个平衡点，复兴手工艺的优秀传统。新艺术运动的名称在欧洲各国并不一致，在意大利被称为自由风格，在德国则称为青年风格，在法国称为新艺术。

3. 格拉斯哥学派

当流畅的优美的以各种形式的曲线和弧线为特征的新艺术风格发挥得淋漓尽致的时候，在英国北部苏格兰的重要港口城市格拉斯哥，出现了以横向和纵向的直线条按音乐的节奏感有规律的结合在一起的作品。由麦金托什（Charles R. Mackintosh，1868—1928）、麦克奈尔和麦克唐纳姐妹组成的格拉斯哥四人集团，是这种新风格的代表，被称为格拉斯哥学派。

4. 维也纳分离派

1897年，以约瑟夫·霍夫曼（Joseph Hoffmann，1870—1956）等人为首的建筑师和设计师成立了维也纳分离派。他们极力提倡与历史式样分离，追求新的创新精神。在室内设计方面，以霍夫曼为代表的一些艺术家坚持用对比强烈的黑白方格子为基本设计手法而十分引人注目。

5. 德国"青年风格"运动

重视自然主义的装饰特点，具有反机械化、反工业化的倾向。在1896年至1900年之间，具有明显的哥特式复古倾向，自然主义色彩和象征形式是其特点。1900年以后，与法国、比利时的新艺术运动风格开始接近。

6. 风格派

属于荷兰现代主义设计运动，产生于20世纪初，是早期国际现代主义设计运动的重要组成部分。风格派是荷兰的一些画家、设计家、建筑师在1918年至1928年之间组织起来的集体，其核心人物为杜斯伯格（Theo van Doesberg，1883—1931）、画家蒙德里安（Piet Mondrian，1872—1944）等人。风格派主张把纯艺术的风格派原则运用在建筑、家具、其他产品和平面设计中，渗透世界，以创造新的世界秩序，同时主张艺术应脱离于自然而取得独立，艺术家只有用几何形象的组合和构图来表现宇宙根本的和谐法则才是最重要的。

7. 构成主义

是由俄国艺术家马勒维奇（Kazimir Malevich，1878—1935）和塔特林（Vladimir Tatlin，1885—1953）等人在苏联十月革命后提出的一种艺术理论。他们认为空间只能在其深度上由内向外地塑造，而不是用体积由外向内塑造；造型应注重立体结构；具有形体的材料作为表现因素，每一根线条都应表现事物的内在力量；同时应把时间作为一个要素引入造型之中。俄国构成主义的艺术家们叹服于工业文明的巨大成就，着迷于机械的严谨结构方式，努力寻求与工业化时代相适应的艺术语言和设计语言。在标准型多功能家具、折叠型家具等的设计中，都曾应用了构成主义的手法，体现了形态上的简化和经济节约的特点。在广告和图形设计领域，构成主义与荷兰风格主义相呼应，体现了几何形体及空间转换的构思效果，在国际上产生了一定影响。

8. 现代主义

现代主义兴起于20世纪20年代的欧洲，其风潮几乎波及全球。现代主义设计思想遵循理性主义，采用新的建筑材料和手段，适应新的工业化社会需求，目的在于改造现存的社会，包括社会品位、观念、面貌，这些特性符合了机器大批量生产的标准化、机械化技术要求。现代主义设计是 20 世纪上半叶最稳定、最具影响力的设计风格，后期发展为风靡全球的"国际主义"风格。

9. 装饰艺术运动

装饰艺术运动起源于 1925 年在巴黎举行的"巴黎国际现代工业装饰艺术展览会"，它是对矫饰的"新艺术"运动的一种反动，反古典主义、自然的、单纯手工艺的趋向，主张机械化的美，具有积极的时代意义，但继承了为富裕上层阶级服务的传统。它在风格上还受到了当时西方流行的现代艺术流派如野兽派、立体派和未来派的影响。

10. 国际主义风格设计思想

国际主义源于现代主义建筑设计，是现代主义在第二次世界大战后的发展，20 世纪 70 年代到达顶峰。继承了现代主义风格，具有形式简单、反装饰性、强调功能、高度理性化、系统化和理性化的特点，设计形式上受到了米斯·凡·德洛（Ludwig Mies Van der Rohe，1886—1969）"少即是多"（国际主义的核心内容）主张的影响。

11. 商业性设计

是 20 世纪 40~50 年代一个颇具影响力的设计流派。由于工业设计作为一种社会上公认的职业起源于美国，它是 20 世纪 20~30 年代激烈商品竞争的产物，因而一开始就带有浓厚的商业气息，而美国也因此成为该流派的典型代表。商业性设计的本质是形式主义的，它在设计中强调形式第一，功能第二。设计师们为了促进商品销售，增加经济效益，不断花样翻新，以流行的时尚来博得消费者的青睐，但这种商业性设计有时是以牺牲部分使用功能为代价的。例如美国通用汽车公司创造的"有计划的商品废止制"，在设计新的汽车式样的时候，必须有计划地考虑以后几年不断更换部分设计，基本造成一种制度，促使消费者为追求新式样，而放弃旧式样的积极市场，使企业获得巨大的利益。商业性设计思想从 20 世纪 30 年代开始在美国的工业界生根，同时也影响到世界各国。

12. 斯堪的纳维亚风格

斯堪的纳维亚设计风格指的是 20 世纪 30~50 年代流行于国际的一种设计风格，以丹麦、瑞典、芬兰、挪威等北欧国家的设计为代表。它是一种简单实用的传统设计观念，在功能与形式之间找到新的平衡，设计简单、大方、实用，针对普通大众，突出功能，没有太多烦琐装饰，最终形成了独具特色的设计风格。这种风格的形成是基于特定的文化背景的，它克制对形式和装饰的过分追求，尊重功能主义和传统，在形式与功能上一致且避免过于刻板和严酷，从而产生了一种富有人情味的现代美学。20 世纪 50 年代斯堪的纳维亚设计盛极一时，其朴素而有机的形态及自然的色彩和质感在国际上大受欢迎，成为当时欧美最流行的一种设计风格。

13. 当代主义

20 世纪 50 年代斯堪的纳维亚和美国兴起的当代主义设计风格，是涉及家具、室内设计等方面的一种设计美学，它的基础仍然是确认使用功能的第一位重要性，它提倡室内设计、家庭用品、工作与生活空间等具有一种可移动性和一种弹性特征，反对传统风格，强调明快的现代感，主张室内空间的有机隔离与联系。

14. 流线型风格

流线型原是空气动力学名词，用来描述表面圆滑、线条流畅的物体形状，这种形状能减少物体在高速运动时的风阻。但在工业设计中，它却成了一种象征速度和时代精神的造型语言而广为流传，不但发展成了一种时尚的汽车美学，而且还渗入到家用产品的领域中，影响了从电熨斗、烤面包机到电冰箱等的外观设计，并发展成为 20 世纪 30~40 年代最流行的产品风格，美国设计师雷蒙德·罗维（Raymond Loewy，1893—1986）是流线型设计的重要推广者。流线型作为一种风格是独特的，它主要源于科学研究和工业生产的条件而不是美学理论。新时代需要新形式、新的象征，与现代主义刻板的几何形式语言相比，流线型的有机形态更易于理解和接受，这也是它得以广为流行的重要原因之一。

15. 波普设计

波普设计是一场风格前卫而又面向大众的设计运动，20 世纪 60 年代兴起于英国并波及欧美。波普一词源于英语的"popular"，有大众化、通俗、流行之意。它反映了当时西方社会中成长起来的青年一代的文化观、消费观及其反传统的思想意识和审美趣味。认为艺术不应仅供少数人享用，而应走向普通大众，进入每一个人的生活。因此要打破艺术与生活的界线，打破一切传统的审美观念。波普设计打破了第二次世界大战后工业设计局限于现代国际主义风格的过于严肃、冷漠、单一的面貌，代之以诙谐、富于人性和多元化的设计，它是对现代主义设计风格的具有戏谑性的挑战。波普设计带有浓厚的反现代主义色彩，主要是增加产品的多样性和趣味性。其目标市场是青少年群体，迎合了现代青年的桀骜不驯、玩世不恭的生活态度及其标新求异、用毕即弃的消费心态。

16. 高技术风格

高技术风格源于 20 世纪 20~30 年代的机器美学，这种美学直接反映了当时以机械为代表的技术特征。它的发展是与 20 世纪 50 年代末以来以电子工业为代表的高科技迅速发展分不开的。科学技术的进步不仅影响了整个社会生产的发展，还强烈地影响了人们的思想。"高技术"风格正是在这种社会背景下产生的。其设计特征是运用精良的技术结构、讲究的现代工业材料和现代先进的加工技术，并加以夸张处理形成一种符号效果。"高技术"风格在 20 世纪 60~70 年代曾风行一时，并一直波及到 20 世纪 80 年代初。但是"高技术"风格由于过度重视技术和时代的体现，把装饰压到了最低限度，因而显得冷漠而缺乏人情味，常常招致非议。

17. 后现代主义

后现代主义是 20 世纪后半叶欧美各国继现代主义之后出现的前卫美术思潮的总称，它是对现代主义的一种超越。后现代产品设计通常设计怪诞离奇，古典风格与现代几何形式并存，色彩夸张刺激，材料使用无拘无束，将大理石、皮革、胶合板等性质完全不同的材料集于一体，令人耳目一新。

18. 孟菲斯

1981 年，索特萨斯（Ettore Sottsass，1917—2008）组织"孟菲斯"。孟菲斯在 20 世纪 80 年代成为世界著名的激进设计集团，以高度娱乐、玩笑、俗艳的方法，来达到与正统设计完全不同的效果，表示丰裕时代的艳俗和平庸。这种设计色彩鲜艳，普遍采用非常俗气的材料——装饰板作为表面粘贴装饰基础。非常具有儿童心理特点的产品、家具造型和艳俗的色彩，形成明显的波普风格。设计之中有一种玩世不恭的气息，特别受到20世纪80年代青年人的喜爱。

19. 解构主义设计

解构主义兴起于20世纪80年代后期的建筑设计界。其理论基础是德里达在20世纪60年代创立的解构主义哲学。解构主义是在现代主义面临危机，而后现代主义却又一方面被某些设计家们厌恶，或者另一方面被商业主义滥用，因此没有办法对控制设计30、40年之久的现代主义——国际主义起到取而代之的作用时，作为后现代主义时期的设计探索形式之一而产生的。解构主义并不是设计上的无政府主义，或者随心所欲的设计方法，所有解构主义的建筑都具有貌似零乱，而实质有内在结构因素和总体性考虑的高度性化特征。

20. 新现代主义

20世纪60年代由于战后经济的快速发展，商业机构与办公空间激增。出现了与20世纪30年代早期现代主义风格极为相似的设计风格——"新现代主义"，这种风格推崇几何形式和机器风格，注重几何形式的抽象美和高品位，没有烦琐的装饰，从结构上和细节上都遵循了现代主义的功能主义、理性主义基本原则，但是却赋予它们象征主义的内容使设计具有独特的个人表现、象征性风格。

随着工业化程度越来越高，生产力的不断发展，对地球自然资源的利用也不断扩大，由此而引发的地球生存环境恶化问题，直接威胁到了人类社会的生存。资源、环境、人口如何协调发展已经成为人类社会所共同面临的重要问题，于是全球社会出现了保护自然、保护环境的呼声。旨在节约资源、保护生态环境的设计思想也应运而生，20世纪80年代以后，绿色设计、生态设计以及低碳设计都成为当代社会的工业设计主流。

8.2 多元的发展前景

现代工业产品设计已历经了一个多世纪的发展，无数工业设计师在设计的道路上不断开拓与创新。工业设计也经历了一次次的变革和发展，时至今日已成为人类生活不可或缺的一部分。21世纪是设计的时代，随着社会的进步和科学技术的发展，人们对产品的要求也越来越高。不仅要求产品的使用功能齐全与方便，更要求产品能够完善人们对个性、审美、情感、文化等精神方面的需求，同时在进行产品设计、制造和使用中，能够有效地保护自然生态、避免资源的浪费和环境的污染。在这样的时代背景下，工业设计被赋予了更高的要求，并朝着多元化的方向发展，工业设计师也将肩负更多的责任。因此，这需要不断的探索未知，寻找新的设计理念和新的技术方法，了解设计的发展趋势，才能伴随着科技的发展而不断完善自己。

就工业设计的发展前景而言，可以分为两个层面进行探讨，一是工业设计的技术层面，另一个是工业设计的发展层面，前者讲的是工业设计方法，后者讲的是工业设计理念。理念指导设计，方法完成设计，两者相辅相成，缺一不可。

8.2.1 工业设计技术趋势

1. 虚拟技术

虚拟现实系统又称为虚拟仿真技术，是以计算机支持的仿真技术为前提的，对设计、加工、装配、维护等，经过统一建模形成虚拟的环境、虚拟的过程、虚拟的产品。它融合了计算机图形学、多媒体技术、人工智能、人机接口技术、数字图像处理、网络技术、传感器技术及高度并行的实时计算等技术，它不仅指那些戴着头盔和手套的技术，而且还包括一切与之有关的具有自然模拟、逼真体验的技术和方法，它的根本目标就是达到真实体验和基于自然技能的人机交互。使用者可以在环境中自由地运动，观察周围的景物，还可通过各种专业的传感交互设备与虚拟物体进行交互操作。用户看到的是彩色景象，听到的是虚拟环境中的音响，感觉（手、脚或皮等）到的是虚拟环境所反馈的作用力，从而让使用者产生一种身临其境的感觉。将虚拟现实技术引入工业设计中，在设计的各个阶段利用虚拟数字模型方便快速地进行各种调查和试验，可以取得适用面更广、更接近真实状态的试验数据。同时，建立在实验基础上的产品设计工作将更具科学性和客观性，给工业设计的方法论以新的理念。

2. 概念设计

概念设计是由分析用户需求到生成概念产品的一系列的、可组织的、有目标的设计活动，它表现为一个由粗到精、由模糊到清晰、由具体到抽象的不断进化的过程。概念设计即是利用设计概念并以其为主线贯穿全部设计过程的设计方法。概念设计是完整而全面的设计过程，它通过设计概念将设计者繁复的感性和瞬间思维上升到统一的理性思维，从而完成整个设计。概念产品设计是产品设计过程中最重要、最复杂、最不确定的设计阶段，也是产品形成价值过程中最有决定意义的阶段，是设计理论中研究的热点。它需要将市场运作、工程技术、造型艺术、设计理论等多学科的知识相互融合、综合运用，进而对产品做出概念性的规划。概念设计可以界定为产品设计的创造性设计思维阶段，目的在于求得满足功能需求的可能性，如图8.1所示。

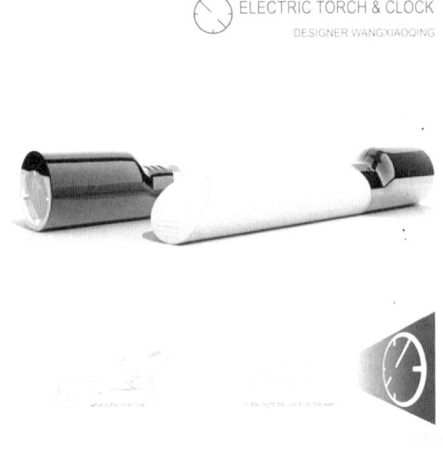

图8.1 时钟手电（作者：王晓青）

8.2.2 工业设计理念

1. "以人为本"的人性化设计

早在20世纪初,以工业设计先驱瓦尔特·格罗披乌斯为首的一些设计师便提出了"以人为本、强调功能"的设计理念,当时被称作"功能设计"、"功能主义",曾一度遭到了提倡以技术作为先导的技术主义的攻击。以人为中心即是"以人为本",它是为人的需要而设计的,它所提倡的是面向人的设计思想。"以人为本"的设计理念协调的是人与人、人与物、人与社会、人与自然之间的相互关系。"以人为本"的人性化设计的实质就是在考虑设计问题时以人为中心来展开设计思考。以人为中心不是片面地考虑个体的人,而是综合考虑群体的人、社会的人,考虑群体的局部与社会的整体结合,考虑社会的发展与更为长远的人类生存环境的和谐与统一。因此,人性化设计应该是站在人性的高度上把握设计方向,以综合协调产品开发所涉及的深层次问题。在工业化发展的一个漫长时期内,人们曾忽略了在产品"物"的形态里还包含与人的生理、心理密切相关的多种因素,致使许多工业产品在设计中出现了种种不利于人的弊端,不久便被淘汰。于是,致力于改善这种状况的人性化设计,伴随着人机工程学和设计美学的发展而成为当今最重要的设计观念。

2. 可持续性设计

1987年由挪威前首相布伦特兰夫人在《我们共同的未来》报告中提出来的可持续发展的概念:"既满足当代人的需要,又不对后代人满足其需要的能力构成危害的发展。"可持续设计的思想提倡协调人与自然的设计,保护环境、节约材料能源等设计原则,在生态哲学的指导下,将设计行为纳入"人—机—环境"系统,既实现社会价值又保护自然价值,促进人与自然的共同繁荣。随着工业化大生产的发展,自然资源紧缺、环境恶化等一系列问题的逐步加剧,人类越来越意识到人与自然应该和谐相处。于是保护环境、节约能源成为设计中需要考虑的重要因素,可持续设计思想由此产生。据科研人员研究,一个产品在使用期内的环境成本大约有80%取决于设计,这对减少废料、降低能源与材料消耗方面提出了更高的要求,因此设计过程本身必须以可持续发展的设计观作指导才能避免危害环境。可持续设计的总体趋势是材料天然、风格简洁、节能实用、使用寿命长、升级更新简便等。

可持续性的发展观念直接导致了绿色设计和生态设计的产生,尽管都为保护环境、节约材料和能源而衍生出来的科学设计理念,但是还是存在明显的区别,在后面的内容中将对绿色设计和生态设计进行详细介绍。

3. 低碳设计

在2009年末的哥本哈根大会上,"低碳"成为最炙手可热的话题。进入21世纪,气候变化已经成为一个受全球关注的要点,全球平均气温已经比20世纪高了0.6℃,比100多年前高了1℃。经济发展过程中由于煤炭、石油等工业燃料的大量使用,使二氧化碳等温室气体排放不断增加,从而导致全球变暖问题,对地球环境和经济发展带来了不可逆转的破坏。于是,从英国起源的"低碳经济"理念已经开始渗透到全球经济活动的各个方面。低碳设计由此而诞生,它是以设计为起点降低产品在制造、储运、流通、消费乃至回收等各个环节的物质和能源消耗,从而达到有效减少温室气体排放的目的。低碳设计包含两个层面的内容,一是产品要有可持续性设计,二是产品在使用过程中能使用清洁能源,如利用风能、太阳能、地热资源、小型水电、生物智能等可再生能源为产品提供能量支持,

图 8.2 所示为法国设计师 Mathieu Lehanneur 设计的植物空气净化器,就是完全利用植物来净化空气的空气净化器。

图 8.2 植物空气净化器

8.3 人性化设计

随着社会的进步和人们生活水平的提高,人们对一个产品的要求不仅仅满足于其使用价值,而且越来越注重产品的附加价值——情感价值、美学价值和个性化价值等,即人性化需求越来越高。从当代设计的发展趋势来看,人性化设计越来越受到重视。

8.3.1 人性化设计理念

从 20 世纪八九十年代开始,"人性化设计"一词就开始为人们所熟悉,并逐渐成为设计界引人注目的亮点,从而形成一股设计的新潮流。

1. 什么是人性化设计

人性化设计是指在设计过程当中,根据人的行为习惯、人体的生理结构、心理情况以及思维方式等,在原有设计基本功能和性能的基础上,对生产环境和设计物品进行优化,从而使受众感到方便和舒适。是在设计中对人的心理生理需求和精神追求的尊重和满足,是设计中的人文关怀,是对人性的尊重。

而产品的人性化设计是指在设计产品时,力求从人体工学、生态学和美学等角度达到完美,从而真正实现科技以人为本的目的。产品是为人服务的,产品设计必须以人为中心。产品人性化设计理念强调的就是要把人的因素放在首位,设计应该从人的各种需求出发,将对人的关怀、对人性的尊重、对人需求的满足贯彻到设计的始终。设计的主体是人,设计的使用者和设计者也是人,人是设计的中心和尺度。然而,以人为中心不是片面地考虑个体的人,而是综合地考虑群体的人、社会的人,考虑群体的局部与社会的整体结合,考虑社会的发展与更为长远的人类的生存环境的和谐与统一。

人性化设计在保持设计的科学结构和合理功能的同时，在设计中注入包括情感的、心理的、伦理道德的和历史文化等方面因素的人性化。它给人以想象的余地和韵味，引发人的心灵感动、震撼和回味，从而使设计在满足人的基本需要的同时，给人带来轻松愉快、亲切温馨、幽默有趣或其他意想不到的心理感受和情感体验，使冷冰冰的设计富于生命感和人情味，是科学和艺术、技术与人性的结合。

2. 为什么要实现人性化设计

人性化设计要求的出现是多种因素综合作用的结果，有社会的、个体的原因，也有设计本身的原因。综合起来，主要包括以下几个方面。

（1）人性化设计是社会经济和人类发展的必然结果，是人类需要阶梯化上升的内在要求。设计的目的在于满足人自身的生理和心理需求，因而需求成为人类设计的原动力。需求不断推动设计向前发展，影响和制约产品设计的内容和方式。产品设计的出发点就是要满足人的需求，而各种不同的需求就构成了产品设计的动力。设计的人性化因素的注入，绝不是设计师的"心血来潮"，而是人类需要的自身特点对设计的内在要求。

（2）人性化设计是人类追求理想化、艺术化生活方式的永不言止的设计境界，是未来工业设计的发展方向。随着人类认识水平的逐渐提高、深化和上升，人类认识将由"必然王国"走向"自由王国"，人类的设计也必将随着自身认识的提高走向更高的境界。日本设计师在20世纪90年代提出了一项称为"人的感觉的计划"，其目的是"要找出怎样才能使日常使用的产品让人用起来感到更舒适、更惬意的办法"，将设计的精神因素提高到很高的层面。而设计的层次越高，其精神性的因素就越多、越圆满，物质性和精神性、理性化和人性化的结合就越完美、越融洽。

从某种意义上说，设计的不断发展和提升的过程就是人的认识、思想和情感的不断完善的过程，人类设计是人类情感、文化精神及伦理道德的观照。设计人性化将是未来设计的趋势。设计师的工作就是：使人们从物的挤压和奴役中解放出来，使人的生存环境和物品更适合人性，使人的心理更加健康发展，使人类感情更加丰富，人性更加完美，真正达到人物和谐、"物我相忘"的境界。

（3）人性化设计是高科技发展的必然要求，是高科技与高情感的平衡剂。高科技的迅猛发展，正逐步改变着人类生产生活的方方面面。在展示人类伟大的征服力量和无与伦比的聪明才智的同时，也带给人新的苦恼和忧虑，那便是人情的孤独、疏远和感情的失衡。许多未来学家隐隐道出了这种担忧。亚历山大·金在《一次新的工业革命还只是另一项技术》中写道："在一个房间里，信息输入的集中，非个人的和远距离通信可能性的集中，教育和文娱频道的密度，这些因素加上许多其他因素，可能使家庭失去机动性，并使家庭脱离人们的外部接触。这可能很容易导致个人的日益疏远，并不是我们今天看到的主动的反主流文化的隐退，而是被动的和不知不觉之间加剧的疏远，并且失去人的尊严和自觉。用更严格的话来说，大部分人活动的自动化，最终会导致人类的自动化吗？回答是：很有可能。"人类行为的自动化这种现实是人类所不愿看到的，也是违背人类自身的本质属性和人类高科技发展的最终目标的。因此，在高科技的社会里，人们必然去追求一种平衡——一种高科技与高情感的平衡，一种高理性和高人性的平衡。技术越进步，这种平衡愿望就越强烈。所以约翰·奈斯比特认为："无论何处都需要有补偿性的高情感。我们的社会里高科技术越多，我们就越希望创造高情感的环境，用技术的软件的一面来平衡硬性的一面。""我们必须学会把技术的物质奇迹和人性的精神需要平衡起来"，实现"从强迫性技术向高技术和高情感相平衡的转变。"而这种情感和人性平衡的实现，作为与人类生活息息相关的设计是责无旁贷的。许多有远见的设计家已意识到了设计的这一重任，1995年在斯图加特市举行的"首届世界仿生设计学术讨论会"上，与会的设计师、科学家和艺术家就呼吁重视设计对人类未来的影响力，为解决人性与技术之间的日益尖锐的矛盾发挥作用，人造物"自然化"、"人性化"。因此设计的人性化是高科技发展的必然要求，作为高科技结构张力的互补机制，人性化设计将永远充当高科技与高情感的平衡剂，与高科技发展形影相随。

（4）人性化设计反映了"为人而设计"的本质特征，在现代工业史上具有重要意义。设计的主体是人，设计的使用者和设计者也是人，因此人是设计的中心和尺度。这种尺度既包括生理尺度，又包括心理尺度，而心理尺度的满足是通过设计人性化得以实现的。从这个意义上来说，设计人性化和人性化设计的出现，完全是设计本质要求使然，决非完全是设计师追逐风格的结果。因为离开了对人心理要求的反映和满足，设计便偏离了正轨。因此设计的人性化已成为评判设计优劣的不变准则。李砚祖认为："什么是好的设计？处于技术水平、市场需要、美学趣味等条件不断变化的今天，很难有永恒评判的标准。但有一点则是不变的，那就是设计中对人的全力关注，把人的价值放在首位。"

日本本田公司研制的仿人机器人Asimo，是目前最先进的模仿人行走的机器人。Asimo身高1.2m，体重52kg。行走自如，进行诸如"8"字形行走、下台阶、弯腰等各项"复杂"动作。此外，Asimo还可以握手、挥手，甚至可以随着音乐翩翩起舞。从2000年10月31日诞生至今，Asimo的进步可以用神速来形容，2006最新版的Asimo，除具备了行走功能与各种人类肢体动作之外，更具备了人工智慧，具备了基本的记忆与辨识能力，可以预先设定动作，还能依据人类的声音、手势等指令，来从事相应动作。借助特殊的程序，Asimo现在已能确定出谁是"石头、剪刀、布"游戏中的胜者。在2008年的八国峰会上，它迎接过日本首相福田康夫，灵活的动作让首相夫人掩口而笑。2008年5月13日，美国底特律交响乐团举行了一场特别的音乐会。Asimo首次登台，指挥交响乐团演奏了百老汇音乐剧著名曲目《不可能的梦》，如图8.3所示。

图8.3 仿人机器人Asimo

图 8.3 仿人机器人 Asimo（续）

机器人 Asimo 深受人们的喜爱，使人们充分享受到了"使用趣味"和"使用快感"。Asimo 的成功得益于设计师对人性的深层次的关注和探究，得益于对"为人而设计"思想的深刻理会。设计只有以人为中心，为了人的身心获得健康的发展、为了健全和造就高洁完美人格精神而倾心服务，才会永远具有人类生命的活力。"离开了热爱人、尊重人的目标，设计便会偏离正确的方向。"

因此，可以说人性化设计完成了从"人要适应机器和产品"到"机器和产品要适应人"的历史性转变。以人为设计的中心，对工业机械或产品从环境、安全、可靠、使用、操作、心理感受等方面进行整体考虑和构思，并对人的生理、心理因素做科学定性与定量分析和研究，从而提出人与产品、机器协调设计的理论依据。人性化设计不但有助于提高产品的经济价值和社会价值，而且更为重要的是有助于提高和完善人性和人格，促进人的社会化和社会的现代化，提高人们的生活品质。

8.3.2 人性化设计观在设计中的体现

人性化设计要求设计尊重人的价值，首先以满足人的需求为目的。一般来讲，产品的人性化设计主要从两层面满足人的需要。一是生理和心理层面需要的满足，人性化的设计观要求在"以人为本"的思想指导下，将设计的重点放在如何使产品更适合人的使用上。设计师主要借助人机工学理论和数据来使产品适应人的生理、心理特点和使用习惯，提高产品在使用中的便利性和宜人性。第二个层面是审美和文化层面的需求，人性化的设计要求产品设计要从人对美的评价标准出发，通过对造型、材质、色彩等方面的合理组合，给产品的使用者带来审美的愉悦。另外，产品的文化价值的需求涉及社会价值观念、民族习俗、伦理道德等诸多方面的内容，这就要求设计师在设计之前要通过细致的调查分析，了解目标消费者在上述范畴内的喜恶倾向，并依靠自身敏锐的感知力对产品功能和形式加以预测。

具体来讲，人性化设计观在设计中的体现包括：追求产品的趣味性、娱乐性，满足人们深层次的精神文化需求，追求更适合人体结构的造型形式，同时强化对残疾人用品的关怀。主要表现为以下几个方面。

1. 功能的人性化设计

产品功能人性化的问题是当今社会人们关注的一个焦点问题。好的功能对于一个成功的产品设计来说十分重要。人们之所以有对产品的需求,就是要获得其使用价值——功能。如何使设计的产品功能更完善,最根本的是要考虑到人们的高层次需求,也是未来产品设计的一个重要的出发点。

在现代设计中,将人性化设计运用到产品功能设计中的例子有很多。比如:超市的购物车架上有隔栏,带小孩购物时可以将小孩放在里面,这样使购物过程更方便、轻松和愉悦;日本设计师深泽直人设计的伞,在伞把处设计了一个凹槽(图 8.4),方便挂塑料袋和其他物品。就是这么小小的凹槽就增加了一个功能,从而在朴实、简单、细微之处体现出对人的关怀。

 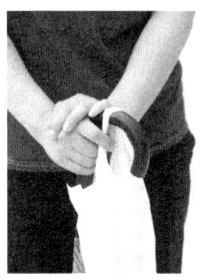

图 8.4　伞把处的凹槽

人们通过对产品功能的开发与挖掘,让产品以一种有亲和力的姿态面向消费者,让人倍感亲切和温馨。

2. 造型的人性化设计

造型是人们关注一切物象的基本点和出发点,会给人们最直觉的反映。设计的本质和特性必须通过一定的造型才得以明确化、具体化和实体化。由于世界上各个国家、地区、民族所处的地理位置和环境不同,政治经济条件、文化传统和宗教信仰不同,也就形成了各自特有的性格、爱好、习惯和追求。这样就给设计师提出了一个要求,设计必须符合区域文化和民俗特点,围绕造型要素来做设计,从而将人性化理念不断渗透于设计中。

所谓人性化产品就是包含人机工程学的产品,只要是"人"所使用的产品,都应考虑人机之间的关系。可以将其描述为:以心理为圆心,生理为半径,用以建立人与物(产品)之间和谐关系的方式,最大限度地挖掘人的潜能,综合平衡地使用人的机能,保护人体健康,从而提高生产率。从宇航系统、城市规划、建筑设施、自动化工厂、机械设备、交通工具,至家具、服装、文具以及盆、杯、碗筷等,在设计造型和制造生产时都必须把"人的因素"作为一个重要的条件来考虑。

另外,在"产品语意学"中,造型成了重要的象征符号。1985 年美国设计师迈克尔·格雷夫斯设计的电水壶(图 8.5),在壶嘴处有一只小鸟,当壶里的水烧开时,小鸟会发出口哨声。壶把上一条蓝色的拱形垫料,能够保护手不被金属的热量烫伤;底部很宽,能够使水迅速烧开,上面的壶口也很宽,便于清洗。

图 8.5　迈克尔·格雷夫斯设计的电水壶

3. 色彩的人性化设计

色彩是人们在产品设计中最敏感的视觉感受，能够强烈而迅速地被人感知。它是一种语言，又是一种情感表达的方式，创造产品人性化的色彩效果是十分重要的。

色彩一旦与具体的形态相结合，便具有极强的感情色彩和表现特征，具有强大的精神影响。当代美国视觉艺术心理学家布鲁墨（Carolyn Bloomer）说："色彩唤起各种情绪，表达感情，甚至影响我们正常的生理感受"，阿恩海姆则认为"色彩能够表现感情，这是一个无可辩驳的事实"。由此可见，色彩已经成为设计人性化表达的重要因素。不同的消费群体、不同的使用场合，产品颜色的选择尤为重要。对于儿童用品设计，大多运用活泼、明快的暖色调，色彩鲜艳夺目，对比强烈、纯度较高的颜色，容易吸引小孩子的喜爱，引起新鲜和好奇感，以适合他们的心理和成长需要。卡哇伊儿童灯具（图 8.6），简单的几何形造型，配以红、黄、蓝等色，明亮，充满天真气息；大面积蓝色感觉清新、宽广，好像广阔的天空；艳丽的红色灯罩、明快的黄色星星，给人童话般的感觉，使灯具童趣十足。

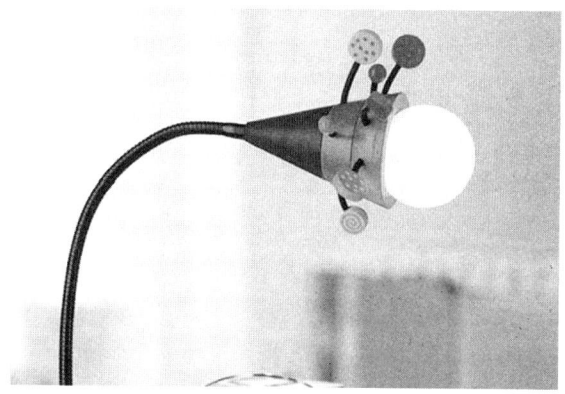

图 8.6　卡哇伊儿童灯具

另外，色彩除了能唤起人们某种心理感受外，还具有区分的功能。比如，某饭店标准间提供了两个不同颜色的牙刷，两个不同颜色的梳子和两个不同颜色的拖鞋。这些看起来不起眼的变化却提供了很大的方便。

4. 材料的人性化设计

产品设计在为人类创造了新颖、宜人的产品的同时，也加速了资源、能源的消耗，并对地球的生态平衡造成了巨大的破坏，所以产品材料的人性化设计就变得越来越重要而有意义。由于人们的自然资源越来越缺乏，在产品设计过程中，人们一定要合理利用有限的资源，尽可能减少材料的使用量和材料的种类，特别是稀有材料及有毒、有害材料，尽量使用可回收、便于加工处理、低能耗生产的材料，增加材料循环，最大限度降低各种消耗，同时又可再生利用。

人们在选用商品的时候，除关注造型与色彩之外，还会注意到商品的材质。不同的材质有着不同的美感和自身的情感特征。"材料的质感和肌理能调动起人们在感知中视觉、触觉等知觉以及其他感受的综合过程，直接地引起雄健、纤弱、坚韧、光明、灰涩等诸多心理形态。"材料本身能表现出材质的美感，而自身的材质美能使人在观察中获得审美的愉悦。

在产品设计中,材质的物理特性和潜在的表现性因素被引发为产品内在意蕴时,它们会更贴切地与设计主题和内容融合成一体,使产品具有更生动、更强烈的艺术魅力。如利用木、竹、藤、棉、麻等编制产生的产品,具有温和朴素的质感,蕴藏着人造材料无法替代的心理价值,用这些材料制造的产品就很自然地给人温暖柔和、真诚的亲近感,也体现了现代高科技与传统文化的人文关怀的共生。

5. 产品名称的人性化设计

借助于语言词汇的妙用,给物品一个恰到好处的命名,往往会成为设计人性化的"点睛"之笔,可谓是设计中的"以名诱人"。如同写文章一样,一个绝妙的题目能给读者以无尽的想象,给主题以无言的深化。一种好的设计有时亦需要好的名字来点化,诱使人去想象和体味,让人心领神会而怦然心动。比如雅格布森(Arne Jacobsen,1902—1971)设计的"天鹅椅"、"蛋椅"和"蚂蚁椅",日本设计师柳宗理(Sori Yanagi,1915—)设计的"蝴蝶凳"等,如图8.7所示。这些作品的名字都赋予了美好的情感,使人有一种"未见其人,先闻其声"的感觉。产品名称的人性化设计使冷冰冰的产品具有一种温情,从而消除人内心与产品之间的距离。

1992年意大利年轻的设计师马西姆·罗萨·吉尼设计了一个带扶手的沙发椅,柔软舒适,造型具有女性的特点(图8.8)。设计师为这一设计的命名让其名声大噪,身价倍增。他把这一作品叫作"妈妈",意味着这一沙发能提供给人以保护感、温暖感和舒适感,就像躺在妈妈怀里一样。设计师在展示其设计的实用功能的同时,还给人们提供了许多实用之外的东西,带给人们许多思考和梦想,其给人的心灵震撼和情感体验是不言而喻的。

图8.7 "蝴蝶凳"

图8.8 "妈妈"椅

6. 消费者精神文化需求的人性化设计

现代产品设计不仅要满足人们的基本需要,而且要满足现代人追求轻松、幽默、愉悦的心理需求。图8.9所示为意大利的设计师阿莱西(Alessi)设计的开瓶器,给枯燥、乏味的厨房立马增添了趣味。

工业产品设计的发展趋势 第8章

图 8.9 开瓶器——"安娜和她的'男朋友'"

英国 Priestman Goode 设计咨询公司设计出一种电扇,扇片是由布做成的,设计灵感来自帆和风筝。和以往的风扇一样的是,它能送来阵阵微风,不同的是再也不用担心手被夹伤。扇片可以在洗衣机里清洗。在不用的时候扇片垂下,一点也不占地方。风扇不再是冰冷的机器,变成了带给人们乐趣的玩伴。

因此,设计师应将设计触角伸向人的心灵深处,通过富有隐喻色彩和审美情调的设计,在设计中赋予更多的意义,让使用者心领神会而倍感亲切。

7. 关注特殊群体的人性化设计

设计的人性化也使设计师去更加关注社会中的弱势群体:残疾人、老人、妇女以及儿童。设计师只有用心去关注人,关注人性,才能以饱含人道主义精神的设计去打动人。

丹麦的设计师凯·保杰森曾经说过"让线条带有一丝微笑",巧妙地道出了北欧设计以人为本、富有人情味的真谛。瑞典的"人机工程组"专门为残疾人设计日常生活用品,充分表现了北欧设计师对特殊群体的真情关怀,引起了世界的关注。1986年设计生产的可调节的汤匙(图8.10(a)),其特点在于汤匙前部和手柄之间的角度是可以调节的,手柄本身也是弯曲的,这种设计适合手腕或手指有残疾的人士喝汤时使用。1978年设计生产的刀叉组合餐具(图8.10(b)),它是为单臂或只能使用一只手臂的食用西餐的人士设计的。西餐需要同时使用刀和叉,对于只能使用一只手的人士,就餐时要么需要别人的帮助;要么使用刀具对食品进行切割后,必须放下刀具,再拿起叉子,把食物送入嘴里。而瑞典"人机工程组"设计的这款餐具,只需一只手就能让他们享受像正常人一样自如就餐的快乐。

图8.11是芬兰设计师阿尔弗莱德·哈波利(Alfredo Häberli)专门为儿童设计的餐具,造型别致、色彩绚丽,能够更好地满足儿童的使用需求,吸引孩子前来用餐。儿童餐具远远不是把成人餐具缩小20%,或者添加一些卡通图案那么简单。哈波利的设计,是把娱乐性、游戏性的元素本能地融合在使用功能中,贯穿到餐具设计的每一个细节。例如,餐具的刀柄是被折弯了的,防止餐具在盘子里滑动,还可以很容易地握紧它;玻璃杯子的中部

比较细,适合孩子的小手牢牢地抓握;盘子的尺寸相当大,能够让儿童很方便地把不同食物分开。

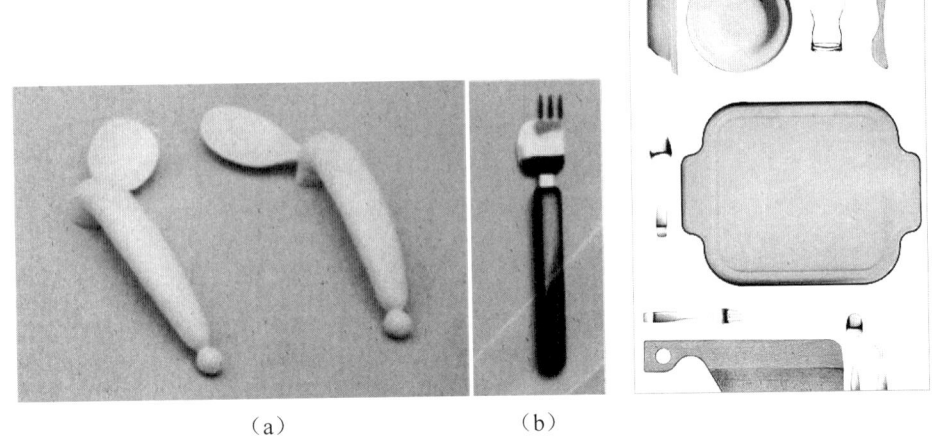

图 8.10 可调节的汤匙和刀叉组合餐具　　图 8.11 Kids' Stuff 童趣餐具

再如,提供老年人出行方便的助行车,既可以当手扶推车购物装东西,又可以在累了时当靠椅休息(图8.12)。这些设计,发自于设计师对每一个人的关爱与尊重,体现了设计师回馈社会的责任。

图 8.12 助行车

8.4 绿色设计

8.4.1 绿色设计的特征

资源、环境、人口是当今人类社会面临的三大主要问题,特别是环境问题,正直接影响到人类文明的繁衍。随着全球环境问题的不断恶化,人们愈来愈重视对于环境问题的研究。近年来的研究和实践使人们认识到：环境问题决非是孤立存在的，它和资源、人口两大问题有着根本性的内在联系，特别是资源问题，它不仅涉及人类世界有限资源的合理利用，而且它又是环境问题的主要根源。随着科学技术的发展，制造业对自然资源的消耗日益严重，不断开发新产品，淘汰旧产品，产生大量废弃物，污染环境。

为了寻求从根本上解决制造业环境污染的有效方法，20世纪90年代，随着全球性产业结构的调整和人类对客观认识的日益深化，在全球掀起了一股"绿色消费浪潮"。在这股"绿色浪潮"中，要求工业设计师们在产品设计上不只是追求形式上的创新，而更多地要求以冷静、理性的思维来反省工业设计的历史进程。不少设计师转向从深层次上探索工业设计与人类可持续发展的关系，力图通过设计活动，在人－社会－环境之间建立起一种协调发展的机制，这标志着工业设计发展的一次重大转变。"绿色设计"的概念应运而生，成了当今工业设计发展的主要趋势之一。

作为20世纪80年代末出现的一股国际设计潮流，绿色设计反映了人们对于现代科技文化所引起的环境及生态破坏的反思，同时也体现了设计师道德和社会责任心的回归。在漫长的人类设计史中，工业设计既为人类创造了现代生活方式和生活环境，但同时也加速了资源、能源的消耗，并对地球的生态平衡造成了极大的破坏。特别是工业设计的过度商业化，使工业设计成了鼓励人们无节制消费的重要介质，美国前通用汽车公司总裁斯隆和设计师厄尔提出的"有计划的废止制度"就是这种现象的极端表现。无怪乎人们称"广告设计"和"工业设计"是鼓吹人们消费的罪魁祸首，招致了许多的批评和责难。

早在20世纪60年代末，美国设计理论家维克多·巴巴纳克（Victor Papanek）就出版了一本引起极大争议的专著《为真实世界而设计》（Design for the Real World）。该书专注于设计师面临的人类需求的最紧迫的问题，强调设计师的社会及伦理价值。维克多·巴巴纳克认为设计的最大作用不应该是创造商业价值，也不是风格方面的竞争，而是一种适当的变革元素，设计应该认真考虑有限的地球资源的使用问题，并为保护地球的环境做出贡献。对于维克多·巴巴纳克的观点，当时能理解的人并不多。但是，自从20世纪70年代"能源危机"爆发以来，他的"有限资源论"才得到人们普遍的认可，绿色设计也得到了越来越多人的关注和认同。

1. 绿色设计的含义

绿色设计是指借助产品生命周期中与产品相关的各类信息（技术信息、环境协调性信息、经济信息），利用模块化设计、并行设计等各种先进的设计理论，使设计出的产品具有先进的技术性、良好的环境协调性以及合理的经济性的一种系统化设计方法。

绿色设计的含义可以从广义和狭义两个方面进行理解。

从广义上讲，绿色设计是20世纪40年代末建立起来，并在60年代以后迅速发展的环境伦理学和环境保护运动的延续，是从社会生产的宏观角度对人的活动与自然和社会之间关系的思考与整合。在当代社会概念多元化的背景下，绿色设计的外延不断扩大，其概念也在不断地发展变化，与其相接近的名词还有环境设计、生命周期设计、环境意识设计和低碳设计等。

从狭义上讲，绿色设计作为一种设计方法，是指以节约资源为目的，以绿色技术为方法，以仿生学和自然主义等设计观念为追求的工业产品设计及建筑设计。在实际操作中，绿色设计对环境保护或多或少地产生着积极而深远的影响。美国的技术评价部门 OTA 在 1992 年就把绿色设计定义为：绿色设计实现两个目标——防止污染和最佳的材料使用。

尽管绿色设计并不注重美学表现或狭义的设计语言，但绿色设计强调尽量减少无谓的材料消耗，重视再生材料使用的原则在产品的外观上也有所体现。在绿色设计中"小就是美"、"少就是多"具有了新的含义。从 20 世纪 80 年代开始，一种追求极端简单的设计流派兴起，将产品的造型简化到极致，这就是所谓的"简约主义"。法国著名设计师菲利普·斯塔克（Philip Starck，1949— ）是简约主义的代表人物。1994 年，斯塔克为法国沙巴公司设计的一台电视机采用了一种用可回收的材料——高密度纤维模压成形的机壳，该设计开创了绿色电器的先河，如图 8.13 所示。

图 8.13 斯塔克为法国沙巴公司设计的电视机

绿色产品设计强调在产品设计中，以预防污染和节约资源的思想为指导，建立开发环保的、经济的、可持续发展的产品体系。它从环境保护、经济可行的角度考虑问题，在开发产品的整个生命周期中（包括产品设计、原材料的提取、产品的制造、包装、销售和使用、用后的回收处置全过程），以预防污染为主，多级使用资源与能源，降低产品生产和消费过程对环境的影响，使其与地球的承载能力相一致。

2. 绿色产品设计与传统产品设计的区别

绿色产品设计与传统产品设计在设计理念、设计原则和设计方法等方面有着本质区别。

（1）传统产品设计旨在追求经济效益，注重产品的成本、性能、价格、受欢迎程度等，而忽略了产品的环境属性，即产品生命周期各个阶段的环境影响。较少考虑产品使用阶段的使用成本、保修期后的维修成本，未考虑产品生命终止后的处置成本。而绿色产品设计是从产品生命周期出发，需要综合考虑产品对人和环境的影响，同时兼顾产品的经济性等问题。在产品设计中，每个环节的工作都要考虑其结果会对环境造成怎样的影响。特别是在产品生命终止后，着重考虑废弃物产品如何回收、再生和再利用。只有这样，才能使废弃产品对环境的影响减至最小，才能最大限度地提高资源的循环利用率。因此，需要引入全新的产品设计理念与方法，改变传统的产品设计观念。

（2）传统产品设计是粗放型的，因为它仅考虑产品的功能、质量、寿命，不考虑产品使用及废弃对环境的影响，所以，其生产模式是产品生命周期为"摇篮到坟墓"。这种对能源消耗大、资源浪费、功能少、回收率小的生产模式，虽可取得经济一时的发展，但是是一种单向非循环模式，从长远利益看，它大量浪费了地球上的不可再生资源，如森林、矿石、石油等，而且生产出来的产品寿命结束后成为固体垃圾，以现在的科技水平难以处理。绿色产品设计采用的生产模式是产品周期为"生产到再生产"，考虑到完成使命的产品能再被利用，着重点是产品的再生而不是坟墓。考虑产品生产、使用、废弃时对环境所造成的影响，采取技术措施，从根本上防止污染。设计时遵循产品易于拆解，产品零部件尽可能采用同质材料以利于物料的再利用，尽量缩小产品体积，减少产品零部件、部件或整机可翻新和循环利用，尽量考虑选用环保材料等设计原则，增加产品的再循环；零部件在各个产品系列之间尽量予以统一和标准化，从而简化和优化了重复利用机会；从客户手里回收已不能使用的设备和零部件，并以不同方式进行再加工。从而以最小的代价，取得最大的报酬。

绿色产品设计是一种新的设计实践，其关键是要确保经济需要、环境需要、道德需要和社会需要得到均衡。绿色产品设计倡导的产品与服务是一种立足于人与环境系统的方法，形成更广泛的利害关系和伙伴关系，最终目标就是利用并行设计的思想，综合考虑产品生命周期中的技术、环境以及经济性等因素的影响，使所设计的产品对社会的贡献最大，对制造商、用户以及环境的负面影响最小。

3. 绿色产品设计的内容

1）绿色设计的材料选择与管理

绿色材料是指在满足一般功能要求的前提下，具有良好的环境兼容性的材料。绿色材料在制备、使用以及用后处置等生命周期的各阶段，具有最大的资源利用率和最小的环境影响。材料选择是绿色设计不可缺少的组成部分，是产品开发过程中的最早最重要的设计决策，同时又是一种重要手段，借助它可以使产品对环境的影响最少。绿色材料选择的 5 个原则如下。

（1）优先选用可再生材料，尽量选用回收材料，提高资源利用率，实现可持续发展，如图 8.14 和图 8.15 所示。

（2）尽量选用低能耗、少污染的材料。

（3）尽量选择环境兼容性好的材料及零部件，避免选用有毒、有害和辐射特性的材料。所用材料应易于再利用、回收、再制造或易于降解。例如，在进行家电产品的结构设计时，应尽量选择无卤塑料，因为在焚烧含卤塑料（PVC、CPVC 或 CPE 等）以及塑料中的含氯或含溴的染料、颜料、阻燃剂、增塑剂和各种添加剂时，由于它们的不延燃性，焚烧时不但产生大量的黑烟及氯化氢气体，而且还会产生有毒物质。

（4）尽量减少产品中的材料种类，以便于产品废弃后的有效回收。

（5）设计时，除考虑减少材料的种类外，还必须考虑材料之间的相容性。材料之间的相容性好，意味着这些材料可一起回收，能大大减少拆卸分类的工作量。

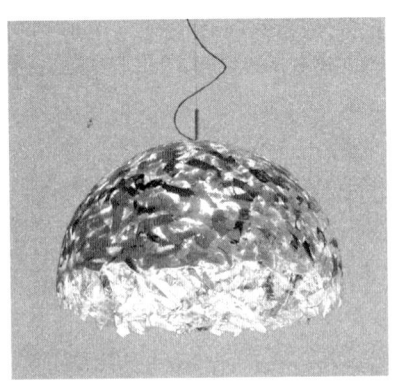

图 8.14 德国设计师 YeaYea 利用废旧 CD 设计的吊灯

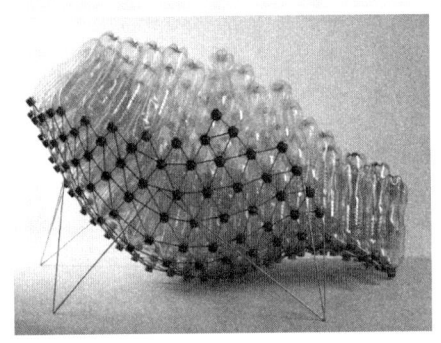

图 8.15 波兰设计师 Pawel Grunert 设计的"SIE43"椅子,由一个钢制框架和数百个空的塑料瓶子制成

2)能源的选择

地球的资源可以被分为两类,一类是存量充裕但流量受限(如太阳)的资源,一类是存量有限但流量充裕(如石油)的资源。农业社会只靠充裕的太阳流量生活,而工业社会则更多依赖于有限的地球存量补给。在进行产品设计时,可以考虑使用存量充裕的资源,例如,开发太阳能作能源的产品,这样,一方面解决了太阳能没有被很好利用的问题,另一方面太阳能对环境负面影响是很小的。

3)宜人性设计

利用人机工程学的原理,让使用者感到舒适、方便、心情愉快,无压抑感。另外,也要避免电磁辐射、噪声、有毒气体、有刺激性的气体和液体对人的危害。

4)面向可拆卸性设计

绿色设计要求把可拆卸性作为产品结构设计的一项评价准则,使产品在报废以后,其零部件能够高效地不加破坏地拆卸下来,从而有利于零部件的重新利用或进行材料循环再生,达到既节省材料又保护环境的目的。由于产品的品种千差万别,不同的产品必须采用不同的可拆卸性设计方法。概括地说,可拆卸性设计一般遵循如下原则。

(1)在满足功能要求和使用要求的前提下,尽可能采用最简单的结构和外形,使组成产品的零部件材料种类尽可能少。

(2)采用易于拆卸或破坏的连接方法;将零件连接在一起的方法有很多种,如螺纹连接、焊接、粘接、搭扣式连接等,在家电产品的设计中应优先选择易于分离的搭扣式连接。

（3）拆卸部位的紧固件数量要尽可能少，同时紧固件类型应统一，这样可减少拆卸工具种类，简化拆卸工作。

（4）尽量避免零件表面的二次加工，如油漆、电镀、涂覆等。尽量避免在注塑零件中嵌入金属件，这不仅是因为涂镀工艺本身会给环境带来极大的污染，也会使以后的分离拆卸工作难以进行。

（5）减少产品中所用材料的种类并在模具上模压出材料的代号标志，以便其后的分类回收。

5）可回收性设计

可回收性设计就是在产品设计时，要充分考虑到该产品报废后回收和再利用的问题，即它不仅应便于零部件的拆卸和分离，而且应使可重复利用的零件和材料在所设计的产品中得到充分的重视。资源回收和再利用是回收设计的主要目标，其途径一般有两种，即原材料的再循环和零部件的再利用。鉴于材料再循环的困难和高昂的成本，目前较为合理的资源回收方式是零部件的再利用。产品的回收利用率很低是因为长期以来，人们沿袭的生产模式是生产→流通→消费→废弃的开式循环，现在人们提倡的是闭式循环的生产模式，就是在原来的生产模式中增加一个"回收"环节。产品设计人员在产品设计过程中要仔细考虑产品的回收性能，并将其体现在具体产品的结构中。产品设计初期应考虑其零件回收及再生的可能性，即在其他新产品中，可以利用使用过的或废弃产品中的零部件及材料。合理的再生产方法会产生巨大的经济效益。这就应考虑产品零部件或材料回收的可能性、回收价值大小、回收处理办法、回收处理结构工艺等问题，并进行可回收性的经济评估，使废弃物减少到最低限度。意大利设计师 Roberto Pezzetta 于 1995 年推出的 Oz 冰箱（图 8.16），完全用可回收材料制成。回收性设计的主要原则可以归纳为如下几条。

（1）避免使用有害于环境及人体的材料。

（2）减少产品所使用的材料种类。

（3）避免使用与标准循环利用过程不相兼容的材料或零件。

（4）使用便于重用的材料。

（5）按兼容性组织材料。

（6）允许使用重用的零部件。

（7）鼓励用户进行循环利用。

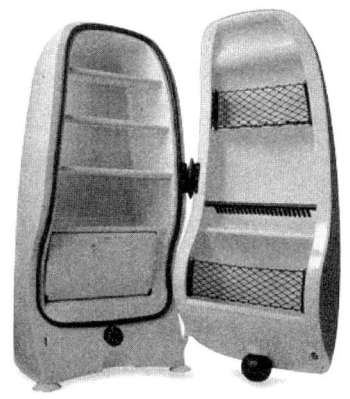

图 8.16　Oz 冰箱

6）产品环境性能设计

在产品设计初期，将其环境性能作为设计目标是绿色设计区别于传统设计的主要特点之一。由于不同产品有不同的环境性能，设计时应根据产品特点、使用环境与要求等分别予以满足。

7）长寿命设计

长寿命设计是指在对产品功能和经济性进行分析的基础上，采用各种先进的设计理论和工具，使设计出的产品能满足当前和将来相当长一段时间内的市场需求。它并非一味地延长产品的生命期，而是利用模块化设计、开放性设计、可维修性设计、可重构性设计和技术预测等设计理论和方法，最大限度地减少产品过时，也就减少了报废处理的产品的数量，既节约了能源和资源，又减轻了环境的压力。

8）节能设计

节能设计就是设计合理的产品结构、功能、工艺或利用新技术、新理论使产品在使用过程中消耗能量最少、能量损失最少。现在，越来越多的人都在关注产品的使用过程中所消耗的资源及其给环境带来的负担。美国能源部估计，美国每年要为待机状态下的电视机和录像机支付约10亿美元的电费，待机功耗已经引起了社会的广泛重视。因此，在产品的设计阶段，对其使用造成的能源消耗问题应给予足够的重视。这正是面向节省能源的设计（Design for Energy Saving，DFES）所研究的内容。减少能源需求，可以通过减少实际应用能源消耗和减少待机能源消耗来实现。

9）模块化设计

这里的模块是指按一定目的通过物理关系结合在一起的具有共同特性（功能）的一组零部件和子装配体的集合。广泛采用标准化、模块化的零部件，更重要的是设计时就应充分考虑产品报废时的回收利用。产品报废后，容易拆卸和分解，并可以加以回收或再生将是21世纪绿色工业产品的一项重要指标。

在对一定范围内的不同功能或相同功能不同性能、不同规格的产品进行功能分析的基础上，划分并设计出一系列功能模块，通过模块的选择和组合可以构成不同的产品，满足不同的需求。

模块化设计既可以很好地解决产品品种规格、产品设计制造周期和生产成本之间的矛盾，又可为产品的快速更新换代，提高产品质量，方便维修，有利于产品废弃后的拆卸、回收，为增强产品的竞争力提供必要条件。

10）绿色产品的成本分析

绿色设计中的成本分析与传统的成本分析截然不同。由于在产品的设计初期，就必须考虑产品的回收、再利用等性能，设计师不仅要考虑设计、制造、销售过程中的成本，还要考虑包括使用和废弃过程中用户和社会承担的成本。产品回收成本包括产品拆卸成本、产品再加工成本以及特殊产品相应的环境成本。因此，进行绿色设计时，应在做出每一设计选择时进行成本分析，使产品更"绿色化"，达到追求环境效益与经济效益"双赢"的目的。应该说明的是，同样的产品项目，在不同的地区和国家中，其实际费用会有差异。

11）绿色产品设计数据库

绿色产品设计数据库包括产品寿命周期中与环境、经济等有关的一切数据，如材料成分，各种材料对环境的影响值，材料自然降解周期，人工降解时间、费用，制造装配、销售、使用过程中所产生的附加物数量及对环境的影响值，环境评估准则所需的各种判断标准等。

12）绿色设计方法

绿色设计方法是理性的设计方法，它的许多方式可以同时适用于工业设计、工程设计和建筑设计等，同样也适用于绿色设计。绿色设计方法是突变论、信息论、离散论、模糊论、系统论、智能论、控制论、优化论、对应论、功能论、艺术论等各种现代设计方法的集成。

4. 绿色设计的原则

绿色设计应遵循如下设计原则。

1）技术先进原则

技术先进性是绿色设计的前提。要使产品成为绿色产品，必须采用最先进的技术。产品设计者应及时了解相关领域的最新进展，把握本行业的动向，发挥创造性，使产品具有强的市场竞争力。

2）功能先进实用原则

功能先进实用是绿色设计的根本原则，绿色设计的最终目标是向用户和社会提供功能先进实用的绿色产品。

功能先进性意味着产品采用先进技术来实现产品的功能。同样的功能，用先进技术来实现不仅容易，产品的可靠性也会增强，产品会变得更加实用，功能的扩展也更容易。功能实用性意味着产品的功能能够满足用户要求，并且性能可靠、简单易用。

3）资源最佳利用原则

在选用资源时，应从可持续发展的思想出发，考虑资源的再生能力和跨时段配置问题，避免因资源的不合理使用加剧有限资源的枯竭，尽可能使用可再生资源。在设计时尽可能保证所选用资源在产品的整个生命周期中得到最大限度的利用。

4）能量消耗最小原则

在选用能源类型时，应尽可能选用太阳能、风能等清洁和可再生的一次能源，尽量减少石油等不可再生的二次能源，以缓解能源危机。从设计上力求产品整个生命周期循环中能源消耗最少。

5）"零污染"原则

绿色设计应彻底抛弃传统设计的"先污染，后治理"的环境治理方式，代之以"预防为主，治理为辅"的环境保护策略，在设计时设法消除污染源，追求"零污染"。

6）"零损害"原则

绿色设计应确保产品在生命周期内对人员具有良好的保护功能。设计时不仅要从产品的制造、使用、质量、可靠性等方面入手，还要从人机工程学和美学角度考虑，避免对人员的身心健康造成危害。

7）安全宜人性原则

绿色设计要求产品符合人机工程学、美学等相关原理，以使产品安全可靠、操作性好、舒适宜人。

8）生态经济效益最佳原则

绿色设计不仅要考虑产品所创造的经济效益,还要从可持续发展的观点出发,考虑产品在全生命周期内的环境行为对生态环境和社会环境所造成的影响,达到经济效益和环境效益双最佳。

8.4.2 3R 原则

绿色设计着眼于人与自然的生态平衡关系,在设计过程的每一个决策中都充分考虑到环境效益,尽量减少对环境的破坏。对工业设计而言,绿色设计的核心是 3R,即 Reduce、Recycle 和 Reuse,不仅要尽量减少物质和能源的消耗、减少有害物质的排放,而且要使产品及零部件能够方便地分类回收并再生循环或重新利用。

1. 减量化原则(Reduce)

是指通过适当的方法和手段尽可能减少废弃物的产生和污染排放的过程,它是防止和减少污染最基础的途径。它要求用较少的原料和能源投入来达到既定的生产目的或消费目的,进而达到从经济活动的源头就注意节约资源和减少污染。图 8.17 所示为以色列设计师 Yoav Avinoam 用碎木屑设计制作的"零浪费"家具,最大限度地利用了废弃物。

2. 再使用原则(Reuse)

指尽可能多次以及多种方式地使用物品,以防止物品过早地成为垃圾。它要求制造产品和包装容器能够以初始的形式被反复使用,要求抵制当今世界一次性用品的泛滥。同时,再使用原则还要求人类通过诸如维修、交换、部件更新等方式尽量延长物质产品的使用期,而不是像传统物质经济那样刺激非常快地物品淘汰或更新换代。图 8.18 所示的"迷题"扶手椅(美国设计师大卫·奎克设计)就是通过组装而成的,部件随时可以更换。

图 8.17 "零浪费"家具　　　　图 8.18 "迷题"扶手椅

3. 再循环原则(Recycle)

是把废弃物品返回工厂,作为原材料融入新产品生产之中。它要求未来的生产能使物品在完成其使用功能后,重新变成可以利用的生产性资源,而不是不可恢复的垃圾。在这一点上,知识经济明显地表现为是以再生资源替代原生资源的经济,它将驱使人们利用自已排放的垃圾创造新的财富。因此在知识经济时代，生产者的责任应该包括解决废弃物的处理问题。制品诞生的生产只能算是完成了一半工作，关键的是要提供制品在寿终正寝后如何转化为再生资源，以进入新的经济循环的设计。英国艺术家 Robert Bradford 利用大量废弃的塑料，设计制作的玩偶，如图 8.19 所示。

图 8.19　Robert Bradford 制作的玩偶

由于知识经济的减物质化要求以减少物耗、避免产生污染为经济活动的根本目标，因此 3R 原则中各原则在循环经济中的重要性并不是并列的。按照 1996 年生效的德国《循环经济与废物管理法》，对待废物问题的优先顺序为避免产生（即减量化）、反复利用（即再利用）和最终处置（即再循环）。可见，减量化原则具有第一法则的意义。3R 原则及其排列顺序作为可持续发展思想的体现，反映了 20 世纪下半叶以来人们在环境与发展问题上走过的 3 个思想历程：首先，以挥霍资源、制造污染为代价追求经济增长的理念终于被抛弃，人们的思想从任意排放废物发展到了要求净化废物（通过末端治理方式）；随后，由于环境污染的实质是资源浪费，因此要求进一步从净化废物升华到利用废物（通过再使用和再循环）；最后，人们认识到利用废物仍然只是一种辅助性手段，环境与发展协调的最高目标应该是实现从利用废物到减少废物的质的飞跃，这就是知识经济产生的时代意义。与高消耗、高排放的传统物质经济相对照，知识经济要求追究生产方式和消费方式的本质，实现经济活动方式从高物质化到低物质化乃至非物质化的根本性变革。"3R"原则有助于改变企业的环境形象，使企业从被动转化为主动。典型的事例就是杜邦公司的研究人员创造性地把"3R"原则发展成为与工业相结合的"3R 制造法"，以达到少排放甚至零排放的环境保护目标。在实施"3R 制造法"时，他们成功地使生产造成的固体废弃物减少了 25%，有毒气体排放量减少了 70%，并从废塑料中回收化学物质，开发出用途广泛的乙烯产品。

作为知识经济和可持续发展的基本行为准则，3R 原则不仅提出了较高的技术创新要求，而且提出了较高的伦理转型要求，具有很大的社会变革意义。3R 原则所要求的减物质化和避免污染思想的产生，不仅适用于工业、农业、商业等生产和消费领域，还可以给人口控制、疾病防治、城市建设、交通控制、防灾抗灾等社会管理活动带来新的启示。一旦以 3R 原则为具体表现的减物质化思想从经济领域辐射到广泛的社会领域，将会真正引起一场走向知识经济和可持续发展的社会革命。

21 世纪，环境已成为国际社会关注的焦点和热点，保护环境已成为人们的共识。面向环境的绿色生产已是现代工程设计的一种发展趋势。应该看到，我国的资源并不丰富，环境污染问题非常突出，众多的企业环境意识还很淡薄，企业走的还是高物耗、高污染的粗放型发展之路。因此，推行绿色生产技术是一个非常迫切的课题。首先，应增强对绿色设计的立法保护力度，使生产厂商能从用户和政策中得到回报；其次，设计者和生产者应树立绿色设计思想，在增加效益的同时，从产品材料的选择、产品的设计、制造、管理等各个方面综合来考虑，促进绿色生产技术的发展；再者，检验部门除了检验出厂产品的质量外，还要检查产品在出厂之后对环境的影响；最后，作为培养设计师的摇篮——高等院校，应开设相关课程，源源不断地向社会培养绿色设计人员。这样就为我国发展经济、保护环境和实现我国经济可持续发展奠定了坚实的基础，使我国的产品在国际市场竞争中立于不败之地。

8.5 生态设计

产品的生态设计是20世纪90年代初出现的关于产品设计的一个新概念，是清洁生产的一个很重要的组成部分，被认为是最高级的清洁生产技术。

2007年8月11日，《用能产品生态设计框架指令》（EuP指令）正式成为欧盟成员国法律，并且在2008年5月出台细则。《用能产品生态设计框架指令》是欧盟从关注传统的水、气、声、渣的污染转向关注气候变化等全球环境问题这一大形势下应运而生的。该指令涵盖的产品涉及所有在设计和制造后投放到市场的耗能产品。目前这些产品在制造过程中的二氧化碳排放量约占全球的40%。欧盟委员会明确指出，实施该指令的目的在于推广生态设计理念，即从产品的设计阶段就开始综合考虑环境影响。如果说以前人们仅满足于建设环保、洁净的工厂，那么今后从产品的设计阶段直至生产、运输、使用、维护、回收这一生命周期，都必须考虑其对环境的影响。《用能产品生态设计框架指令》从出台之日起就受到广泛关注，非欧盟国家讨论的重点是如何应对这一新指令，而欧盟内部关心的焦点则是怎样更新理念、适应新指令的要求，着力点就是"生态设计"。据欧盟专家分析，产品设计阶段决定该产品整个生命周期中80%的危害，需要投入90%的成本，并花费10%的支出。实行生态设计，既有助于改善品牌形象、减少成本、提高质量，还能增强员工的责任心，并促进企业创新。可以肯定的是，在全世界对生态设计进行标准化已经是大势所趋。

生态设计是以环境和环境资源保护为核心概念的设计过程，它对工业企业的传统生产经营提出了挑战，尤其随着国际环保的全球化，绿色产品将成为21世纪的主导产品，产品生态设计也将成为通向以生态为导向的生产方式的关键。

如果说绿色设计意味着设计可以节约原材料、使用的材料可以回收、在使用过程中不会产生污染环境的废气、不会造成对水资源和自然生物的破坏，以及具有人类健康的安全性能等的话，那么生态设计就是生态学思想在设计领域的具体应用，其理论基础是产业生态学中的工业代谢理论和生命周期评价，两者在内涵上有重大的关联。生态文明要求形成"人—自然"的整体价值观和生态经济价值观。人类的一切活动都要服从"人—自然"系统的整体利益，即有利于人与自然的和谐相处和协调发展，要同时能满足人的物质需求、精神需求和生态需求。生态文明理论认为,人的需求是多方面的,不但有物质和精神需求,还有满足自身生存发展、休养生息、享受自然美、安全、健康、舒适、愉快的生态需求。

8.5.1 生态设计的概念

生态设计利用生态学的思想,在产品生命周期内优先考虑产品的环境属性。除了考虑产品的性能、质量和成本外,还要考虑产品的回收和处理,同时也要考虑到产品的经济性、功能性和审美等因素。

产品生命周期分析法是生态设计运用的重要工具,产品生命周期是指产品从原料到最终处置、连续的、环环相扣的各个环节,包括原料的获取、制造、包装运输和配送、安装与维护、使用、用后废弃、处理与处置等阶段,对上述各个阶段的环境影响进行评估便是生命周期分析法,它是一种重要的环境分析方法。产品生态设计运用生命周期分析法对产品生命周期各个阶段产生及可能产生的环境影响进行分析,在设计阶段寻求解决方案,进而改进产品的设计或重新设计产品,减少并预防环境影响的出现,因此,生态设计是一种重要的预防措施,是人们在末端治理的环境对策失败后推行的预防策略的重要组成部分。之所以强调在设计阶段就应注重环境因素,是因为它是产品能向前追溯的最原始阶段,是产品一切性能和影响的源头,在产品的生命周期内是否会产生环境影响、产生哪些及多大影响,都是在这一阶段决定的,而且产品一旦生产出来或进入市场后再试图改变其环境性能,将是成本高昂或是根本不可能的。因此,设计阶段是改善环境性能可以大有作为的阶段。随着人们环保意识的提高,人们逐渐认识到设计对环保所起的重要作用,与环境友好的生态设计成为关注的焦点,图 8.20 所示为一款让 GGRP 音频设计公司引以为豪的产品——GGRP Cardboard Package,一个与 CD 包装差不多大小的纸板唱片机,唱片机主体部分全部采用可回收利用的纸板制作而成。

图 8.20　GGRP 音频设计公司设计的纸板唱片机

1. 生态设计基本准则

对工业企业而言,产品生态设计意味着工业企业从可持续发展及生态环境要求着手构思、开发、研制、生产产品,并在产品、工艺的设计过程中,坚持物料消耗降低、能量消耗降低、健康和安全风险减少和生态可降解等环境准则,以便降低工业产品对环境的危害,降低工业产品寿命终结时的处理成本。它不仅意味着在新产品、新工艺的研究开发中,增加产品的耐用性、可处置性、可分解、循环、重复使用等性能,还意味着在工业产品开发时,需要找到生态要求与经济要求之间的恰当平衡,从根本上提高产品适应市场与环境的"双重"能力。随着环境意识的提高和生态工程技术的发展,环境性终将成为决定产品命运和创新的关键,一些产品即使具有令人满意的使用性能和赢利能力,却因为其对环境的危害,而最终不可避免地遭到限用和禁用。值得强调的是,工业企业在产品生态设计中应遵循以下基本准则。

1) 环境准则

即在产品设计中必须把环境因素作为一个重要因素考虑在内。从降低环境负荷的角度实现可持续发展,只有两条途径可走:第一,进行生产过程的污染预防,即进行清洁生产审核和推行清洁生产技术来减少生产过程中的污染物产生;第二,从真正的源头开始实现污染预防,构筑新的生产和消费系统。

2) 费用准则

就成本而言,不仅要考虑产品的制造成本,还应把产品的生态成本考虑在内,可降低生产成本,包括原材料和能源的消耗及环保投入,从而提高产品的生命力,获得更好的经济效益与生态效益。

3) 功能准则

即充分考虑消费者的需求,产品的生态设计应满足消费者所需要的新功能,如产品的实用性、运行可靠性、耐用性以及可维修性等,满足消费者的质量要求。图8.21所示为日本设计师冈田心设计的木质加湿器,可以在节省用电的前提下保证空气的湿度。他将桧木切成薄片,层层卷起并固定,使用时只需在底部加入清水,薄木片便会吸收水分并散发到空气中,并且会伴有天然木材的香味。

图8.21 日本设计师冈田心设计的木质加湿器

4）美学准则

产品要符合消费者的美学价值观,充分考虑产品过多的包装对资源的浪费,以及对环境的美学影响。

5）社会准则

产品要符合国家、地区有关的产业、资源、环保等方面的政策与法规,有利于社会进步和区域发展。

2. 生态设计战略

产品的生态设计战略是生态设计的精髓,它从不同的侧面提示在生态设计过程中所要考虑的问题,并提出解决问题的思路。

1）生态设计的长期战略

从环境的角度考虑,生态设计的最终目标是要寻找到更加合理的、更具建设性的方案来长期地、持续地减少环境影响,这就需要开发新的设计理念来构筑生态设计的长期战略。

(1) 非物质化。

(2) 产品共享。

(3) 功能的组合。

(4) 产品（组件）功能的优化。

2）生态设计的中、短期战略

中、短期战略主要提供在生态设计中近期可以采用的改进方案。

(1) 选择低影响的原材料。

① 尽量避免或减少使用有毒的化学物质。

② 如使用有害材料,尽量当地解决。

③ 尽量改变原料组成部分,使有害物质减少。

④ 选择丰富易得的材料。

⑤ 优先选择天然材料代替合成材料。

⑥ 尽量选择能耗低的原材料。

⑦ 尽量从再循环中获取所需的材料。

(2) 减少原材料的使用。

① 使用轻质材料。

② 使用高强度材料。

③ 去除多余的功能。

④ 减小体积,便于运输。

(3) 优化生产技术。

① 减少加工工序,简化工艺流程。

② 生产技术的替代。

③ 降低生产过程中的能耗。

④ 采用少废无废技术,减少废料产生和排放。

⑤ 减少生产过程中的物耗。

(4) 优化销售系统。

（5）减少使用期的影响。设计节电、省油、节水、降噪的产品。

（6）优化产品寿命。
① 提高耐用性。
② 加强适应性。
③ 提高可靠性。
④ 易于保养和维护。
⑤ 组建式的结构设计。

（7）优化寿命终止系统。
① 建立有效的废旧产品回收系统。
② 重复利用。
③ 翻新再生。
④ 易于拆卸的设计。
⑤ 材料的再循环。
⑥ 清洁的最终处理。

3）相关技术

（1）采用新工艺、新技术，提高资源、能源效率。

（2）提高产品寿命的相关技术。

（3）生产过程中尽可能使用循环再生产技术。

（4）生产过程的"三废"减排技术。

（5）容易后处理的代用产品技术。

（6）减少生命周期各阶段的废弃物减排技术。

（7）产品生命周期各阶段的废弃物有效利用技术。

（8）产品能够再利用技术。

4）产品生态设计类型

（1）产品改善设计。产品本身和生产技术保持不变，以关心生态环境和减少污染为出发点进行设计。

（2）产品再设计。产品概念不变，用替代技术改变其组成部分，加环或减环。

（3）产品概念革新。在保证提供相同功能的前提下，改变产品或服务的设计概念和思想，如纸质图书变为电子图书等。

（4）产品系统革新。随着新型产品和服务的出现，须改进相关设施和组织，进行系统的变革。

5）产品生态设计流程

产品的生态设计程序的总体结构和一般的传统设计大致相同，但由于增加了环境要求，其内容更为丰富。生态设计的程序大致可分为 7 个阶段。

（1）筹划和组织：获得管理层的承诺，尤其是最高管理层的承诺；组建项目小组，最后制订计划并做出预算。

（2）选择产品：选择合适的产品进行生态设计。首先需制定选择产品的准则，随后进行选择并确定详细的设计概要。

（3）建立生态设计战略：对产品的生命周期造成的主要环境问题进行分析；而后进行内部和外部的"强-弱"分析，以确定生态设计的内部推动力和外部推动力。对已提出的方案按生态设计战略要求进行汇总和分析，确定哪些方案与内外部的推动力相符合；最终确定本次生态设计的战略，并列出设计要求清单。

（4）产生和筛选产品创意：产生解决设计要求的方案。

（5）细化构想：将产品创意进一步开发形成产品构想，并进行深入分析以确定推荐方案。

（6）实施：对新产品进行详细的设计，并做好正式投产前的准备工作。

（7）建立后续活动：在基本完成生态设计工作之后进行评估，以总结经验并指导后续生态设计工作，并制订后续的生态设计计划。

8.5.2 生态设计的运用

作为一个最受瞩目的设计趋势，生态设计的概念一经提出，就得到一些国际著名的大公司的响应，工业设计师们在产品的无污染设计、产品的易维修、产品的分类回收再利用、产品服务的共享、产品的小型化设计、无包装设计等方面做出了很多的努力和尝试。如荷兰的飞利浦公司、瑞典的伊莱克斯公司、美国的AT&T公司和施乐公司、德国奔驰公司等均已投入巨资进行生态设计，以减少产品的环境影响，增强产品的环境竞争力，并因此而增加了市场份额，取得了良好的经济效益。一些大学和研究部门也开发了一些生态设计工具、方法和资源，其中最为领先的主要在西欧：荷兰的Delft大学在生态设计研究方面享有很高的声誉，他们开发了生命周期分析和清洁生产等有效工具；荷兰的应用科学研究机构TNO也在全球范围内开展生态设计活动；隶属于英国萨里大学的可持续中心，持续进行了超前的和动态的工业生态设计研究。另外有许多大学也致力于生态设计各个方面的研究，包括Cranfield、Surrey、Brunel和Manchester Metropolitan大学等，他们主要为不同的产业如电子器具、包装和家具行业等，开发新的生态设计工具。

下面介绍一些产品生态设计的开发应用。

1. 日本东洋制品的生态设计项目

1）项目简介

用PET薄膜制成的具有环保的饮料容器"塑胶金属复合罐（TULC罐）"的设计。

2）项目目标

节省能源、节省资源、循环再生、清洁。

3）具体的环境设计方法、技术

TULC罐是用聚酯薄膜与薄钢板热压结合的双层材料制成的罐，与以往3层罐和一般的双层罐相比，具有很多优良的环境性能。

（1）成型过程不使用润滑材料，因此不需要清洗用水，不会污染排水。

（2）使用聚酯叠层钢板，无需防止内装物有机成分浸出的涂层或镀层，工艺的革新使二氧化碳的排放量减少到原来的1/3以下。

（3）清洗过程所产生的固体废弃物剧减为原来的3/1000。

2. 生态圣诞树项目

1）项目简介

澳大利亚设计师 Buro North 设计的生态圣诞树，采用复合材料进行设计制作而成，使产品可以年复一年地重复使用，如图 8.22 所示。

2）项目目标

通过对生态圣诞树的应用，可以减少衫树或云杉的砍伐，从而达到保护森林生态环境的目的。

3）具体的环境设计方法、技术

生态圣诞树采用胶合板制造而成，为了方便储藏和运输，采用了模块化设计和简易、可回收的包装设计，如图 8.23 和图 8.24 所示。

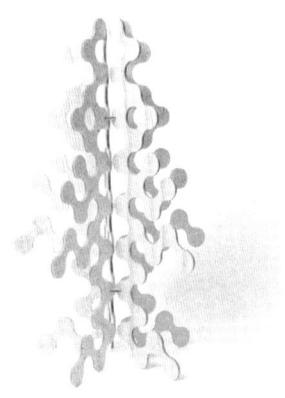 

图 8.22　生态圣诞树　　　　　　图 8.23　生态圣诞树的模块化设计

图 8.24　生态圣诞树的包装设计

思考与练习

8-1　产品设计史中国际主义风格设计思想特点是什么？

8-2　当代主义与功能主义的最大区别是什么？

8-3 举例说明后现代主义在产品设计中应用的范例。
8-4 如何理解多元的发展前景?
8-5 如何理解人性化设计观在设计中的体现?
8-6 产品设计中绿色设计特征是什么?

参 考 文 献

[1] [美]凯瑟琳·贝斯特著. 美国设计管理高级教程 [M]. 上海：上海美术出版社，2008.
[2] 何人可. 工业设计史 [M]. 3版. 北京：高等教育出版社，2004.
[3] 程能林. 工业设计概论 [M]. 北京：机械工业出版社，2002.
[4] 黄厚石，孙海燕. 设计原理 [M]. 南京：东南大学出版社，2005.
[5] 陈震邦. 工业产品造型设计 [M]. 北京：机械工业出版社，2005.
[6] 孙岚，成畅，王蕾. 工业产品形态美学教程 [M]. 南宁：广西美术出版社，2009.
[7] 刘美华. 产品设计原理 [M]. 北京：北京大学出版社，2008.
[8] 韩满林，谢飞飞，张裕荣. 工业设计基础 [M]. 南京：东南大学出版社，2007.
[9] 胡文杰，胡文娟. 工业设计基础 [M]. 南宁：广西美术出版社，2007.
[10] 周美玉. 产品设计造型 [M]. 北京：中国轻工业出版社，2006.
[11] 赵平勇. 设计色彩学 [M]. 北京：中国传媒大学出版社，2006.
[12] 吴士元. 色彩设计 [M]. 北京：北京理工大学出版社，2005.
[13] 中国流行色协会. 当代亚洲色彩运用 [C]. 第四届亚洲色彩论坛论文集. 北京：中国纺织出版社，2007.
[14] 徐景芬，梅云. 形象思维与艺术造型 [J]. 鞍山科技大学学报，2005（6）：478－480.
[15] 郭志华. 论创意设计中的逻辑思维与形象思维 [J]. 华北水利水电学院学报，2007（2）：70－71.
[16] 周欣. 设计思维在艺术设计实践中的作用 [J]. 规划与设计，2008（18）：313－314.
[17] 毛志荣. 灵感思维探析 [J]. 新西部，2007（6）：71－72.
[18] 侯宏业. 略论模糊思维所塑造的美 [J]. 河南工业大学学报，2007（2）：105－106.
[19] 朱孝岳. 莫里斯工艺思维初探 [J]. 装饰，1993（2）：11－13.
[20] 彭吉象. 艺术学概论 [M]. 北京：北京大学出版社，2002.
[21] 李砚祖. 艺术设计概论 [M]. 武汉：湖北美术出版社，2002.
[22] 尹定邦. 设计学概论 [M]. 长沙：湖南科学技术出版社，1999.
[23] 凌继尧，徐恒醇. 艺术设计学 [M]. 上海：上海人民出版社，2002.
[24] 王受之. 世界平面设计史 [M]. 北京：中国青年出版社，2002.
[25] 高鹏. 20年的巨变——回顾SONY Walkman的历史 [EB/OL]. http://www.pcpop.com/，2006/2010.
[26] 简召全. 工业设计方法学（修订版）[M]. 北京：北京理工大学出版社，2000.
[27] 王鑫，边哲. 发散思维在产品设计教学中的应用 [J]. 2006年工业设计国际会议暨第11届中国工业设计年会，2006：669－673.
[28] 胡婉莹，王淼，康戈莉. 发散思维、敛聚思维与科学创新 [J]. 中国成人教育，2007（3）：127－128.
[29] 苏晨，王军. 浅析工业设计的流程 [J]. 安徽文学，2009（11）：238.
[30] 郑燕燕. 浅谈逆向思维在广告创意中的妙用 [J]. 商业现代化，2008（6）：175－176.
[31] 黄德源. 直觉思维与创新 [J]. 文化视野，2002（4）：74－76.
[32] 何晓佑. 产品设计程序与方法－产品设计(1) [M]. 北京：中国轻工业出版社，2000.

[33] 胡琳. 工业产品设计概论 [M]. 北京：高等教育出版社，2006.
[34] 马赛. 工业设计与展示设计 [M]. 北京：中国纺织出版社，1998.
[35] 刘涛. 工业产品造型设计 [M]. 北京：机械工业出版社，2008.
[36] 崔天剑. 工业产品造型设计理论与技法 [M]. 南京：东南大学出版社，2005.
[37] 侯洪生. 机械工程图学 [M]. 北京：科学出版社，2008.
[38] 杨向东，尹定邦，柳冠中. 工业产品设计程序与方法 [M]. 北京：高等教育出版社，2008.
[39] 艾森，斯特尔. 产品设计手绘技法 [M]. 陈苏宁，译. 北京：中国青年出版社，2009.
[40] 徐恒醇. 设计符号学 [M]. 北京：清华大学出版社，2008.
[41] 王受之. 世界现代设计史 [M]. 北京：中国青年出版社，2002.
[42] 刘志峰. 绿色设计方法、技术及其应用 [M]. 北京：国防工业出版社，2008.
[43] 薛澄岐，裴文开，钱志峰，陈为. 工业设计基础 [M]. 南京：东南大学出版社，2004.